L'Enfant et la Science

Femme brassant et filtrant la bière.
Statuette trouvée à Gizeh, mastaba de Mersuanch,
V^e dynastie, 2360 av. J.-C., musée du Caire.

Georges CHARPAK,
Pierre LÉNA, Yves QUÉRÉ
avec la collaboration d'Édith Saltiel

L'Enfant et la Science

L'aventure de *La main à la pâte*

Odile
Jacob

Des mêmes auteurs

G. Charpak, *La Vie à fil tendu*, Odile Jacob, 1993
G. Charpak et L. Lederman, *Enfants, chercheurs et citoyens*, Odile Jacob, 1998
G. Charpak et R. Garwin, *Feux follets et champignons nucléaires*, Odile Jacob, 1997
G. Charpak et H. Broch, *Devenez sorciers, devenez savants*, Odile Jacob, 2000
G. Charpak et R. Omnès, *Soyez savants, devenez prophètes*, Odile Jacob, 2004
G. Charpak, R. Garwin, V. Journé, *De Tchernobyl en tchernobyls*, Odile Jacob, 2005

P. Léna (sous la direction de), *Les Sciences du ciel*, Flammarion, 1996
P. Léna (coauteur, sous la direction de M. Serres & N. Farouki), *Paysages des sciences,* Le Pommier, 1999
F. Raulin-Cerceau, P. Léna, J. Schneider (sous la direction de), *Sur les traces du vivant. De la Terre aux étoiles,* Le Pommier, 2002
P. Léna et H. Yang, *La Science*, Desclée de Brouwer, 2003

Y. Quéré, *La Science institutrice*, Odile Jacob, 2002
Y. Quéré, *La Sagesse du physicien*, L'Œil neuf, 2005

Les auteurs expriment toute leur gratitude à Béatrice Descamps-Latscha pour sa précieuse contribution à la réalisation de ce livre.

Jean-Pierre Sarmant – partenaire de *La main à la pâte* dès 1998 – a bien voulu relire attentivement le manuscrit. Les auteurs lui expriment ici toute leur reconnaissance.

Dessins originaux de Jacques Mérot et Jean-Charles Rousseau.

Les droits d'auteur de cet ouvrage seront intégralement versés au fonds de l'Académie des sciences réservé aux actions de *La main à la pâte* auprès des écoles, notamment à la dotation annuelle des prix *La main à la pâte.*

15, rue Soufflot, 75005 Paris

www.odilejacob.fr

ISBN 2-7381-1684-1

Remerciements

La main à la pâte, ce sont d'abord les centaines, puis les milliers d'institutrices et d'instituteurs, aujourd'hui appelés professeurs des écoles, qui ont saisi au bond la balle lancée en 1996. Certains y ont reconnu une pédagogie qu'ils pratiquaient déjà ou dont ils rêvaient, nous ont fait confiance et, en même temps, nous ont tout appris de leur métier et de ses difficultés, des enfants dont ils avaient la charge et auxquels ils avaient l'ambition de faire partager un peu de science. Avant d'être sollicités, ce sont eux qui ont initié le mouvement et l'ont entretenu. Parmi eux, des pionniers, partis avant l'aube, ont créé des centres d'excellence dans toute la France, gagnant l'adhésion d'enseignants de tous grades.

La main à la pâte, c'est l'équipe si fidèle et si réactive de collaborateurs et collaboratrices qui, depuis dix ans, nous épaule au quotidien et lance mille initiatives pour répondre à une demande toujours croissante. Cette exubérante propagation a pu avoir lieu grâce à l'appui de l'Académie des sciences et à la contribution d'institutions accueillantes, notamment l'Institut national de la recherche pédagogique et l'École normale supérieure.

La main à la pâte, ce sont tous ces partenaires dans les écoles d'ingénieurs, dans les ministères, au sein de la Commission européenne, dans les municipalités, dans des fondations qui ont décelé dans nos propositions une possibilité de rénovation profonde de la pédagogie et qui nous ont aidés à amorcer une petite révolution, loin encore d'être achevée.

La main à la pâte, ce sont tous ces parents d'élèves qui ont vu avec bonheur leurs enfants expérimenter à la maison, leur poser des questions, faire appel à leurs savoirs d'adultes, exposer leurs travaux à toute une commune ; ces parents qui ont soutenu les maîtres, parfois apporté du matériel à l'école.

La main à la pâte, ce sont tous ces formateurs qui ont établi un rapport nouveau et inhabituel avec la communauté scientifique, pour voir la science autrement. Ce sont tous ces inspecteurs qui ont pris au sérieux le risque, pour le pays, d'une disparition de la science à l'école primaire.

La main à la pâte, ce sont ces chefs d'entreprise, ces éditeurs qui ont innové dans les ressources proposées aux enseignants (matériel, ouvrages) en étant convaincus qu'il y aurait un public pour « la science à l'école ».

La main à la pâte, ce sont, dans bien des pays au monde, tous ceux qui n'acceptent pas que les enfants soient ignorants de la science et qui participent désormais à notre mouvement, collaborant avec nous, nous invitant et souvent nous dépassant.

Mais, avant tout, *La main à la pâte,* ce sont les petits de la maternelle, les bambins du cours élémentaire, les presque grands du cours moyen pour lesquels nous avons engagé cette aventure. C'est leur curiosité, leur soif de voir, de savoir et de comprendre qui sont le grand moteur de notre action : ce sont eux qu'il faut saluer ici en leur souhaitant de recueillir les fruits de ces moments de passion qu'ils ont connus à l'école primaire.

Prologue

La main à la pâte a pris sa place dans le paysage éducatif de notre pays. Le mot a été quelque peu popularisé par les médias, et bon nombre y font référence, souvent avec sympathie mais sans forcément savoir très bien de quoi il s'agit.

C'est en 1995 que tout a commencé.

Nous venions de nous rendre dans des écoles d'un quartier déshérité de Chicago que Leon Lederman était en train de sauver du naufrage en y ouvrant les enfants à la science. Nous y avions constaté tant l'ardente participation de ces enfants que la tenue retrouvée de ces écoles : passionnante visite. Par ailleurs nous venions d'apprendre, des données mêmes du ministère de l'Éducation nationale, que cette matière avait en grande partie déserté les écoles françaises. Aussi ce double constat nous avait-il incité à proposer au ministre, sous le nom de *La main à la pâte*, une expérience modeste – 344 instituteurs volontaires, de cinq départements. Elle avait pour but de tester quelques idées simples visant à restaurer, à l'école, une science qui soit motif de réflexion individuelle et argument d'expérimentation collective ; une science qui soit bien autant incitation à questionner, à observer, à chercher, à argumenter, à s'exprimer, que prétexte à uniquement engranger des connaissances ; une science à laquelle il convient que nos enfants soient tôt sensibilisés, insérés qu'ils sont dans des sociétés où elle joue – directement ou par techniques interposées – un rôle primordial ; une science surtout qui ouvre leur imagination à d'infinis panoramas et qui peut donc constituer pour eux une ample respiration de l'esprit.

L'idée avait été immédiatement adoptée par le ministère, les volontaires trouvés, l'appui de l'Académie des sciences obtenu par un vote unanime en juillet 1996, marquant clairement l'implication forte du monde de la science aux côtés du monde de l'enseignement primaire. Finalement, l'expérimentation avait été lancée à la rentrée de 1996.

Les hasards ont voulu que cette entreprise soit lancée par trois physiciens. Cette conjonction a prêté à quelques malentendus. En fait il était, dès le départ, bien clair dans notre esprit que cette action concernait *toute* la science, tant celle du vivant que celle de la matière, et c'est bien ainsi qu'il en fut.

Bientôt, l'engagement de quelques pionniers allait transformer notre projet en lui donnant toute son ampleur. Certains évoquent parfois le battement d'ailes d'un papillon à Bornéo qui déclenche une tornade en Californie. Ainsi, une visite d'instituteurs de Bogotá à Vaulx-en-Velin a suscité, en Colombie, l'engagement de cinq établissements flambant neufs, dont toutes les classes primaires pratiquent *La main à la pâte* et, en Amazonie, l'apparition de quatre huttes dédiées au même thème. Leurs instituteurs ont été formés par une équipe venue du Lyonnais avec un matériel éducatif traduit de l'anglais en français, puis en espagnol et fabriqué en Champagne !

Dix ans plus tard, la science a retrouvé une place réelle dans nos écoles : partant de seulement 3 %, la proportion d'enfants étudiant la science à l'école primaire atteint aujourd'hui environ 35 % et ne cesse de croître. Aussi convient-il de dresser le bilan d'une opération qui n'a cessé de s'amplifier, de mobiliser de nombreux partenaires et surtout de donner lieu à une large réflexion sur le rôle que peut, que doit, jouer la science dans la formation de l'enfant : formation intellectuelle, voire formation morale chaque fois qu'elle lui inculque la rigueur de l'esprit, le désir de comprendre, une certaine forme de non-arrogance, le goût pour la culture et l'ouverture à l'universel. La science – sciences de la nature adossées aux mathématiques – se situe en effet au cœur de la réflexion et de la pensée dont elle constitue l'une des plus belles provinces. L'enfant ne s'y trompe pas lorsqu'il affiche, dans la classe, cette tension joyeuse vers le savoir qui est tout autant la marque de la culture que la pierre de fondation de la science.

La main à la pâte n'a, sur bien des points, pas innové. Bon nombre de ses principes sont vieux comme le monde, notamment celui de faire découvrir la nature par l'enfant lui-même, au travers de son questionnement, de ses hypothèses, de sa capacité à raisonner, dans cette dialectique entre réalité sensorielle et réflexion intellectuelle qui est le propre de toute recherche. De Célestin Freinet à l'école nouvelle et à l'*éveil*, ces principes ont animé beaucoup d'instituteurs français, mais sans toutefois transformer l'enseignement de façon globale.

À ce socle, *La main à la pâte* a ajouté un certain nombre d'ingrédients neufs : l'appui déterminé de la communauté scientifique symbolisé par celui de l'Académie des sciences ; la création d'outils nouveaux, notamment celle d'un site Internet puissant, de mallettes de matériel et de documents écrits ; l'implication croissante d'un grand nombre de partenaires, qu'ils soient institutionnels ou privés, ainsi qu'une vivace collaboration internationale. En effet, les problèmes que révèle, ou que soulève, la présentation de la science aux enfants se rencontrent tout comme en France dans maints pays, de la Colombie à l'Afghanistan, des États-Unis à la Chine, du Sénégal à la Malaisie. *La main à la pâte* est aujourd'hui (2005) présente dans beaucoup d'entre eux.

Ce n'est pas pour raconter une belle histoire – encore le mériterait-elle – que nous avons choisi d'écrire ce livre. C'est pour y montrer que, moyennant certaines conditions, un changement profond de l'éducation scolaire n'est pas hors de portée, celui-là même que notre société ne cesse d'appeler de ses vœux (par exemple lors de la Consultation nationale sur l'école de 2004).

Comprendre comment les enfants apprennent, cesser de cloisonner les disciplines, vaincre les réticences des maîtres par l'exemple et l'accompagnement, les écouter et valoriser leur engagement pédagogique, leur proposer des outils de qualité, utiliser les techniques modernes d'autoformation : autant d'étapes que nous avons appris à parcourir avec l'Éducation nationale et nos partenaires, non sans difficultés parfois, et que nous voulons proposer, de façon assez détaillée, à la réflexion de tous afin de contribuer aux transformations souhaitées.

Sans vaine fierté nationale, nous voulons également témoigner ici que notre pays possède des ressources d'intelligence et de générosité exceptionnelles, puisque le mouvement qui s'y est enclenché trouve un large écho aux quatre coins de la planète. Pourquoi, associée à ses partenaires naturels, la France ne contribuerait-elle pas aussi à une Europe de l'éducation, encore trop cantonnée dans les discours et pourtant si nécessaire ?

Enfin, les enfants pour qui nous avons voulu travailler arrivent désormais au collège : notre ambition nouvelle est d'aider ce dernier – et ses maîtres – à transformer son enseignement scientifique et technique, comme nous l'esquissons brièvement dans les dernières pages de ce livre.

La main à la pâte a dix ans. Puisse-t-elle, à son niveau, continuer durablement à ouvrir les enfants à la science et à leur donner le goût de l'investigation, le sens du vrai, la conscience de l'universel, la familiarité avec les objets et les phénomènes de la nature ainsi que, dans un même mouvement, une insatisfaction face aux pages blanches du Grand Livre du monde et – peut-être, après tout – le désir d'y écrire leur propre contribution !

CHAPITRE I

Enseigner les sciences, quelle histoire !

Nul enseignement purement oral, à plus forte raison nul enseignement écrit ne dispense l'apprenti de mettre la main à la pâte dans la proximité du maître artisan[1].
Paul RICŒUR

Ce soir de septembre 1994, sur le plateau de La *Marche du siècle*[2], alors émission-phare de la télévision française, deux d'entre nous dialoguent avec Leon Lederman[3], physicien américain. Outre leur passion pour la science et les particules élémentaires de la matière, Leon Lederman et Georges Charpak partagent une reconnaissance profonde pour les maîtres d'école qui, dans la France d'avant-guerre ou dans le ghetto de New York, surent répondre à leur curiosité d'enfants pauvres et lancer dans la vie de futurs prix Nobel. Ce débat permet d'évoquer l'action menée depuis 1992 par Lederman à Chicago dont les écoles primaires publiques de centre-ville présentent un sombre tableau de violence, de pauvreté, d'échec ou d'abandon scolaire massif. Un programme centré sur un enseignement de mathématiques et de science expérimentale, mettant les enfants au

1. *In* « Le Potier ou l'intelligence des mains », avant-propos de *La Face cachée de la terre*, D. de Montmollin, Fata Morgana, 2004.

2. À ce débat, intitulé *Attention école* et animé par J.-M. Cavada, participaient F. Bayrou, A. Bentolila, G. Charpak, J.-M. Croissandeau, L. Lederman, P. Léna et F. Quesnier ainsi que É. Klein, J. Laborde et V. Ouvrard, enseignants à Antibes.

3. Leon Lederman avait créé un cycle de cours, à l'Université de Chicago, à l'intention des instituteurs locaux et installé ainsi, dans les écoles, un enseignement intensif de science expérimentale (physique, chimie, géologie, biologie, botanique, etc.) où la pratique, par les enfants, de l'expérimentation (*Hands-on*) tient un rôle central.

contact de phénomènes naturels simples, les guidant dans une démarche de découverte, puis de construction d'un raisonnement, a transformé peu à peu leur rapport à l'école et au savoir. Leurs instituteurs, que le découragement gagnait, retrouvent foi dans leur action grâce à la formation et à l'accompagnement quotidien que leur donne l'équipe de scientifiques mobilisés par Lederman.

D'autres frémissements sont, là-bas, perceptibles. Dans l'opulente Californie, un autre scientifique éminent, Jerry Pine, avec ses étudiants du prestigieux *California Institute of Technology* (Caltech), accompagne les instituteurs de vingt-cinq mille élèves vivant au-dessous du seuil de pauvreté, met à leur disposition du matériel expérimental et fait avec succès le pari que la science peut ranimer chez eux une étincelle, embraser leur désir de vivre et de connaître, immémorial dans l'humanité, et les réconcilier avec l'école[4]. Dans le même temps, l'Académie des sciences des États-Unis, sous l'impulsion énergique de son président Bruce Alberts (voir aussi p. 180), rédige à l'intention des responsables du pays des recommandations fortes et détaillées (*National Standards*) prônant une éducation à la science fondée sur une double démarche d'investigation et d'expérimentation. S'y joignent bientôt les efforts de Karen Worth, avec qui va bientôt s'engager une durable et fructueuse collaboration.

Une science en déshérence[5]

Cette *Marche du siècle* rencontre en France un terrain réceptif. À dire vrai, l'enseignement des sciences à l'école primaire ne s'y porte pas

4. L'un des animateurs de cette aventure californienne, Michael Klentschy, sera distingué dix ans plus tard, en 2004, par le Jury *Purkwa*, prix international pour l'alphabétisation scientifique de la planète, décerné en France pour la première fois par la fondation de l'École nationale supérieure des mines de Saint-Étienne. Il le partagera avec Mauricio Duque, de Bogotá, dont il sera à nouveau question au chapitre VIII.

5. Le dictionnaire *Robert* définit la déshérence comme « l'absence d'héritiers pour recueillir une succession qui est en l'occurrence dévolue à l'État ». Il s'agit bien ici de cela : la science, patiemment accumulée en une pratique immémoriale, doit être transmise comme un précieux héritage à chaque génération montante et non pas dévolue à quelque abstraite Institution.

bien[6]. Sous le nom d'*éveil*, un mouvement pédagogique vigoureux, puisant ses racines dans l'école nouvelle d'après-guerre et dans les travaux du psychologue Jean Piaget qui a analysé la façon dont l'enfant appréhende le monde, a voulu introduire officiellement, dès 1975, un enseignement rénové de sciences expérimentales qui développe, aux âges de 6 à 11 ans, curiosité, créativité, esprit critique, souci d'objectivité et de rigueur. Mais l'attention portée par l'opinion à l'illettrisme, le manque de formation scientifique des maîtres polyvalents du primaire[7], certains excès pédagogiques montés en épingle par des campagnes accusant la baisse de niveau tuent dans l'œuf cette tentative, qui n'aura pas le temps de porter fruit. En 1985, les instructions officielles, relayant l'opinion de bien des parents, rejettent le bébé avec l'eau du bain et recentrent l'école primaire sur ce qu'on appellera désormais les *fondamentaux*, à savoir *lire, écrire* et *compter*, sans trop s'interroger sur ce que l'on lit, écrit ou compte. « Malgré les instructions officielles en vigueur, les sciences, l'histoire et la géographie deviennent des activités accessoires », peut écrire en 1996 l'historien de l'éducation Jean Hébrard[8]. Les travaux pédagogiques de pionniers tels que Victor Host dans les années 1970 tombent dans l'oubli, et les adeptes de Célestin Freinet (voir p. 132) au même titre que les innovateurs de l'éveil sont désormais réduits à leur pré carré.

De fait, en 1995, les estimations de la direction des écoles, au ministère, révèlent qu'à peine 3 % des classes de l'école élémentaire pratiquent un enseignement de sciences, malgré son inscription dans des programmes en principe obligatoires, autre façon de dire que 97 % des enfants

---

6. On se souviendra au fil de ce livre qu'en France *école élémentaire* désigne les cinq années de la scolarité obligatoire qui va du cours préparatoire au cours moyen 2 (enfants de 6 à 11 ans), tandis qu'*école primaire* désigne l'ensemble des trois années de maternelle (petite, moyenne et grande section) suivi de ces cinq années. Voir Annexe I en fin d'ouvrage.

7. Plutôt que de nous lancer dans la désignation anglo-saxonne (*he/she* ou *she/he*... une fois sur deux ?), nous avons pris le parti délibéré, dans cet ouvrage, d'utiliser les beaux termes génériques de *maître* ou d'*instituteur* (que nous emploierons souvent au lieu de leur dénomination officielle de *professeur des écoles*) sachant pertinemment que 80 % de ceux-ci sont des femmes. Puissent tous et toutes n'en prendre pas ombrage.

8. Jean Hébrard, *La main à la pâte, in Les sciences à l'école primaire*, Flammarion, 1996.

n'entendaient pratiquement pas parler de cette matière avant le collège. À l'âge d'or de la curiosité enfantine, malgré une longue tradition de la *leçon de choses*, l'école primaire a baissé les bras, et c'est en s'éloignant d'un héritage pédagogique pourtant ancien que la France va s'engager dans le XXIe siècle, sans réaliser combien l'ignorance scientifique et technique ainsi provoquée recèle de dangers. Dès 1992, des enquêtes internationales et comparatives avaient montré que les jeunes Français de 13 ans maîtrisaient assez mal les sciences de la nature, contrairement à leur aptitude en mathématiques où ils se trouvent dans le peloton de tête[9]. En face, certains « dragons asiatiques », telle la Corée du Sud, appuient avec succès leur développement rapide sur un enseignement scientifique précoce et rénové. Dès le début des années 1990, l'alerte est donnée. Deux fonctionnaires du ministère de l'Éducation nationale, Isabeau Beigbeder et Bernard Andriès, font paraître un ouvrage collectif qui s'interroge avec lucidité sur *La Culture scientifique et technique pour les professeurs des écoles*[10]. Ceux-ci sont d'ailleurs désormais formés dans les instituts universitaires de formation des maîtres (IUFM), tout juste créés (1991).

L'alarme est donc donnée, mais il va falloir bien de la conviction et l'intérêt tenace du ministre de l'Éducation nationale d'alors, François Bayrou, pour qu'une mission se rende à Chicago au printemps 1995, visite les écoles de Leon Lederman, prenne la mesure de la qualité de l'enseignement des sciences qui y est donné ainsi que de la ferveur des enfants qui le reçoivent, et rentre au pays convaincue qu'il est urgent d'agir[11]. Cette mission comprend les trois auteurs de ce livre, qui n'imaginent pas, alors, entreprendre une collaboration qui les mènerait aux quatre coins du monde, leur ferait rencontrer par dizaines de milliers les instituteurs de notre pays et même partiellement délaisser leurs recherches : cette collaboration, dix ans après, ne montre aucun signe d'essoufflement, sinon

9. Nous reviendrons au chapitre VII sur ces évaluations internationales, leur intérêt et leurs limites.

10. Éditions du CNDP-Hachette Éducation, 1994.

11. Les membres de cette mission étaient M. Becquelin (décédé peu après), P. Cardo, G. Charpak, X. Darcos, F. Dugourd, P. Léna, Y. Quéré, B. Schwartz et S. Tricoire.

celui de l'âge ! À ces visites participent aussi Bertrand Schwartz, créateur des *missions locales d'insertion* et frère du grand mathématicien Laurent Schwartz, qui s'enthousiasme pour le projet où il retrouve l'écho de son propre combat contre les exclusions, ou encore Pierre Cardo, député et maire de Chanteloup-les-Vignes, une commune d'Île-de-France confrontée à la violence et au chômage. Les visiteurs sont frappés par l'atmosphère attentive des classes et par les progrès dans la pratique de la langue – l'anglais en l'occurrence – que font ces enfants de Chicago à l'occasion de leurs activités scientifiques, en tenant un cahier d'expériences.

Comme il se doit, rapport est fait au ministre, lequel suscite une analyse sur les perspectives que cela peut ouvrir[12]. Elle est confiée à l'énergique Claudine Larcher, professeur à l'Institut national de la recherche pédagogique (INRP), alors en pleine tentative de rénovation sous la houlette de l'hispanisant Jean-François Botrel. Au ministère, la décision est prise de soutenir dans un nombre très limité de classes une « année de sensibilisation », qui explorera les voies d'une rénovation de l'enseignement élémentaire des sciences à Chanteloup-les-Vignes, à Vaulx-en-Velin et en Loire-Atlantique. Ce dernier département, en effet, bénéficie déjà de l'heureuse conjonction de la création d'une nouvelle école d'ingénieurs, l'École des mines de Nantes, dirigée par Robert Germinet qui veut y moderniser la formation des ingénieurs et d'un enseignement privé (catholique) dynamique animé par Josiane Hamy. Ceux-ci prennent l'un et l'autre fait et cause pour tenter l'expérience de rénovation. Dans ces sites, les premiers ingrédients de ce qui ne s'appelle pas encore *La main à la pâte* sont mis à l'épreuve : travail expérimental des élèves suscité par une question de science et tentant des hypothèses explicatives, traces écrites libres dans un cahier d'expériences, accompagnement des maîtres par des élèves ingénieurs soigneusement préparés.

Un éclaircissement s'impose ici : que mettons-nous sous le vocable de *science* ? Les mathématiques sont bien entendu une science, et pourtant

12. *Rapport sur les expérimentations nord-américaines et leur compatibilité avec le contexte français*, coordonné par C. Larcher, INRP, 1995.

ce n'est pas sur elles que s'est focalisée l'action de rénovation. Elles bénéficiaient en effet, en France, d'une tradition d'excellence pédagogique, déjà évoquée, qui avait même résisté à l'aventure des « maths modernes » dans les années 1960-1970. Perçues par les familles comme le critère de sélection par excellence, elles faisaient l'objet de beaucoup d'attention dans la formation des maîtres et n'avaient pas souffert du revirement pédagogique de 1985. En revanche, notre effort allait porter sur les sciences de la nature : elles rassemblent des disciplines telles que l'astronomie, la biologie, la chimie, la géologie, la météorologie, la physique, dont les outils d'investigation sont l'observation et l'expérimentation, afin de rendre compte des propriétés du monde, proche ou lointain, macroscopique ou microscopique, vivant ou inerte, qui nous entoure. Les mathématiques apportent à ces sciences un langage puissant de description et de prédiction qui, en s'appuyant sur la mesure, leur donne ce caractère précis et quantitatif, qui permit à Galilée d'énoncer que « la nature est un grand livre écrit en langage mathématique ».

La technique, quant à elle, ou *technologie* comme on a choisi de l'appeler de nos jours[13], entretient avec la science un rapport étroit, car elle s'appuie sur ses acquis pour progresser, tandis que symétriquement la science chemine grâce aux moyens d'investigation toujours plus puissants que produit la technique. C'est aussi à la science que nous devons la compréhension de techniques nées de façon empirique (la boussole, la machine à vapeur, etc.). On pourrait schématiser en affirmant que la science produit des connaissances pour comprendre le monde, et la technique des outils pour agir sur lui. À l'école primaire, les distinctions entre les disciplines diverses des sciences de la nature, entre science et technique, l'une et l'autre au singulier pour en souligner l'unité, n'ont pas lieu d'être. Le but d'un enseignement élémentaire, illustré d'exemples et de multiples situations concrètes parlant à l'imagination et à la sensibilité, peut être résumé en deux phrases : l'enfant saisit que le monde qui

13. ... Sans que ce choix soit très heureux, le terme *technologie* – à proprement parler *discours sur* la technique – nous semble moins pertinent que ce dernier (voir chapitre IX).

l'entoure est compréhensible par sa raison ; il perçoit que cette compréhension donne un pouvoir pour le transformer.

Au printemps 1996, un séminaire de travail réunit au Futuroscope de Poitiers tous les acteurs mobilisés dans les mois précédents : il se déroule en présence de plusieurs dizaines d'inspecteurs de l'Éducation nationale, ces femmes et hommes de terrain qui encadrent chacun quelques centaines d'instituteurs dans leur circonscription, sans le concours actif desquels toute entreprise de rénovation est vouée à l'échec. Avec quelque solennité, le directeur des écoles, Marcel Duhamel, leur indique la voie. À ses côtés, trois scientifiques académiciens (les auteurs de ce livre) qui, de façon parfaitement insolite et peut-être unique dans l'histoire de l'école primaire française, leur expriment non pas le souhait d'une lointaine réforme, mais la promesse d'un accompagnement au quotidien s'ils acceptent l'enjeu proposé. Trois mois plus tard, l'Académie des sciences, à l'initiative de son secrétaire perpétuel, Paul Germain, et par un vote unanime, ratifie cet engagement et ne cessera au fil des années d'être fidèle à la mission qui figure à l'article 2 de ses statuts : « Veiller à la qualité de l'enseignement des sciences[14]. »

Le succès, auprès des maîtres, de la première année d'expérimentation incite la direction des écoles à pousser les feux puisque, à la fin de l'année 1997, elle souhaite proposer au ministre une généralisation de l'entreprise à toute la France. Nous devrons adresser à ce dernier une lettre courtoise mais ferme pour lui demander de n'en rien faire, et de laisser à l'entreprise, dénommée pour la première fois *La main à la pâte*[15], les quelques années d'expérimentation qui lui sont indispensables pour affermir sa doctrine et ses méthodes.

---

14. Peu auparavant, l'Institut de France avait déjà lancé, à l'initiative de Jean Hamburger et animée par Jacques Friedel, une étude sur l'ensemble des problèmes de l'enseignement : J.-F. Bach, J. Friedel, P. Germain, F. Gros, B. Guenée, J. Imbert, M. Landowski, J. Leclant, D. Peccoud, R. Polin, J. de Romilly, M. Schumann, L. Schwartz, *Réflexions sur l'enseignement*, Flammarion, 1993.

15. Contrairement à une opinion fréquemment répandue, *La main à la pâte* n'est pas une association au sens habituel du terme.

Naissance de *La main à la pâte*

Née de convergences multiples et d'une inspiration américaine, l'aventure se devait de prendre au plus vite des couleurs françaises. Il ne faisait nul doute que nous avions tout à gagner à comprendre les contextes de Chicago ou de Pasadena, à utiliser les réflexions pédagogiques, les contributions de grands scientifiques, la conception de guides du maître ou de listes de matériel expérimental, dont la mise au point avait bénéficié de subventions importantes aux États-Unis de la part de la *National Science Foundation*[16]. Mais il était tout aussi clair à nos yeux que notre école primaire, avec ses propres traditions d'initiative qu'elle laisse à des maîtres bien formés, ne souffrait pas des mêmes maux que les écoles publiques d'outre-Atlantique. Nous n'ignorions, de surcroît, ni les superbes leçons de science données ici ou là dans nos écoles[17], ni les recherches antérieures menées en France sur la pédagogie de la science (didactique), ni le dévouement de formateurs dans les anciennes Écoles normales d'instituteurs. Force était pourtant de constater le dérisoire pourcentage de classes pratiquant la science ! Deux objectifs clairs étaient devant nous : en comprendre d'abord les causes, puis si possible proposer des remèdes.

Comme dans un liquide qui cristallise, les idées neuves apparaissent souvent en plusieurs lieux à la fois. La ville de Vaulx-en-Velin, et plus particulièrement le quartier du Mas du Taureau, avait fait en 1991 la une de l'actualité par les violences qui s'y étaient déroulées ; dans un climat de chômage et de misère, des communautés s'y étaient violemment affrontées, le racisme antimaghrébin y fleurissait. Son maire, Maurice Charrier, ainsi qu'Yves Janin – un instituteur qui en avait vu d'autres dans une Algérie en guerre – avaient choisi dès 1993 de développer un enseignement

16. La *National Science Foundation* est une agence du gouvernement fédéral des États-Unis qui distribue des moyens pour le développement de la recherche publique américaine. Elle est très attentive à l'éducation scientifique, tant à l'école primaire ou secondaire que dans les universités, et publie annuellement des bilans sur les résultats de ces dernières.

17. Nous avons très tôt bénéficié de celles de Mireille Hibon-Hartmann, de Thérèse Boisdon, de Marie Escalier et de tant d'autres.

scientifique dans les écoles primaires de cette ville déchirée, en s'appuyant sur les élèves ingénieurs de l'Institut national de sciences appliquées (INSA) de Lyon avec le concours d'un de ses professeurs, passionné et généreux, Henri Latreille. Soutenue par l'énergique inspectrice de cette circonscription, Renée Midol, l'expérience se développa admirablement. Aussi, lorsqu'à l'automne 1996 une rencontre fondatrice de *La main à la pâte* se mit en place à notre initiative, Yves Janin fut aussitôt des nôtres, comme il le sera plus tard au Kosovo ou au Gabon. C'est ainsi qu'en quelques jours une quinzaine de personnes écrivirent avec nous, dans le cadre méditerranéen et merveilleusement accueillant de la Fondation des Treilles[18] près de Draguignan, ce manifeste intitulé *La main à la pâte. Les sciences à l'école primaire*[19], qui dans les années suivantes allait devenir, outre un succès de librairie, matière à enthousiasmes, controverses et multiples traductions : relayé par les médias bien au-delà des cercles de l'éducation nationale, il eut le mérite d'attirer l'attention des parents et des élus locaux sur ce que nous considérions comme un enjeu vital pour le pays.

Première rencontre à la Fondation des Treilles (1996).
À gauche, Georges Charpak avec Albert Jacquard et Yves Janin ;
à droite Pierre Léna et Yves Quéré.

18. Cette fondation, présidée à l'époque par Anne Postel-Vinay, apportera à notre action un concours généreux et irremplaçable, qui ne cessera de se développer au fil des années. La conviction de sa fondatrice, Anne Gruner Schlumberger, en faveur de l'éducation et de la science avait heureusement survécu après sa mort, survenue en 1993. Catherine Bachy saura, au fil des années, rendre l'atmosphère des séjours aux Treilles remarquablement propice au travail.

19. Flammarion, 1996.

Éclairés par nos rencontres précédentes, nous partions d'une première hypothèse, sur laquelle nous reviendrons longuement au chapitre III. À l'âge du primaire et dès l'école maternelle, l'enfant est un « gourmand de science », selon la belle expression de l'inspecteur général André Hussenet : le blocage ne venait pas de réticences des écoliers. Il nous fallait donc comprendre celles des maîtres, dont une explication était alors couramment avancée dans les couloirs du ministère : si la science était absente des écoles, cela résultait d'un trop faible nombre d'instituteurs (environ 15 % à l'époque) dotés d'une formation scientifique postbaccalauréat. Cet argument ne nous convainquait pas : puisque le principe, excellent, du maître unique était celui de la France, pourquoi la science demanderait-elle des spécialistes pour l'enseigner, à la différence de la lecture ou de l'histoire ? Et puisque jamais la totalité des instituteurs n'aurait cette formation préalable, fallait-il donc renoncer à un enseignement de science pour tous les enfants de France ? Instruits par les expériences menées en 1995 et par de longs échanges avec ces maîtres, nous comprîmes que leur grande majorité n'enseignait pas la science car ils craignaient et de ne pas savoir, et de ne pas savoir faire. La réponse était simple : il fallait changer leur regard sur la science, accompagner leur pratique, leur donner des outils.

Pour forger ces derniers, nous ne pouvions suffire à la tâche. Nous créâmes donc, avec l'INRP, un noyau d'acteurs enthousiastes qui un peu plus tard allait constituer l'équipe *La main à la pâte*. Celle-ci sera bientôt dirigée par Édith Saltiel, physicienne et didacticienne de l'université Denis-Diderot (Paris 7), toute de rigueur et d'intelligence. Parmi ces outils tous essentiels, l'un d'entre eux était plus essentiel encore : face à la vague de fond de l'informatique et du « tout-écran », nous tenions à ce que les enfants fassent l'expérience de la dure mais féconde résistance du réel, en observant et en expérimentant eux-mêmes[20]. Disposer du matériel simple

20. Est-ce à dire qu'il faut bannir les ordinateurs des écoles primaires ? Certainement pas. Cet outil est très utile en tant que moyen d'accès à la documentation et d'échange. Il faut seulement en éviter l'emploi abusif qui consiste à présenter en premier aux enfants sous forme virtuelle des phénomènes qu'ils peuvent, sans difficulté, observer directement. Internet permet par ailleurs le travail coopératif entre classes, qui sera développé au chapitre VI.

requis pour la classe (balles, leviers, graines, colorants, etc.) posait pourtant problème aux maîtres, qui voyaient parfois là une difficulté supplémentaire à entrer dans la pédagogie proposée. Cet obstacle trouvera plus tard des solutions diverses, que nous évoquerons plus loin.

Heureusement, des éditeurs, puis des entreprises spécialisées dans les fournitures pédagogiques prirent l'initiative de proposer des mallettes, ou *kits*, souvent accompagnées de documents pédagogiques : en quelques années, ce furent plus de 20 000 de ces kits[21] qui équipèrent les classes et stimulèrent la créativité de centres de ressources, que nous retrouverons au chapitre VII.

Pour éviter toute appropriation indue de notre effort au détriment éventuel de la qualité, nous créâmes, avec le concours du chimiste et académicien Marc Julia, qui depuis n'a pas cessé de nous soutenir, une marque déposée par l'Académie des sciences[22], et nous nous souciâmes d'agir, auprès de ceux qui voulaient se référer à notre ligne d'action, comme des consultants ou experts afin de les aider à améliorer leurs produits. Nous nous inspirions là d'une méthode universellement pratiquée par la communauté scientifique, et connue sous le nom de *jugement par les pairs*. Un article scientifique n'est accepté par une revue qu'après avoir été relu par un ou plusieurs lecteur(s) – appelés rapporteurs et généralement anonymes –, qui ont tout pouvoir pour l'accepter, le critiquer, en proposer des amendements constructifs ou parfois le refuser. Il s'ensuit une amélioration substantielle de la qualité.

Les principes pédagogiques simples – d'aucuns dirent simplistes – énoncés dans le manifeste de 1996 fournirent les idées directrices de l'expérimentation menée à plus grande échelle à partir de la rentrée 1996, dans cinq départements : Loire-Atlantique, Loir-et-Cher, Meurthe-et-

21. Il faut rendre ici un hommage particulier aux sociétés Odile Jacob Multimédia, Jeulin, puis Pierron pour leur créativité. Ces kits ne se contentaient pas de fournir du matériel, ils l'accompagnaient de recommandations pédagogiques détaillées pour son utilisation.

22. La marque déposée *La main à la pâte®* est gérée par un comité placé auprès de l'Académie des sciences, présidé par Marc Julia et animé par Yves Renoux, puis François Vergne. Les revenus (modestes) de cette marque contribuent pour les écoles au financement des prix *La main à la pâte*.

Moselle, Rhône (dont Vaulx-en-Velin, déjà cité) et Yvelines, soit 344 classes aux maîtres volontaires.

En acceptant une coopération institutionnelle avec l'Académie des sciences, le ministère de l'Éducation nationale s'engageait dans une voie nouvelle, celle d'un partenariat touchant aux programmes et à la pédagogie. Il allait rapidement se développer : sous l'impulsion de Marie Digne, angliciste énergique engagée dans les politiques de rénovation urbaine, la Délégation interministérielle à la ville (DIV) s'intéresse à la jeune *Main à la pâte*, qu'elle finance et dont Vaulx-en-Velin devient rapidement un site emblématique. Les fonctions que l'un d'entre nous (YQ) exerçait à l'École polytechnique facilitèrent la décision de cette prestigieuse école, qui mit trois élèves polytechniciens, lors de leur stage long (neuf mois) de formation humaine, à disposition de Vaulx-en-Velin et de deux autres sites : le rôle d'accompagnateur des maîtres se précisait. Ces stages ont fait leurs preuves auprès des polytechniciens puisque depuis 1996 près d'une centaine d'entre eux ont été ainsi affectés dans des zones d'éducation prioritaire pour y partager, des mois durant, leur science avec les instituteurs et en mieux saisir la réalité sociale.

Toutes essentielles qu'elles soient, ces mesures demeuraient ponctuelles et ne suffiraient jamais pour entraîner le changement à grande échelle que nous ambitionnions. Comment pouvait-on accompagner le tissu scolaire, avec ses centaines de milliers d'instituteurs, à l'échelle du territoire ? C'est au cours de cette année 1996-1997 que nous décidâmes de faire appel à la toute jeune technique du *World Wide Web* (La Toile) née au Centre européen de recherches nucléaires, CERN (voir p. 124). Grâce à l'intérêt de la direction de la technologie au ministère de l'Éducation nationale, de la Délégation à la ville et au concours d'André Hussenet, ancien instituteur lui-même, nouveau et enthousiaste directeur de l'INRP[23] aux destinées desquelles l'un de nous (PL) présidait encore, le

23. Après Jean-François Botrel et André Hussenet, ce seront les directeurs successifs, Philippe Meirieu, Anne-Marie Perrin-Naffakh et Emmanuel Fraisse qui poursuivront avec nous le partenariat de l'INRP.

site Internet de *La main à la pâte* prit son envol. Deux jeunes scientifiques, David Jasmin et Isabelle Catala, le construisirent. Ce site irait loin, et nous en reparlerons en détail au chapitre VI. Les sociétés France Telecom et IBM nous aidèrent à relier les classes, à une époque où l'équipement informatique n'était pas encore ce qu'il est devenu depuis lors.

Ce site accueillit aussitôt la traduction de modules d'enseignement (*Insights*) conçus aux États-Unis[24]. Ces guides pour le maître étaient fruits de recherches et d'expérimentations nombreuses, ils avaient été testés à Vaulx-en-Velin et à Nantes ; ils nous paraissaient conformes aux principes retenus pour la France. En outre, ils ne se contentaient pas de guider le maître pour la leçon à faire, ils lui donnaient aussi l'arrière-plan scientifique l'aidant à comprendre plus en profondeur le sujet à traiter. Ce choix, qui aida de nombreux instituteurs à « se lancer dans la science » en étant guidés pas à pas, nous valut de nombreuses critiques, comme si nous bradions l'exception culturelle française. Nous y répondions par quelques arguments raisonnables, tel notre souci d'utiliser les meilleurs produits, quelle qu'en soit l'origine et pourvu que leur conformité avec les programmes français fût avérée ; ou encore l'espoir de voir, quelques années plus tard, la qualité de la pédagogie susciter en France des créations meilleures encore (ce qui se produisit, *cf.* chapitre VI).

L'année scolaire 1997-1998 vit l'expérimentation, toujours attentivement copilotée par le ministère et par l'Académie des sciences, s'étendre à 2 000 classes, réparties dans 48 départements dont les maîtres disposaient désormais d'un outil de dialogue et d'autoformation grâce au site Internet, qui avait été officiellement inauguré à l'Académie le 27 avril 1998. Ce qui nous frappait alors était le caractère atypique de cette tache d'huile encore bien modeste, qui se répandait dans les écoles par les maîtres et non par la vertu d'injonctions ministérielles : comme nous le constaterons souvent par la suite, c'est d'abord l'attraction de la

24. Grâce en particulier à l'un des auteurs des *Insights*, la pédagogue américaine Karen Worth, nous avions obtenu pour l'Académie des sciences la cession des droits de publication en français dans des conditions avantageuses. Un éditeur français, Odile Jacob, prit ensuite notre relais.

Karen Worth et Goéry Delacôte, alors directeur de l'*Exploratorium* de San Francisco, à la Fondation des Treilles en 1996.

science, de ses questionnements et de ses merveilles qui séduit et entraîne tant les maîtres que leurs élèves.

Pour mieux répandre cette vision, Sophie Ernct, une subtile agrégée de philosophie passionnée d'éducation, nous proposa la création d'un prix annuel. Celui-ci fut décerné dans la grande salle des séances de l'Institut de France à une dizaine de classes venues de toute la France, en présence d'enfants fort émus, de leurs maîtres qui ne l'étaient pas moins et de la ministre Ségolène Royal[25].

Depuis ce mois de novembre 1997, une dizaine de réalisations de qualité sont ainsi solennellement distinguées chaque année, puis mises à disposition de tous : jamais la presse régionale n'aura autant parlé de l'Académie des sciences !

En janvier 1998, le département de la Seine-Saint-Denis (plus couramment appelé Neuf Trois) devint le siège de violentes manifestations qui mettaient en cause la politique du ministère de l'Éducation nationale vis-à-vis d'un tissu scolaire difficile et fragile. Claude Allègre, alors ministre, décida d'engager fortement 300 classes de ce département dans la rénovation et d'y consacrer des moyens significatifs à la rentrée suivante : avec

25. Les prix *La main à la pâte* ont été, chaque année depuis 1997, remis par un ministre : S. Royal, C. Bartolone, C. Allègre, J. Lang, J.-L. Mélenchon, J.-L. Borloo, X. Darcos, F. Fillon.

Jean-Luc Bénéfice, alors inspecteur d'académie adjoint, ce fut le début d'une collaboration passionnante et durable.

© Bruno Le Hir

Première remise des prix *La main à la pâte* 1997 à l'Institut de France, en présence de Georges Charpak et de la ministre Ségolène Royal.

Témoignages d'élèves de l'École polytechnique

« Cette année (1998-1999), en Seine-Saint-Denis, 33 écoles (une par circonscription) se sont lancées pour la première fois dans l'opération *La main à la pâte* par décision ministérielle. Ces 33 écoles, représentant environ 1 150 classes *La main à la pâte*, ont bénéficié d'une aide financière pour l'achat de matériel scientifique et de la présence, à temps complet sur l'opération, de trois élèves polytechniciens investis d'une mission d'accompagnement scientifique dans les classes [...]. Ce soutien se définit pour nous, avant tout, comme une collaboration, un accompagnement. Il n'a été en aucun cas question de se substituer à l'enseignant...

Ce qui fut enrichissant : [...] constater le rôle de l'école dans les banlieues difficiles ; cette année passée au sein du milieu scolaire nous a permis de prendre conscience du rôle essentiel que joue l'école dans l'établissement de repères et de limites pour l'enfant qui n'en trouve pas forcément chez lui. Ainsi, l'enseignant doit souvent gérer des problèmes qui ne sont pas d'ordre scolaire (problèmes de violence, familiaux, sociaux...) et possède alors la quadruple casquette à la fois d'enseignant, d'agent de sécurité, d'assistante sociale et de psychologue. »

Paul François, Séverine Jeulin, Audrey Moores, promotion 1998.

Ce rapport parfois difficile entre les maîtres et la science, que nous analysons au chapitre V, nous parut dès le début mériter un traitement nouveau. Il fallait que ces maîtres, qui souvent n'avaient jamais rencontré la science, comprennent qu'elle méritait d'être connue et aimée pour elle-même, non pas seulement parce qu'ils devaient l'enseigner. Il leur fallait rencontrer librement des scientifiques, et non des moindres si possible, pour découvrir dans un dialogue avec eux la beauté des sentiers de la science, tout pédestres que ces itinéraires dussent demeurer pour eux. Il fallait enfin que le contenu de ces échanges soit largement partagé. En novembre 1998, comme chaque année depuis cette date, grâce encore à la générosité de la Fondation des Treilles que d'habitude fréquentent plutôt des prix Nobel venus du monde entier, une trentaine d'instituteurs dialoguèrent avec huit scientifiques, cette année-là sur les sons, le Soleil, les couleurs, la cellule, les matériaux ou la forêt[26].

Le mammouth s'ébranle

L'année 1998-1999 sera décisive pour l'avenir. Il fallait désormais créer l'identité de notre action, dont le nom même (*La main à la pâte*), rapidement plébiscité par l'opinion, recelait quelque ambiguïté par l'accent exclusif qu'il semblait mettre sur l'expérimentation, au détriment éventuel de la réflexion et de l'acquisition de connaissances. Que de fois avons-nous entendu caricaturer nos propositions : « Ah oui ! *La main à la pâte*, des petites manips ludiques pour faire bricoler les enfants[27] ! »

Nous rédigeâmes donc, et publiâmes largement, *Les Dix Principes*, brève liste de critères d'un enseignement de science auxquels tout maître pourrait

26. Ces entretiens sont publiés chaque année (sept volumes parus) sous le titre *Graines de sciences*, aux Éditions Le Pommier, Paris. Une des originalités de ces livres tient en ce que les divers chapitres, rédigés par les scientifiques, sont relus, discutés et souvent amendés par les instituteurs eux-mêmes.

27. En réalité, ce qualificatif lié au *jeu* recouvre aussi une réalité de l'apprentissage cérébral (*cf.* chapitre IV). Comme l'écrit Manfred Spitzer : « C'est une erreur répandue que de croire que l'on peut diviser le temps en périodes d'apprentissage et en périodes de plaisir (...). Le cerveau ne cesse d'apprendre. » (Manfred Spitzer, *Learning*, Elsevier, 2005.)

se référer pour évaluer sa propre pratique. Quatre de ces principes concernent d'ailleurs l'accompagnement, tant nous étions convaincus que là gisait la solution du problème. Nous les verrons à l'œuvre dans la suite de ce livre, et tout particulièrement dans le chapitre II, qui nous emmènera dans une classe, avec le maître et ses élèves, et dans le chapitre V.

Les dix principes de *La main à la pâte*

1 – Les enfants observent un objet ou un phénomène du monde réel, proche et sensible, et expérimentent sur lui.

2 – Au cours de leurs investigations, les enfants argumentent et raisonnent, mettent en commun et discutent leurs idées et leurs résultats, construisent leurs connaissances, une activité purement manuelle ne suffisant pas.

3 – Les activités proposées aux élèves par le maître sont organisées en séquences en vue d'une progression des apprentissages. Elles relèvent des programmes et laissent une large part à l'autonomie des élèves.

4 – Un volume minimal de deux heures par semaine est consacré à un même thème pendant plusieurs semaines. Une continuité des activités et des méthodes pédagogiques est assurée sur l'ensemble de la scolarité.

5 – Les enfants tiennent chacun un cahier d'expériences avec leurs mots à eux.

6 – L'objectif majeur est une appropriation progressive, par les élèves, de concepts scientifiques et de techniques opératoires, accompagnée d'une consolidation de l'expression écrite et orale.

7 – Les familles et/ou le quartier sont sollicités pour le travail réalisé en classe.

8 – Localement, des partenaires scientifiques (universités, grandes écoles) accompagnent le travail de la classe en mettant leurs compétences à disposition.

9 – Localement, les IUFM mettent leur expérience pédagogique et didactique au service de l'enseignant.

10 – L'enseignant peut obtenir auprès du site Internet des modules à mettre en œuvre, des idées d'activités, des réponses à ses questions. Il peut aussi participer à un travail coopératif en dialoguant avec des collègues, des formateurs et des scientifiques.

Cette même année est marquée, en janvier 1999, par un grand colloque national qui se déroule à la Bibliothèque nationale de France, sous l'intitulé « À propos de *La main à la pâte* : les sciences et l'école primaire » ;

elle se conclut par la remise, au ministre Claude Allègre, d'un rapport rédigé à sa demande par l'inspecteur général Jean-Pierre Sarmant pour répondre à la question : que vaut cette étrange entreprise de *La main à la pâte* après trois années de mise en œuvre ?

En effet, les critiques n'avaient pas manqué. Que venaient faire ces trois académiciens, plus tout à fait jeunes, dans les eaux sereines de l'admirable école primaire française ? Ne se piquaient-ils pas de réinventer l'eau tiède ? La science enseignée aux bambins n'était-elle pas suffisamment simple pour ne pas devoir réclamer le concours de « savants » ? N'avait-on pas toujours, et avant eux, prôné les méthodes actives et le *socio-constructivisme*, nom savant d'une pédagogie active et collective[28] ? De surcroît, notre qualité commune, et accidentelle, de physiciens ne pouvait-elle susciter quelque inquiétude : les sciences du vivant allaient-elles y trouver leur compte ? Et *quid* de la technologie, érigée au rang de discipline se voulant indépendante ? N'y avait-il pas là une tentative d'*Anschluss* des physiciens sur l'école primaire ? Les multiples voyages d'études[29] effectués par des maîtres, des inspecteurs, des responsables d'instituts universitaires de formation des maîtres (IUFM) à Chicago, Boston ou Pasadena, très réussis, retournaient le fer dans la plaie : si personne ne trouvait à redire au fait qu'un chercheur français travaillant sur le big-bang, le sida ou la microélectronique entretienne d'étroits et permanents contacts avec ses collègues d'outre-Atlantique ou d'autres horizons, une attitude semblable en matière d'éducation choquait, tant celle-ci est vécue comme porteuse de notre identité culturelle.

Nombre de professeurs qui, dans les IUFM, formaient les futurs professeurs des écoles semblaient particulièrement irrités par notre action : sans doute, mais assurément à tort, le « constat des 3 % » sur lequel nous avions fondé celle-ci leur paraissait mettre directement en cause l'effica-

28. Ce concept traduit la conviction des chercheurs que tout enfant contribue activement à la *construction* de sa personne et de son univers mental par une interaction active avec son environnement physique et *social* : d'où le terme de *socio-constructivisme*.

29. On en trouvera des échos dans l'ouvrage *Enfants, chercheurs et citoyens*, G. Charpak et L. Lederman, Odile Jacob, 1998.

cité de la leur. Il nous faudra du temps pour que la réconciliation s'installe avec ces acteurs stratégiques, et nous la scellerons lors de rencontres annuelles à l'Académie à partir de juin 2000 avec l'actif concours de Gérard Mary, aujourd'hui président de l'université de Reims, avec la création en 2001, à l'initiative de l'éminent physicien Jacques Friedel, d'un prix *La main à la pâte* distinguant des mémoires professionnels de professeurs des écoles stagiaires, puis mieux encore lors d'une école d'été internationale tenue en Sicile en 2004.

Sans faire taire toutes ces critiques auxquelles nous étions et demeurons attentifs, le rapport de l'inspecteur général Sarmant allait objectiver le débat : après une enquête rigoureuse, il concluait par une adhésion sans réserve à la rénovation entreprise et à ses principes, dont il recommandait l'extension tout en soulignant quelques risques de dérives.

Un extrait du « Rapport Sarmant »

« De nombreux maîtres participant à l'opération ou ayant adopté spontanément une démarche qui s'en inspire fortement déclarent que cette démarche rejaillit sur l'ensemble de leur enseignement. À cet égard, il n'est pas exagéré de parler d'une véritable *révolution pédagogique*.

Dans la méthodologie de *La main à la pâte*, les effets sont très positifs dans les domaines du comportement social et moral, de l'expression de la langue maternelle et de la formation générale de l'esprit. En revanche, tout en étant globalement satisfaisants, les effets sur la connaissance scientifique appellent quelques réserves qui ne sont pas relatives à la méthode elle-même mais tiennent à des difficultés d'interprétation et d'application auxquelles il peut être remédié [...]. »

Le texte intégral de ce rapport se trouve à l'adresse :
eduscol.education.fr/index.php?/D0027/EXSREF03.htm

Les ministres changent, les injonctions pédagogiques aussi, mais depuis 1666 l'Académie des sciences demeure : c'est sans doute grâce à elle que les recommandations du rapport de Jean-Pierre Sarmant sont suivies d'effets et confèrent à cet homme d'exception un rôle majeur dans les années qui suivent. À l'automne 1999, Jack Lang succède à

Claude Allègre. C'est donc lui qui annonce, pour la rentrée 2000, la création d'un plan triennal de rénovation de l'enseignement des sciences et de la technologie à l'école primaire (PRESTE)[30] préparé par son prédécesseur. Ce plan, ciblé sur les trois dernières années du primaire (CE2-CM1-CM2), comprend d'abord des dotations en matériel expérimental pour toutes les circonscriptions de France, une décision trop modeste encore, mais importante : elle renoue avec l'époque lointaine où chaque classe primaire possédait un « musée scolaire », qui rassemblait poids et mesures, fossiles et loupes, et servait de support concret à la *leçon de choses* d'alors. Le plan comprend aussi la création d'un groupe national de suivi et la mise en place de structures d'accompagnement, sur lesquelles nous reviendrons au chapitre VII, structures qui associent la communauté scientifique, entendue comme celle des praticiens et acteurs de la science (chercheurs, ingénieurs, étudiants en fin de cursus). Aux côtés de l'École des mines de Nantes, bien d'autres s'engagent au fil des ans[31].

Ce plan mis en route, nous nous interrogeons sur la place qui peut désormais être la nôtre, car nous n'avons ni vocation ni compétence pour piloter l'Éducation nationale ! Pourtant, un si grand nombre de maîtres et de formateurs avaient manifesté leur confiance que nous constituons alors une petite équipe enthousiaste. Nous en confions en 1999 la direction à Édith Saltiel, qui l'assumera jusqu'en 2003[32]. C'est alors que débute une étroite collaboration avec l'École normale supérieure de la rue d'Ulm, dont le directeur d'alors, Étienne Guyon, nous accorde un vigoureux et généreux soutien, avant que Gabriel Ruget ne prenne le relais.

30. Bulletin officiel de l'Éducation nationale, n° 23, 15-6-2000.

31. Citons ici l'École polytechnique, l'École normale supérieure (Ulm), l'École centrale de Paris, l'École de physique et chimie (ESPCI), l'INSA de Lyon, les Écoles des arts et métiers (notamment Paris et Cluny), l'École des mines de Saint-Étienne... On regrettera que l'implication des jeunes chercheurs appartenant aux écoles doctorales dans les universités reste encore très en deçà.

32. Direction assurée par la suite par Monique Saint-Georges (2003), Jean-Paul Dubacq (2004), puis David Jasmin (depuis fin 2005).

Enfin, un développement inattendu et passionnant venait de surgir, qui fait l'objet du chapitre VIII de ce livre : *La main à la pâte* suscitait l'intérêt hors de nos frontières et prenait une extension internationale qui depuis n'a cessé de croître. Des visiteurs du monde entier, instituteurs ou ministres, venaient visiter les classes *Lamap*, comme on se mit à les appeler familièrement. Nous décidions alors, d'un plein et commun accord avec le ministère, de positionner désormais notre action en tant que *pôle innovant*[33] : en termes plus familiers, nous continuerions à soutenir le développement de "prototypes pédagogiques", encourageant la créativité et l'innovation dont nous veillerions à diffuser les réussites ; nous continuerions de mobiliser, en faveur de la rénovation, la communauté scientifique. Nous jouerions la mouche du mammouth, bien décidés à ce qu'un jour, que nous espérons assez proche, les 3 % du début approchent les 100 %, tout en sachant la fragilité de l'entreprise et le temps long qui caractérise tout effort de changement en matière d'éducation.

Pour jouer notre rôle en demeurant à notre place, nous mettions en place en 2000 une douzaine de "centres pilotes", groupe de quelques dizaines, voire centaines de classes, dont les inspecteurs, les enseignants et parfois les édiles acceptaient collectivement le jeu de la coopération et de l'innovation. La *Délégation interministérielle à la ville* soutint fortement, dans les quartiers urbains difficiles, la création et le développement de ces centres, qui firent tache d'huile. Nous les retrouverons au chapitre VII.

On peut parfois douter de l'impact concret des programmes scolaires. Tout en ayant pour eux le respect dû à la chose publique et en veillant à ce que *La main à la pâte* n'incite en rien à les négliger, nous savions trop bien que les « 3 % » correspondaient à une situation où les programmes obligeaient en principe tous les maîtres à enseigner la science ! Utopie pour utopie, mieux vaudrait un bon maître et peu ou pas de programmes

33. Par une convention signée le 8 septembre 2000 entre les deux secrétaires perpétuels de l'Académie des sciences (Nicole Le Douarin et Jean Dercourt), Jean-Paul de Gaudemar pour la direction de l'enseignement scolaire du ministère de l'Éducation nationale et Jean-Pierre Sarmant désormais chargé de la mise en œuvre du PRESTE.

que l'inverse, car ceux-ci servent souvent à donner l'apparence du changement plus qu'à asseoir sa réalité. Néanmoins, lorsque le ministre mit en chantier une refonte de tous les programmes de l'école primaire pour la rentrée 2002, nous fûmes heureux d'y contribuer (YQ) auprès du recteur Philippe Joutard, veillant tout particulièrement à ce que l'enseignement de la science y soit réellement intégré à celui de la langue écrite et orale – un lien auquel nous consacrons ici l'intégralité du chapitre IV. Ces programmes, parus en 2002, font aux *dix principes* auxquels ils se réfèrent une place plus qu'honorable[34]. Ils intègrent dans une même démarche science et technologie, et nous font même l'honneur de citer le site Internet de *La main à la pâte* comme une référence "officielle".

Autour de Jean-Pierre Sarmant et de son groupe de suivi, nous allons consacrer une bonne partie de l'année 2002 à préparer un document d'accompagnement pour les maîtres, afin qu'ils mettent en œuvre ces programmes dans de bonnes conditions, et à le tester dans les classes. Il parut au début de l'année 2003 et fut distribué à tous les maîtres de l'école publique (au nombre d'environ 320 000) sous la double signature du ministère et de l'Académie des sciences[35], ce qui était sans doute une première. Nous avions veillé à ce que ce guide, bien français cette fois-ci, ne se limite pas aux années terminales du primaire, mais s'étende jusqu'à la maternelle, puisque la découverte du monde dans ces classes est déjà l'occasion de pratiquer une démarche d'investigation raisonnée. D'ailleurs, un second volume, d'inspiration similaire, vient de paraître à destination de l'école maternelle[36] : aux deux signatures s'ajoute ici celle de la jeune Académie des technologies, créée en l'an 2000, dont le président d'alors, Jean-Claude Lehmann, avait

34. Les programmes 2002 de l'école primaire sont aisément accessibles sur le site Internet de *La main à la pâte*.

35. *Enseigner les sciences à l'école. Accompagnement des programmes – Cycles 1, 2 et 3*. Ministère de l'Éducation nationale (DESCO) & Académie des sciences (*La main à la pâte*), CNDP, Paris, 2002.

36. *Découvrir le monde à l'école maternelle. Le vivant, la matière, les objets*. Ministère de l'Éducation nationale (DESCO), Académie des sciences (*La main à la pâte*) & Académie des technologies, CNDP, Paris, 2005.

accepté de conjuguer les efforts avec ceux de l'Académie des sciences en faveur de *La main à la pâte*.

*

Au fil de ce récit, nos lecteurs auront compris que toute notre action vise à restaurer la place de la science dans l'éducation de tous les enfants de France, donc au sein de l'école. À cet effort s'en ajoutent bien d'autres : de multiples initiatives poursuivent un but parallèle mais le plus souvent à l'extérieur du système éducatif. Citons ici, entre autres, des associations tels *Les petits débrouillards*, les clubs scientifiques stimulés par *Planète science*, les musées et centres de culture scientifique, tous précieux acteurs qui complètent heureusement l'action au sein de l'école[37].

Avant de clore ce panorama, nous tenons à redire combien l'aventure de *La main à la pâte* doit à tout ce qui l'a précédée, singulièrement en France. Parfois peut-être avons-nous, dans notre enthousiasme de néophytes, à cause de l'intérêt que les médias ou l'opinion nous portaient, donné le sentiment d'avoir importé, ou même inventé, une méthode pédagogique entièrement neuve en France. Il n'en est évidemment rien. Notre propos s'est inscrit dans une longue tradition d'enseignement des sciences à l'école, qui chez nous trouve ses racines dès le milieu du XIXe siècle, si ce n'est auparavant. Cet enseignement a connu de nombreuses vicissitudes, reflétant de manière complexe les rapports entre la science, l'industrie, la société, les visions politiques de l'éducation et de son rôle. Il nous a paru important que cette histoire soit connue, singulièrement par les jeunes et futurs professeurs d'écoles que la démographie va renouveler à raison d'environ 15 000 par an et qui vont avoir la charge de former les adultes de demain. On ne prépare bien l'avenir qu'en connaissant le passé et en s'appuyant sur lui.

37. Le colloque 2005 de l'Association des musées et centres de culture scientifique et technique et industrielle (AMCSTI), tenu au château d'Abadie, Hendaye, fait le point de cette synergie nécessaire entre actions dans et hors l'école (actes à paraître).

Nous avons donc suscité, sous la responsabilité de l'Académie des sciences et particulièrement d'une rigoureuse agrégée de lettres, Béatrice Ajchenbaum-Boffety, une exposition itinérante qui dès 2004 sillonne la France, d'IUFM en IUFM, et déjà le monde[38]. Sous le titre *Les sciences à l'école : quelle histoire !* elle trace ce parcours qui, de Guizot à *La main à la pâte*, passe par Jules Ferry et la leçon de choses, Célestin Freinet et l'école coopérative, Jean Piaget et Gaston Bachelard.

Les chapitres qui suivent illustrent en détail les étapes de notre aventure. Ils veulent aussi ouvrir sur l'avenir, en France, où le chantier n'est pas clos, mais aussi en Europe et dans le reste du monde, où la place de la science dans l'école est loin d'être satisfaisante, où partout les responsables s'interrogent et parfois nous sollicitent.

38. Le commissariat de cette exposition a été en partie assuré avec talent par Pierre Kahn. Le bandeau ci-dessus est dû au graphiste Jean-Charles Rousseau, également auteur bénévole du logo de *La main à la pâte*.

CHAPITRE II

Une classe *Main à la pâte*

Comme un expérimentateur qui demande à des contre-épreuves la vérification de ce qu'il a proposé[1].
Marcel PROUST

Apprendre, comprendre

Le savoir – qu'il soit scientifique ou autre – peut être versé du haut en bas par le maître dans le cerveau du disciple, à charge pour ce dernier d'ouvrir son esprit, d'apprendre et de mémoriser. Il peut aussi être découvert par le disciple, en une investigation personnelle, bien sûr guidée, à charge pour le maître d'être ce guide, médiateur entre l'enfant et le monde.

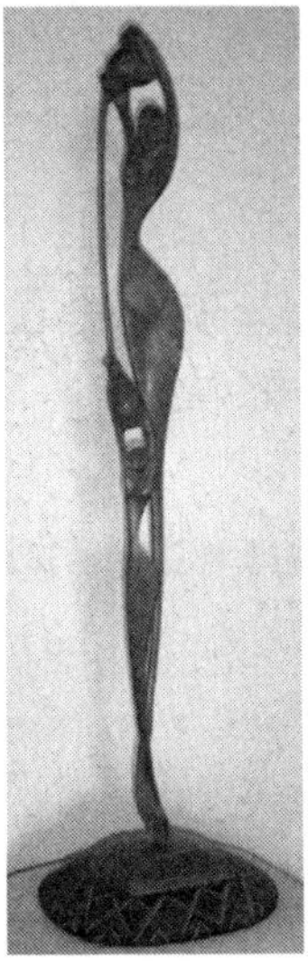
« ... dans sa verticalité[2]... »

Est-il nécessaire de préciser que ces deux pédagogies ont chacune leurs mérites ? Que la première – dans sa verticalité – est plus efficace en termes de densité de connaissances acquises, la seconde – donnons-la pour horizontale –, plus apte à provoquer, chez l'enfant, émerveillement et appropriation intime du savoir. Et que celle-là vise à l'acquis, au détriment peut-être de la compréhension, celle-ci à la formation de l'esprit, au détriment peut-être de son remplissage.

1. *In À l'ombre des jeunes filles en fleurs.*
2. Sculpture de Cabrita (Sénégal) : la femme verse le savoir, l'enfant le reçoit.

De tout temps on a su mêler ces deux approches et mettre, sans doute en des âges divers du disciple, un double accent sur la nécessité qu'il apprenne et sache, et sur celle qu'il découvre et comprenne. Marie Curie exerçait une rigoureuse verticalité avec ses étudiants de la Sorbonne dans le même temps qu'elle pratiquait une savante horizontalité avec des enfants du primaire[3], comme on l'a récemment découvert.

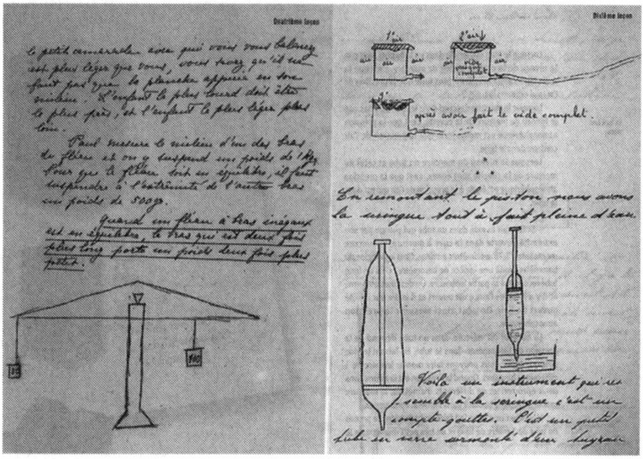

Extraits de *Leçons de Marie Curie*, Éditions de Physique, 2003.

Une leçon *Main à la pâte*

Parfaitement conscients de la nécessité du pur savoir, de l'importance d'une pratique assidue de la mémoire et, ici ou là, du par cœur, nous avons eu la conviction, après bien d'autres, que l'ouverture à la science devait, chez l'enfant, débuter par une découverte du monde. L'avantage est, ici, triple : son esprit se familiarise avec la nécessité d'observer,

3. *Leçons de Marie Curie*, EDP Sciences, 2003. La pédagogie de Marie Curie, toute remarquable qu'elle soit, n'est pas nécessairement identique à celle que nous préconisons pour les enfants d'aujourd'hui. Une analyse approfondie de ces différences est donnée par J. Paindavoine, Y. Pomeau & E. Villermaux, *Bulletin de la Société française de physique*, 145, 24, 2004.

d'expérimenter et de raisonner ; son imagination, sans cesse sollicitée, lui découvre des paysages mentaux insoupçonnés ; et – très généralement – sa joie est grande d'apprendre dans le même mouvement qu'il commence à comprendre.

Sagesse chinoise[4]

百闻不如一见

J'entends et j'oublie
Je vois et je me souviens
Je fais et je comprends

Aussi l'expérience modeste en taille mais déjà significative lancée en 1996 (voir p. 23) s'appuyait-elle sur le protocole suivant.

Au cours d'une séance de sciences, un enfant a posé *une question* – parmi bien d'autres, sans doute : « Pourquoi... ? Pour quoi... ? Comment... ? » – relative à un objet ou à un phénomène de la nature, question susceptible, selon le professeur, d'un développement scolaire à l'intérieur du programme tel qu'établi par le ministère.

Le maître ne répond pas, mais il renvoie la question aux enfants (« Vous, qu'en pensez-vous ? Toi, Emmanuelle, toi, Lazare, qu'est-ce que vous répondriez ? ») stimulant ainsi leur imagination, c'est-à-dire leur faculté de se créer une *image* de ce qu'ils ne voient pas, ni ne savent. Et fusent bientôt leurs idées ou, au sens propre, *leurs hypothèses*. Si naïves qu'elles soient, et sans doute le sont-elles, celles-ci seront accueillies avec sympathie – sauf absurdité absolue qu'il conviendrait de réfuter d'entrée de jeu – et conservées pour mémoire, écrites par exemple au tableau.

4. Le texte original de ce proverbe, calligraphié ci-dessus (*Bai wen bu ru yi jian*), peut aussi se traduire par : *Cent fois entendu est moins qu'une fois vu*. Il rappelle notre proverbe *Verba volent, scripta manent*.

Vient alors le moment de l'*expérimentation* : la réponse à nos questions concernant la nature, c'est en effet d'abord à la nature d'y répondre elle-même, l'expérience étant l'expression, stylisée à l'extrême, de notre dialogue avec elle. Aussi les enfants vont-ils, travaillant sans doute par petites tables de quatre ou de cinq, installer un dispositif, aussi simple et rudimentaire qu'il est possible – en sorte d'en maîtriser tous les éléments – et expérimenter.

Il se peut, mais c'est rare, que l'expérience donne d'entrée de jeu la réponse à la question posée, réponse proche de l'hypothèse de Lazare, lequel alors se rengorge. Il est infiniment plus fréquent, et beaucoup plus intéressant, que la réponse soit initialement peu explicite tout en ayant quelque chose à voir avec l'hypothèse d'Emmanuelle. Va, dans ce cas, s'établir dans la classe cet aller et retour entre l'hypothèse et l'expérience, entre le cerveau et les mains, entre l'imagination et la réalité, qui fonde toute activité de recherche, que celle-ci soit scientifique, ou historique, ou littéraire... On va donc revenir au dispositif expérimental, peut-être chauffer un peu plus, peut-être illuminer un peu moins, peut-être modifier tel élément, tel paramètre..., de façon à cerner de mieux en mieux la réalité. Moment béni des dieux, pour l'observateur, que celui de ce mouvement ascensionnel d'où, dans la classe même, va peut-être jaillir la vérité.

Si celle-ci se fait ainsi jour, alors viendra le moment final, celui de l'*expression*. Celle-ci sera *orale* si le maître demande à l'un des enfants de chaque groupe de faire un petit exposé à ses camarades sur ce qui vient de se passer. Elle sera *écrite* lorsqu'ils décriront, sur leur *cahier d'expériences*, la petite aventure qu'ils viennent de vivre collectivement et qu'ils inscriront noir sur blanc la petite miette de la vérité du monde qu'ils viennent ensemble de découvrir.

Si le tout a échoué, c'est-à-dire si la réponse n'a pu être obtenue (expérience médiocrement conduite, maladresse des enfants, difficultés intrinsèques excessives, etc.), le maître donnera *ex cathedra* la réponse cherchée – une conclusion en forme de points de suspension n'ayant, sauf exception, pas de valeur éducative – et, s'il le peut, leur expliquera les raisons de l'échec. Les enfants n'en laisseront pas moins la trace écrite dans leur cahier d'expériences.

Enfin le maître formulera pour toute la classe une conclusion et récapitulera le savoir acquis, afin qu'il puisse ainsi être mémorisé par les enfants.

De cette démarche, donnons trois exemples.

En cours moyen : la ficelle et le poids

Un village de Provence. Tel enfant l'ayant, quelques jours plus tôt, interrogée sur le sens du mot *rythme*, la maîtresse de cette classe de CM1 avait décidé de faire travailler les enfants sur *le pendule* : un poids attaché au bout d'une ficelle accrochée, elle, à une rudimentaire potence en bois.

Un lancer de pendule à angle fixé.
Catherine Lavergne, École annexe de Tulle.

Les voici donc regroupés par tables de quatre. Elle a fourni, sur chacune, une boîte de ficelles (des grosses pour emballage, des moyennes, des fils, des rubans, etc.) et des poids (acier, laiton, plomb, 100 g, 1 kg, 10 g, etc.). Lorsque les pendules sont construits, elle fait remarquer aux enfants que leur battement (le *rythme*) est régulier et leur demande de mesurer la durée de ce battement (la *période*). Elle leur a fourni pour cela de petits chronomètres, et ils se mettent à l'ouvrage.

Ce n'est pas si simple, car la période est courte. Esther propose d'elle-même que l'on mesure la durée de dix battements et qu'on la divise par dix, s'appropriant au passage l'idée de *précision expérimentale*. Le principe est aussitôt compris par tous et adopté. Regardons-les lancer leur pendule, déclencher le chrono, compter gravement jusqu'à dix, le bloquer, noter le résultat et décaler la virgule d'un cran ; puis recommencer jusqu'à ce que celui-ci soit sans équivoque. Mais voici que, d'une table à l'autre, les résultats diffèrent : 1,3 seconde ici, 1,6 là, 1,8 un peu plus loin. Que se passe-t-il ? Il y en a qui se trompent, pensent-ils (les autres, bien entendu, chacun étant persuadé d'être dans le vrai !). Disputes, chamailleries, noms d'oiseaux... jusqu'à ce que la maîtresse rétablisse l'ordre, momentanément compromis : « Pourquoi vous disputer ? Tout le monde a bien travaillé, et chacun a raison. » Survient aussitôt la question : « Mais alors, pourquoi les pendules ont-ils des périodes différentes ? »

Les hypothèses affluent. La première est mignonne, celle de Félix, un petit blondinet qui cite la façon d'attacher le poids à la ficelle : *le nœud*, note la maîtresse au tableau. Puis viennent *l'épaisseur* de la ficelle, la façon de *lancer* le pendule, *la couleur* du poids, *sa matière*, ah oui !, *le poids* bien sûr, clament simultanément trois voix, hypothèse à laquelle ils se rallient presque tous. La liste des *paramètres* se clôturera lorsque Blandine, regard circulaire sur tous les pendules, dira, pensive : « Maîtresse, il y en a des petits et il y en a des grands » : *la longueur*, note la maîtresse en leur proposant alors de rechercher expérimentalement qui dit vrai.

On devine la suite : elle est confuse, chaque groupe modifiant son pendule au hasard en changeant tout à la fois, le nœud, le poids, la longueur... La maîtresse les laisse patauger quelques minutes, s'apprêtant à les remettre sur le droit chemin. Elle n'en aura pas besoin. Une autre fillette déclare tout à coup : « Maîtresse, on devrait pas changer tout à la fois. » La phrase est maladroite, mais cette enfant a compris : il faut, bien sûr, travailler paramètre par paramètre, tous les autres étant fixés. Ils comprennent à leur tour, adoptent tous cette indispensable procédure, et, cinq minutes plus tard, la réponse est là : la longueur, et elle seule, est responsable des différences de période d'un groupe à l'autre. Le poids, en particulier, ne joue, à la surprise générale, aucun rôle.

Il est temps, pour la maîtresse, de commenter. Elle va le faire fort intelligemment : « La plupart des grands phénomènes auxquels vous serez confrontés, leur dit-elle en substance, qu'ils concernent le climat, les épidémies, les accidents, les mouvements sociaux... sont comme le pendule – bien plus que le pendule – le jouet de mille paramètres indépendants, visibles ou cachés. Ne vous laissez pas prendre, à leur sujet, à des interprétations hâtives, ou superficielles, ou malhonnêtement tronquées dans un but mercantile, ou sectaire, ou politique. Pour les comprendre, il faut démêler et étudier une par une les causes. Si, comme c'est le plus souvent le cas, cela vous est impossible, alors sachez au moins que votre conviction ne sera pas une preuve, ni votre hypothèse une démonstration. »

Belle leçon de science, mais aussi belle leçon d'hygiène mentale. Gageons que ces enfants retiendront plus encore celle-ci que celle-là, et ils auront raison : la science nous apprend à *penser* bien autant qu'à *connaître*. Et, nous apprenant à penser, elle nous apprend à vivre.

En école maternelle : « Ça a tourné »

Il est 17 heures, dans cette cour de récréation d'une école maternelle des Yvelines où les enfants, qui ont 5 ans, ont pratiqué, au long de cette belle journée d'un juin ensoleillé, un jeu étrange. La maîtresse avait dessiné un petit rond à la craie sur le bitume et, à chaque heure juste, avait demandé à Raphaël de s'y tenir droit, tandis que, successivement, devant la classe rassemblée, Marceau, puis plus tard Madeleine, puis... avaient été conviés à dessiner à la craie le contour de son ombre.

L'un de nous était arrivé là à 5 heures du soir, et tous les enfants avaient été invités à revenir dans la cour. Devant le dessin des ombres successives, la maîtresse avait demandé ce qu'on voyait. « Une fleur ! », avaient-ils répondu en chœur. Certains avaient précisé qu'il s'agissait d'une marguerite, ce qui n'était pas mal vu. L'un d'entre eux affirma, sans autre précision, que « c'était Raphaël » ; un autre, que « c'était lui qui avait fait le dessin », s'attirant les protestations de Marceau, de Madeleine et des autres. Mais la maîtresse n'était pas satisfaite : elle voulait une autre réponse.

« Une fleur[5] ! »

C'est alors qu'un des enfants, absorbé dans sa réflexion, murmura presque à voix basse : « Maîtresse, *ça a tourné.* » Remarque d'autant plus étonnante, face à ce dessin statique, que le garçonnet, aussitôt invité à en dire plus, ne savait pas préciser ce qui avait tourné : enfouie dans ce dessin et consubstantielle à lui, il avait perçu une rotation, sans pouvoir s'exprimer plus avant. Mais la fine intuition avait fait son chemin dans l'esprit des enfants : « Ah oui, maîtresse, c'est le Soleil ! », s'exclama une fillette.

À partir de là, tout se fit jour dans de joyeuses clameurs : oui, c'était bien le Soleil qui avait créé l'ombre de Raphaël ; oui, comme il avait tourné dans le ciel, l'ombre avait tourné elle aussi ; oui, l'ombre avait raccourci le matin et s'était allongée l'après-midi parce que le Soleil était monté dans le ciel avant de redescendre ; oui, tout cela prenait sens.

Et tout cela allait plus encore prendre sens, la maîtresse les ayant alors menés dans une salle obscure où un rétroprojecteur devait jouer le rôle du Soleil, un gros ballon celui de la Terre. Sur celle-ci étaient collés de petits enfants en papier, et, tandis qu'elle faisait lentement tourner le ballon, un petit Japonais, avec son drapeau, rond rouge sur fond blanc, entrait dans la nuit et « allait faire son dodo » au moment où le petit Français « partait pour l'école » en tricolore, son ombre raccourcissant jusqu'à midi puis rallongeant jusqu'au soir.

5. Classe de Mireille Hibon-Hartmann, école maternelle Les Charmettes, Le Vésinet.

Pédagogie souriante et, tout autant, rigoureuse ! Institutrice littéraire de formation et passionnée d'astronomie[6], cette femme avait su admirablement éveiller ces tout jeunes cerveaux à l'observation du monde, aiguiser leur intuition, et, dans le même temps – réalisant devant eux la décomposition de la lumière par un prisme, ou leur faisant découvrir la notion d'*action à distance* à l'aide de deux petits aimants de papeterie –, leur en montrer les limites et la nécessité d'aller au-delà de l'apparence des choses et des idées qu'*a priori* nous nous faisons d'elles.

Au collège : le coco de Paimpol

Nous voici dans un collège des Côtes-d'Armor. Un concours a été ouvert, il y a deux mois, dans l'ensemble du département sur la manière dont pousse le "coco de Paimpol", un haricot renommé, produit de l'agriculture locale[7]. Une totale liberté a été laissée aux classes pour organiser leur travail sur ce thème, la seule contrainte étant que les semences, d'origine unique, ont été distribuées le même jour à chaque école. Une grande fête aura lieu à Saint-Brieuc, à la suite de cette étude, regroupant des dizaines de classes et plus de mille enfants qui pourront ainsi présenter leurs travaux devant un large public – autorités locales, parents, amis, passants – avec remise de prix aux classes les plus inventives.

L'événement a suscité maintes questions chez les enfants. Le coco, oui, ils connaissent : c'est un délicieux légume assurément, mais, au fait, comment pousse-t-il ? Quelles sont les conditions optimales pour sa croissance ? Quelle est l'influence de la chaleur ? Quelle de l'eau ? Quelle de la lumière ?... À ces questions, le professeur n'a pas répondu, renvoyant les questions aux enfants : « Vous, qu'en pensez-vous ? » Ont alors surgi leurs idées, trouvant leur origine dans quelque pratique du jardinage, plus probablement dans leur imagination, peut-être dans des *a priori* tout faits ou

6. M. Hartmann, *L'Astronomie est un jeu d'enfant*, Le Pommier – Fondation de Treilles, 1999.

7. Le coco de Paimpol, rapporté d'Argentine, a reçu le label d'appellation d'origine contrôlée (AOC) en 1998.

des présupposés nullement vérifiés, mais aussi dans des formes simplifiées d'un raisonnement construit. Bref, les enfants ont posé leurs hypothèses, et, en tant que telles, le maître les a accueillies et consignées sans réticence.

A débuté alors la phase de l'expérimentation, la seule procédure susceptible de départager les hypothèses en question. Et là sont exposés devant nous les divers "appareillages" que ces enfants ont construits. Oh ! ils sont rudimentaires, mais ils vont se révéler fort efficaces. N'en décrivons qu'un. Il s'agit d'une grande boîte en carton, renversée sur un pot où pousse un plant de cocos. Les enfants ont installé, dans la boîte, un tube fluorescent en sorte que puissent s'y reproduire aussi bien le jour (lampe allumée) que la nuit (lampe éteinte). Les "nuitées" et les "journées" vont se succéder, longues de 48 heures chacune, suivies chaque fois d'une mesure de la longueur de la tige. Et bientôt, sur le graphe où les enfants ont reporté ladite longueur en fonction du temps, est apparu un résultat sans équivoque, paradoxal pour la grande majorité d'entre eux : le coco pousse significativement plus vite dans l'obscurité que dans la lumière.

Cette découverte avait semblé, à tous, suffisamment étonnante et stimulante pour qu'ils aient voulu aller plus loin. Sur la suggestion du professeur et bien sûr guidés par lui, ils s'étaient interrogés sur le phénomène, connu de certains, de l'*héliotropisme*. Bon nombre de plantes se courbent vers le Soleil : cette tendance n'aurait-elle pas un lien avec leur trouvaille ? Bien vite, d'une discussion générale avait surgi l'idée suivante : si les fibres exposées au Soleil, donc illuminées au maximum, poussent moins vite que celles qui, à l'opposé, restent dans l'ombre de la tige elle-même, alors ne pourrait-on pas comprendre la courbure de la tige vers le Soleil ?

Et c'est tout cela qu'aujourd'hui les enfants, dans une joyeuse excitation, expliquent aux visiteurs que nous sommes. C'est tout cela qu'ils ont consigné, chacun avec ses mots et avec ses propres dessins, dans leurs cahiers d'expériences qu'ils nous montrent avec fierté. C'est tout cela que, bien auparavant, ils ont raconté chez eux, faisant partager à leurs parents idées, expériences et résultats. Et c'est tout cela, résumé sur de belles affiches, qu'ils exposeront à Saint-Brieuc au milieu de dizaines d'autres présentations de travaux qui ont tout autant passionné les classes concernées.

Les Dix Principes en action

Il est remarquable de noter que, dans les trois exemples précédents, presque toutes les idées directrices de *La main à la pâte* sont rassemblées, du moins celles énoncées dans les *Dix Principes* (voir p. 29), ceux-ci permettant au minimum à chaque professeur de savoir si sa manière d'enseigner les sciences aux enfants se rattache soit complètement, soit partiellement, soit aucunement, à *La main à la pâte ;* et à ceux qui ne les enseignent pas, de donner une indication sur la manière de s'y prendre pour le faire.

Revenons par exemple aux grandes lignes de l'étude du coco de Paimpol en les situant dans la perspective de ces dix principes.

Les *deux premiers* définissent une leçon *Main à la pâte* en termes d'investigation et d'argumentation. Le *troisième* insiste sur la nécessaire cohérence interne du déroulement des leçons, et ce, à l'intérieur des programmes. L'étude du coco illustre à plein ces impératifs. La présence dans la classe des cahiers sur lesquels les enfants avaient rédigé leurs observations, remarques, hypothèses, résultats... correspond bien au *cinquième.* Par ailleurs, ce travail, déroulé le long des semaines, au fil de la pousse des plantes, était conforme à l'idée du *quatrième,* le temps exact de chaque séquence ne pouvant bien sûr qu'être laissé à l'appréciation du maître. Il est bien clair qu'une telle étude, dans sa phase centrale de mesures répétitives, n'est pas incompatible avec d'autres observations, d'autres manipulations, menées en parallèle.

On voit aussi combien s'appliquent les quatre principes suivants. La pousse des plantes peut difficilement ne pas intéresser les proches des enfants, en particulier leurs parents (*septième* principe), et l'on devine les types de propagation des connaissances qui, notamment dans un bourg ou une petite ville, peuvent en résulter (affichettes dans la rue, mini-exposition, article dans le bulletin municipal, etc.). Un accompagnement scientifique – qu'il prenne une forme universitaire, ou qu'il soit plus artisanal (ici, un botaniste, là peut-être, un pépiniériste, peut-être un pharmacien), ou qu'il se rattache au site Internet lamap[8] (*huitième* et *dixième* principes) – et un éventuel accompagnement pédagogique, sollicité auprès de l'IUFM local (*neuvième* principe), sont normalement accessibles à la plupart des écoles.

On aura enfin apprécié, sur cet exemple, combien il peut être positif et stimulant – pour les enfants et pour leurs proches – de choisir, à l'intérieur du programme ministériel, des thèmes de travail, liés autant que faire se peut non seulement à l'*environnement* géographique, social... du lieu, mais aussi à l'idée des *métiers*, de nature plus ou moins technique, plus ou moins artisanale, à laquelle l'école se doit impérativement de les familiariser.

Une nécessaire flexibilité

Ces dix principes, assurément utiles comme guide général, ne peuvent prétendre couvrir la variété des cas possibles ou des situations particulières des écoles, des maîtres et des groupes d'enfants. Bien des décisions peuvent différer, d'ici à là, suivant la pratique pédagogique des uns et des autres. À titre d'exemple de ces questions que laisse ouvertes l'enseignement des sciences, mentionnons celle, importante, de l'orthographe des textes rédigés dans le cahier d'expériences (*cinquième* principe). Certains enseignants estiment que, là comme ailleurs, la rigueur de l'orthographe est indispensable et qu'elle doit être exigée des enfants, et, en particulier, notée. D'autres pensent que la spontanéité de l'écriture et la pertinence scientifique doivent primer et que l'exigence orthographique peut être momentanément oubliée afin que l'enfant s'exprime sans

8. S'agissant du site Lamap : www.inrp.fr/lamap, ou également www.lamap.fr, voir p. 124.

contrainte. Tout en étant nous-mêmes très attachés à l'exactitude orthographique, signe parmi d'autres d'une saine rigueur mentale, il nous semble que la seconde attitude est acceptable si elle consiste à ne pas *noter* là les fautes orthographiques dans l'appréciation finale du cahier d'expériences, mais si, en même temps, les fautes commises sont dûment signalées aux élèves.

Autre lieu de flexibilité de ces principes et de nécessaire appréciation, par le maître, du bien-fondé et du moment propice de ses interventions : il arrive bien sûr que l'expérience, telle que réalisée par les enfants, donne à la question initiale une réponse ambiguë, ou incomplète, voire parfois fausse, soit qu'elle ait été incorrectement menée, soit que le temps ait manqué. Il nous semble nécessaire, en ce cas, qu'en fin de séance le maître donne la réponse qu'il aurait fallu trouver, (voir p. 40). L'effort de recherche et de manipulation des enfants aura sans doute été, même inabouti, méritoire et utile. En revanche, il serait, pour eux, à la fois néfaste de ne pas comprendre pourquoi cet effort a échoué et frustrant de rester sur leur faim quant à cette question initiale. On en trouvera une illustration dans l'encadré suivant.

Les trois exemples précédents nous ont fait faire la connaissance d'enfants accédant de plain-pied à des éléments d'une connaissance scientifique élémentaire. Mais on devine que les principes de *La main à la pâte* permettent d'aborder certains domaines limitrophes, comme ces grands universaux que sont l'éducation à la santé et même, pour une part, la formation morale de l'enfant.

Un thermomètre cassé, une expérience inachevée

Dans cette classe de CM2, une bolée d'eau chauffe dans une bouilloire électrique. Adèle, l'œil sur un chronomètre, donne à chaque minute un signal, moment pour Hector de lire l'indication du thermomètre plongé dans l'eau. Les enfants reportent point par point, minute par minute, sur un graphe température/temps, les indications ainsi fournies.

Sur chaque feuille, on peut constater (mis à part, de-ci de-là, mal reporté, quelque point aberrant) la "montée" quasi linéaire de la température. Mais voici que – les 100 °C fatidiques étant atteints – cinq points, les cinq derniers, semblent dessiner une horizontale, affichant une nette brisure du graphe. Esther, la première à le remarquer, s'écrie « Maîtresse, le thermomètre est cassé ! » La maîtresse ne récuse pas la remarque, cocasse mais non sotte, et stimule une discussion des élèves sur le point ainsi soulevé.

Chacun donne son avis. Hector témoigne ne pas déceler de cassure visible sur le thermomètre, d'autres pensent qu'elle est interne, et, tandis que la discussion erre quelque peu, voilà que la sonnerie de la récréation retentit : l'expérience va-t-elle en rester à ces points de suspension ?

Certes pas. Requérant l'attention des enfants pour deux minutes supplémentaires, la maîtresse leur donne "verticalement" la clé du mystère : non, le thermomètre n'est pas cassé ; oui, il est vrai que la température ne varie plus ; oui, on a atteint ce qu'on appelle le *point d'ébullition* de l'eau, et, si l'on avait le temps de continuer l'expérience, toute l'eau de la bouilloire disparaîtrait, se transformant en *vapeur*, sans désormais que la *température* varie bien que la chaufferette continue à fournir de la *chaleur*.

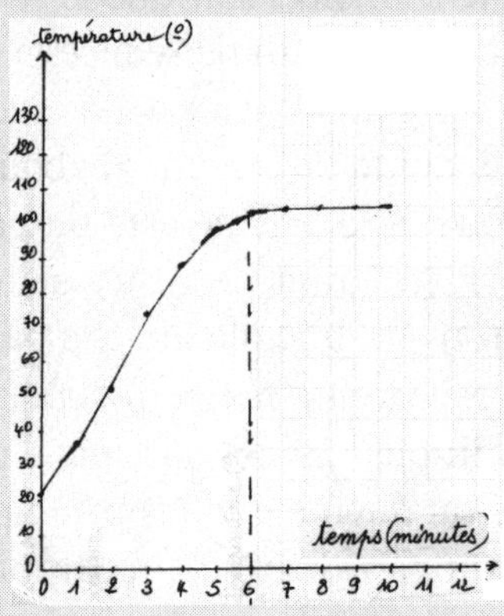

« Maîtresse, le thermomètre est cassé ! »

L'Île au naufragé, Philippe Kletz & Christian Laporte, classes de cycle 3, école La Gentillerie, Saint-Malo. Prix *La main à la pâte* 2004.

Une éducation à la santé

S'il est un sujet qui, après l'acquisition de la langue, préoccupe parents et enseignants, c'est bien celui d'une éducation des enfants à la santé : sécurité et risques d'accidents, alimentation et obésité, hygiène et prévention des infections. À l'évidence, toutes ces notions demandent, pour être pratiquées, une compréhension des *raisons* qui exigent d'agir de telle ou telle manière. Quelle meilleure démarche que celle de *La main à la pâte* pourrait-elle conduire les enfants à se les approprier, au sein d'une éducation à la santé, prévue depuis peu (2002) par les programmes ? Avec le chaleureux soutien de François Gros, nous avons donc voulu, à titre expérimental et avec l'excellent concours du médecin et chercheur Béatrice Descamps-Latscha, créer des modules d'enseignement qui conjuguent ces objectifs. Nous avons ainsi réalisé, en coopération avec des maîtres et après test dans des classes, des documents d'éducation à la santé, tels *Vivre avec le Soleil*[9] ou *Manger, bouger, pour ma santé*[10] !

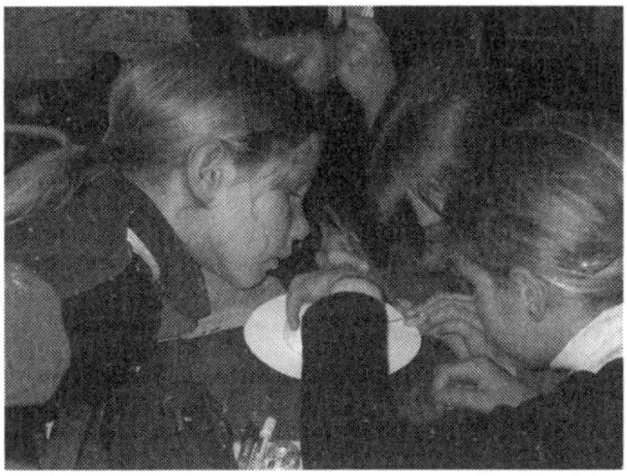

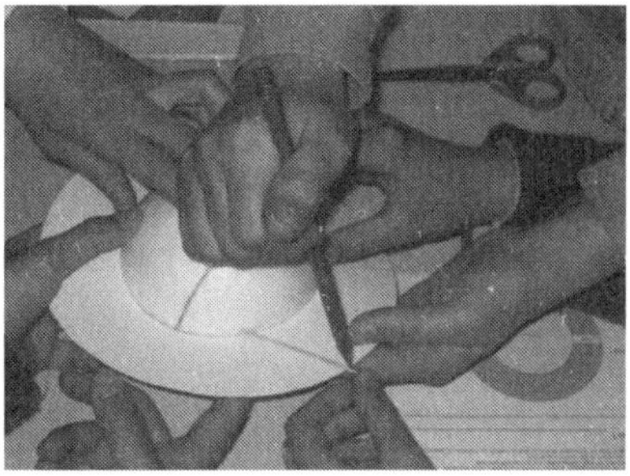

Module *Vivre avec le Soleil* :
les enfants comprennent que l'épaisseur d'atmosphère
traversée dépend de l'inclinaison du faisceau lumineux solaire,
donc du lieu et de l'heure.
École Paul-Bert, Antony

Au niveau international, des programmes tels que *Savoir pour sauver*, mis en œuvre par l'UNICEF, l'OMS et l'UNESCO en partenariat avec les plus importantes agences pour l'enfance du monde[11], ou *Les enfants pour*

9. En partenariat avec l'*Association sécurité solaire*, D. Wilgenbus, P. Césarini, D. Bense, *Vivre avec le Soleil*, Hatier, 2005.

10. *Manger, bouger, pour ma santé*, Dominique Bense, Béatrice Descamps-Latscha, Didier Pol, Béatrice Salviat, en cours d'élaboration.

11. Depuis sa publication en 1990, *Savoir pour sauver* a été traduit ou adapté par plus d'une centaine de pays, huit millions d'exemplaires sont utilisés dans plus de 170 langues.

la santé proposé par *L'enfant pour l'enfant*[12] dans certains pays en développement, adoptent une démarche voisine de celle de *La main à la pâte.* Leurs actions ont pour objectif premier de faire des enfants de ces pays autant des acteurs que des messagers pour la santé de leur famille et de leurs communautés. Nos modules partagent avec ces actions l'ambition de pouvoir être, après leur indispensable adaptation, diffusés hors de France (voir chapitre VIII) et servir cet axe majeur de l'*éducation pour tous* que constitue l'éducation à la santé[13] (voir Annexe 2).

Une éducation à la citoyenneté

L'acquisition de connaissances scientifiques et techniques, tout élémentaires soient-elles, constitue un objectif majeur de *La main à la pâte.* Ce n'est pas, de loin, le seul ni peut-être le plus important. Un autre est de faire jouer à la science, au bénéfice de ce futur citoyen qu'est l'enfant, un rôle significatif dans la structuration de son esprit et dans sa formation morale ; c'est-à-dire de l'inciter à ordonner son univers mental et de le préparer à aborder son univers social. Ambition exagérée ? Non sans doute si la science prend modestement – mais avec ses atouts spécifiques – sa place auprès des autres disciplines de l'école qui convergent vers ces mêmes buts. Quels sont, alors, ces atouts ?

Bien sûr la science nous apprend-elle d'abord la rigueur, celle qui conduit au résultat sans équivoque d'un exercice d'arithmétique ou de géométrie ; celle aussi qui donne une réponse – lestée par une observation, une expérience, une mesure irréfutables – à l'une de ces questions

12. Ce programme, adapté de l'expérience *Child to Child (*proposé par B. Young, 1970), et décrit *in* : É. Dumurgier et H. Hawes, *Les Enfants pour la santé*, diffusé par l'*Institut Santé et développement* et l'UNICEF, 1993 a été récemment repris par l'équipe de l'ESEM (*Éducation à la santé des enfants du monde*, présidée par le Dr Guillaume Fauvel).

13. Ces faits ont conduit l'Académie des sciences à constituer un groupe de travail intitulé WHEP (Women Health Education Program), animé par André Capron, ancien directeur de l'Institut Pasteur de Lille, visant, sous l'égide de l'*Inter Academy Panel*, IAP, à promouvoir l'éducation à la santé des femmes dans les pays en développement.

que l'enfant se pose face à la nature. Celle enfin qui nous apprend à argumenter en mettant nos idées en ordre, et en les développant avec logique, cette logique qui déteint immédiatement sur l'architecture interne du langage (voir chapitre IV).

L'air, la bouteille et le bouchon

Il convient de donner forme à cette logique dès l'âge des classes maternelles.

Dans telle classe, près du Mans, des enfants, 4 à 5 ans, s'exercent à déformer des bouteilles en plastique – vides. La déformation est facile lorsque le bouchon est enlevé. Dès que celui-ci est revissé, la bouteille résiste. « Pourquoi ? » demande la maîtresse aux enfants. Aussitôt vient une réponse : « C'est magique ! » Elle ne s'en contente bien sûr pas. « Non, dit-elle, réfléchissez ! – C'est qu'il y a quelque chose dans la bouteille, propose l'un d'eux. – Peut-être bien, dit-elle, mais alors, ce quelque chose, que lui fait le bouchon ? – Ah ! oui, il l'empêche de sortir de la bouteille ! » Et voilà que, d'un proche en proche qui est logique, ces enfants vont comprendre que c'est l'air qui résiste, lui qui est « coincé » dans la bouteille par le bouchon et qui fait corps avec elle, l'empêchant de se déformer. Et que, soit dit en passant, la bouteille n'est pas si vide que cela !

Mais elle peut nous enseigner aussi, du moins dans sa pratique, une certaine façon de réagir aux événements et aux sollicitations de la vie, c'est-à-dire une certaine façon de nous comporter. N'a-t-elle pas, dans la classe même, stimulé l'imagination de l'enfant lors de la recherche des hypothèses (voir p. 39, 42) ? Ne lui a-t-elle pas appris à douter des pseudo-évidences qu'une vision rapide des choses ou qu'un vague consensus social lui a inculquées ? À se méfier, dès lors, de ses impulsions et surtout de ses certitudes qui risquent plus tard de l'enfermer dans l'ornière médiocre de l'arrogance ? À tenir compte de la réalité palpable des objets, des phénomènes, et donc aussi des événements, face aux images qu'on nous en propose sur nos écrans ? À écouter les idées des autres et, au cours du travail expérimental, à travailler en équipe, à reconnaître et à apprécier la diversité des êtres humains (voir p. 72) ? À chercher avec eux, avec le maître et dans une sympathique excitation, une parcelle de la vérité du monde et d'en saisir le caractère universel ? (voir aussi chapitre VIII).

Citoyenneté à Vaulx-en-Velin

« Ce qui m'a frappée à l'école Youri-Gagarine, c'est la qualité des conseils de classe, [...]. Moi, j'interprète ainsi : je ne peux pas le prouver, mais je me dis que le travail qui a été fait dans les séances de sciences se retrouve quand les gamins sont en train de discuter de choses comme la vie de classe ou d'autres problèmes. Ils ont une pertinence dans leur argumentation que [...] je n'avais pas connue avant de venir ici. Auparavant, le conseil de classe nous servait justement à [leur] apprendre cela, mais ici ils n'ont pas besoin d'apprendre. Chaque fois qu'ils disent quelque chose, les arguments viennent derrière, et dès qu'on les met dans cette position d'écoute des autres, c'est vrai qu'ils s'écoutent et qu'ils savent se répondre. »

Extrait d'un entretien avec Mme Schatzman, directrice de l'école primaire Youri-Gagarine à Vaulx-en-Velin. Entretien conduit par Monique Delclaux, février 2003. Cette école a été parmi les tout premiers pionniers de *La main à la pâte*, dès 1996... et même avant.

Cette universalité, consubstantielle à la science, constitue un apport majeur d'un tel enseignement. Les enfants se trouvent confrontés là à des évidences identiques sur toute la planète et pour tous ses habitants, quels que soient leur ethnie, leur niveau social, leur nationalité ou leur environnement politique. Ils inventent, manipulent et s'exercent à la réflexion en dehors de ces classifications. Elles importent peu pour étudier la respiration des plantes, observer les phases de la Lune ou mettre en évidence la cristallisation du sel dans une saumure qu'on évapore. Et, de ce fait, il n'est pas rare que, dans une classe, le plus isolé d'entre eux, voire le plus « exclu », peut-être le moins adapté à l'enseignement habituel, tout d'un coup se révèle, à lui-même et aux autres, parce que plus observateur, plus habile, plus inventif ou plus intuitif.

Illustrons ces objectifs par quelques commentaires faits à l'issue de leur stage en milieu scolaire difficile, au sein de *La main à la pâte*, par des élèves de l'École polytechnique.

Quelques extraits de rapports de fin de stage

« ... L'apprentissage des sciences peut être un outil de citoyenneté : il permet cette objectivité et ce détachement nécessaires à la justice... » (année 1999).

Le débat scientifique peut aussi former au débat citoyen : l'enfant apprend à présenter son point de vue en expliquant ses propositions, à écouter et à respecter les idées des autres, à proposer des moyens pour trancher entre des explications concurrentes. Bien sûr, les sciences ne permettent pas de régler tous les conflits auxquels les maîtres sont confrontés, mais le respect de l'autre peut s'apprendre en faisant, par le débat scientifique, l'expérience d'un désaccord. » (année 2001).

La main à la pâte a des retombées bien plus vastes que le seul enseignement des sciences : elle inculque une éducation à la vie en société, un apprentissage progressif de la citoyenneté, le développement de l'esprit critique, l'expérience du travail en groupe, en favorisant l'échange, le débat, la coopération. Une anecdote illustre ce propos : une élève de CE2 de l'école de l'Obier prend poliment la parole, lève le doigt et commence par "Moi, je ne suis pas d'accord car..." avant de développer une argumentation construite. » (année 2003).

La pratique de la science par les enfants peut donc contribuer à les rendre plus ouverts sur le monde, plus attentifs à ce qui n'est pas eux-mêmes, donc plus altruistes, plus tolérants, plus modestes aussi. Autrement dit, espérons-nous, de les éduquer c'est-à-dire de construire tout l'homme, tout autant que de les enseigner c'est-à-dire de transmettre un savoir.

*

S'interroger sur la rotation diurne des ombres, étudier comment pousse un haricot, démêler ce qui joue sur la période d'un pendule, ou encore reproduire expérimentalement une éclipse de Lune : autant de manières pour un enfant de regarder le monde mieux que passivement, autant d'occasions pour lui d'ouvrir les fenêtres et de sortir de lui-même, autant d'incitations à mettre en œuvre ses capacités à observer et à raisonner.

Autant de façons, aussi, de pratiquer – à modeste niveau et sans la nommer – cette dialectique entre la réalité des choses et les images que nous nous en faisons, entre les sens et la pensée, entre ce qu'en science on appelle l'expérience et la théorie, cette dialectique qui n'est rien de moins que le fondement de toute forme de recherche. Qu'il soit scientifique ou autre, un effort de recherche n'est jamais moins qu'un aller et retour entre, d'une part, la perception directe que nous avons de ce qui est, d'autre part, la reconstruction mentale que nous nous en faisons : accès dynamique à la connaissance, dont il est bon qu'il vienne compléter un indispensable accès livresque.

N'est-il pas important que les enfants soient incités très tôt à pratiquer une démarche qui entretienne leur curiosité, stimule leur imagination, développe leur capacité à raisonner, les mette en situation de recherche et, ainsi, aide à faire d'eux des êtres ouverts à la réflexion, sensibles à l'argumentation et curieux de tout ce qui les entoure ?

« ... reproduire expérimentalement une éclipse de Lune... »
Dessin de Jacques Mérot.

CHAPITRE III

L'enfant, un gourmand de science

Si les enfants grandissaient selon ce qu'ils promettent,
nous n'aurions que des génies.
GOETHE

Un constat universel

Examinons ici pourquoi une classe de science, telle que nous venons de la décrire, conduite selon les principes de *La main à la pâte*, produit chez l'enfant une telle intensité d'attention, éveille son désir et sa soif de connaître, en un mot est pour lui ce puissant facteur de motivation qui saute aux yeux de quiconque, du parent d'élève au ministre, visitant une telle classe. Tant de témoignages de maîtres nous sont livrés en ce sens, un peu partout dans le monde, que nous considérons ces observations comme un indiscutable fait d'expérience, dont notre lecteur se convaincra aisément si l'occasion lui en est donnée. Évoquons seulement, parmi mille autres, ce petit Ahmed qui, dans un village jurassien, traînait à l'école et n'allumait son regard qu'une seule fois, le mercredi, jour du sport en s'exclamant « Chic ! maîtresse, on fait sport » ; un jour, Ahmed changea son enthousiasme pour un réconfortant « Chic ! maîtresse, on fait science », qu'il n'abandonna plus. N'est-il pas fréquent d'ailleurs, chez nombre de nos contemporains les moins jeunes, cet intense et heureux souvenir des *leçons de choses*[1] que certains vécurent ?

1. La *leçon de choses* était proche, mais différente, de *La main à la pâte*. En particulier, dans la première, l'expérience était en général faite par le maître, les enfants se contentant d'observer. Cette évolution pédagogique sur plus d'un siècle est analysée dans l'exposition citée p. 36. *Cf.* aussi : Édith Saltiel, *Les Leçons de choses et La main à la pâte*, *in* : « Études sur l'histoire de l'enseignement des sciences physiques et naturelles », textes réunis par Nicole Hulin, *Cahiers d'histoire et de philosophie des sciences*, 29, ENS Lyon, 2001.

« Chic ! Maîtresse, on fait sciences ».

En comprenant mieux les ressorts profonds de ces attitudes, peut-être serait-il possible de réconcilier avec l'école certains enfants en difficulté, d'améliorer la pédagogie des sciences et même d'avoir un impact sur celle d'autres matières. Sans avoir la prétention, à coup sûr ridicule, d'apporter une panacée, notre expérience empirique nous affirme qu'il existe là une voie d'une grande richesse, qu'on ne saurait négliger. Sommes-nous capables d'en donner la justification ?

Depuis dix ans, nous n'avons cessé d'observer l'existence de cette profonde motivation chez des enfants extrêmement différents dans leur situation sociale, leur univers culturel, voire leur état de santé physique ou psychique. Cette universalité d'impact ne laisse pas de nous interroger : est-elle reliée à quelque caractère spécifique et prégnant, propre au développement cognitif de l'enfant ?

Nous devrons aussi tenter de savoir, dans la période préscolaire et scolaire qui se déroule entre 2 et 11 ans, si cette tranche d'âge privilégie une attitude appelée à se modifier chez l'adolescent quand il aborde le temps de la puberté : les principes d'un enseignement scientifique rénové au col-

Gourmands...

Une intéressante évaluation de l'appétit de science des enfants a été réalisée au département de chimie de l'Université de Bielefeld, en Allemagne.

Deux grandes salles, mitoyennes, ont été installées de la sorte : dans l'une (A), on a disposé, sur de petites tables, une quinzaine d'expériences – très simples – de chimie, munies chacune d'un mode opératoire ; dans l'autre (B), jeux, boissons (gratuites), bandes dessinées, films DVD, télévision, etc. Les salles A et B communiquent.

Des enfants sont accueillis là, anonymement et sans leur instituteur, et vont y passer un bon moment, laissés totalement libres ou bien de s'amuser en B, ou bien – aidés s'ils le souhaitent par quelques chercheurs – de faire de la chimie en A. Ce qu'ils ignorent, c'est que l'on mesure le temps que chacun passe en A.

Le résultat apparaît sur le schéma ci-contre, concernant au total 214 enfants et 1 501 expériences réalisées. Pour différents groupes, d'âges 6-7 ans (1) et 7-8 ans (2), on a porté en ordonnées, pour chaque groupe, le temps (en heures) total (gris foncé) et celui passé en A (gris clair). Massivement, ces enfants, on le voit, se dirigent vers la chimie plutôt que vers la distraction : la proportion du temps dédié aux expériences est, en moyenne totale, proche de 80 %.

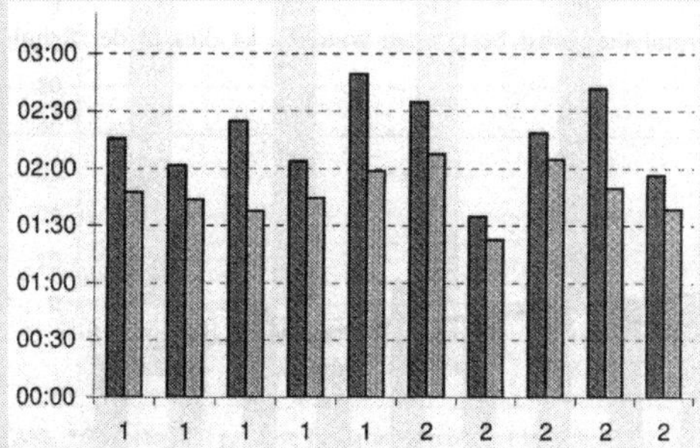

Hendrik Förster, *Chemische Exponate für Kinder in Science Centern*, Cuvillier Verlag Göttingen, 2005.

lège, que nous aborderons brièvement au chapitre IX, devraient alors en tenir compte.

Plus difficile encore, nous voudrions comprendre ce qui, chez l'enfant, est spécifique de sa conquête progressive du monde sensible. Avec l'observation et l'expérimentation, avec la discussion et l'échange, avec la formulation précise, avec la mesure et la prédiction, la science construit un discours rationnel sur le monde, qui permet d'agir sur lui ; elle vise alors à l'objectivité, à la construction d'une vérité toujours partielle mais authentique et à l'universalité ; elle donne un pouvoir. L'enfant peut-il réellement entrer dans cette démarche et accéder à ces richesses ? Les connaissances qu'il va progressivement construire, même modestes, sont-elles de même nature que celles que mettent en œuvre des élèves au lycée, des chercheurs dans leur laboratoire, des ingénieurs ou techniciens dans leurs bureaux d'étude ? Les fondements, ainsi mis en place à l'école par un enseignement scientifique rénové, sont-ils aussi déterminants pour une réussite ultérieure en science que l'est la maîtrise du lexique ou de la syntaxe pour l'accès de l'adolescent au *Seigneur des anneaux* ou à *Madame Bovary* ?

Sciences cognitives et éducation

Voilà bien des questions sur lesquelles des philosophes (de Condorcet à Bergson et Bachelard), des pédagogues (de Jean-Jacques Rousseau à Henri Wallon), des psychologues (tels Jean Piaget ou Lev Vygotski) ont réfléchi et expérimenté depuis longtemps. Pour notre part, nous observons que, depuis une ou deux décennies, de multiples travaux, rassemblés sous le terme de *sciences cognitives*, s'intéressent très finement à la façon dont les enfants, dès leur naissance, se saisissent du monde qui les entoure, développent leurs divers types d'intelligence et apprennent, qu'il s'agisse de leur rapport aux objets, de leur langue maternelle, de mathématique ou de science. Ce domaine de recherche, qui veut comprendre le fonctionnement de l'esprit, est né dans la décennie 1960 de travaux de linguistes qui bouleversèrent nos conceptions sur le langage. Outre que ces sciences cognitives disposent du riche arsenal de méthodes qu'a construit la psychologie expérimentale, elles se développent désormais avec le concours de multiples et puissantes techniques d'investigation du cerveau vivant, telle l'imagerie fonctionnelle par résonance magnétique (IRMf). D'autres techniques d'investigation, moins puissantes mais moins lourdes, pourraient même un jour être utilisées au sein d'une classe.

Le cerveau humain contient environ 10^{11} neurones (les cellules nerveuses), reliés par 10^{14} connexions[2], appelées synapses. Chacun de ces neuro-

2. Soit cent milliards de neurones (autant que d'étoiles dans notre Galaxie !) et cent mille milliards de connexions.

nes peut recevoir des signaux électrochimiques d'environ 10 000 à 20 000 de ses semblables, et peut envoyer des signaux au même nombre de ceux-ci. Cette architecture cérébrale est en partie léguée par l'évolution, génétiquement déterminée et hautement sélective, formant par exemple des zones dédiées au traitement de la vision, de l'audition, de la langue maternelle, des émotions... Comme l'écrit le neurobiologiste allemand Wolf Singer, « les bébés naissent avec une immense base de connaissances sur les propriétés du monde dans lequel ils vont vivre, et cette base réside dans l'architecture fonctionnelle de leur cerveau ». Celui-ci est loin de représenter une *tabula rasa*, une page blanche sur laquelle s'écrirait peu à peu l'éducation familiale puis scolaire.

L'impact de ces connaissances nouvelles sur la façon dont les programmes sont conçus, les professeurs enseignent et les classes fonctionnent est encore bien modeste, car l'éducation, toute admirable qu'elle soit, est encore un art, une discipline largement préscientifique comme la médecine a pu l'être avant Pasteur et la naissance de la biologie. Au fur et à mesure du progrès des sciences cognitives, nous pouvons imaginer que notre vision de l'éducation, jusqu'ici fort empirique, et sa pratique se transformeront profondément.

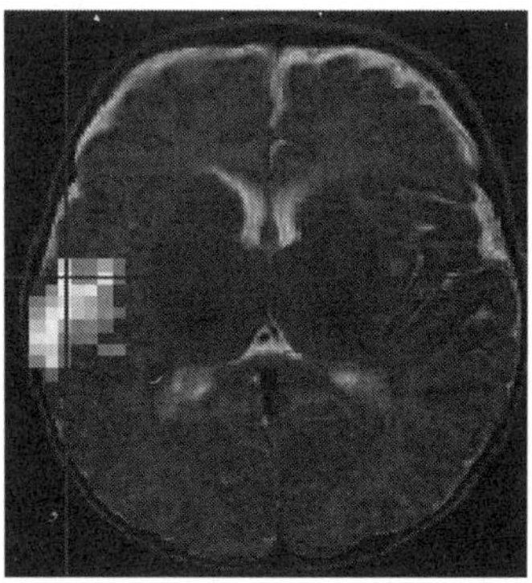

Localisation par IRMf (en clair à gauche) de la réaction du cerveau d'un enfant de trois mois à l'enregistrement sonore d'une phrase de sa langue maternelle.
Source : *Ghislaine Dehaene-Lambertz* (INSERM-CNRS-CEA).

Grâce à ces travaux, les causes de la dyslexie ou de la dyscalculie commencent à être comprises, et nul ne prétend plus réduire l'intelligence, comme on le fit longtemps, à ce nombre unique qu'est le *quotient intellectuel* (QI)[3]. La thèse, fort populaire, qui énonce que « tout se joue avant 3 ans », a été mise à mal par les travaux du philosophe et cogniticien John Bruer[4]. L'hypothèse d'un vieillissement des neurones, qui empêcherait d'apprendre au-delà d'un certain âge, est désormais également mise en doute. Cela incite à l'optimisme sur la possibilité d'une éducation tout au long de la vie : dans nos sociétés développées à grande espérance de vie, cet objectif commence à être pris au sérieux.

Ainsi, une multitude de questions[5], aussi vieilles que la pédagogie et résumées par *Comment apprend-on ?*[6], pourraient s'éclairer d'un jour nouveau. Par exemple : quelle est l'importance relative de l'inné et de l'acquis dans l'apprentissage ? Le cerveau humain détermine-t-il des âges « normaux » pour aborder la science (éducation culturelle), comme il paraît le faire pour l'acquisition de la langue maternelle (éducation naturelle) ? Comment fonctionne cet ingrédient fondamental de tout apprentissage qu'est la motivation ? Quel est le rôle de l'émotion dans l'acquisition de connaissances, et son rapport avec la capacité à raisonner, l'une et l'autre faisant appel à des réseaux de neurones distincts mais partout reliés ? Comment la mémoire, si fondamentale pour tout apprentissage, fonctionne-t-elle ?

Un mot de sérieuse prudence s'impose ici. La vertigineuse connectivité du cerveau, citée plus haut, donne une faible idée de sa complexité, et de la difficulté – de l'impossibilité peut-être – d'aller au-delà de sa descrip-

3. Les travaux de Howard Gardner, professeur à Harvard, ont fait date sur ce sujet : *cf.* son ouvrage *Les Formes de l'intelligence*, Odile Jacob,1983. On lira aussi Albert Jacquard, *Petite Philosophie à l'usage des non-philosophes*, Calmann-Lévy, 1997.

4. En particulier dans son livre *Tout est-il joué avant 3 ans ?* Odile Jacob,1999.

5. Nous empruntons ici, et dans ce chapitre, bien des réflexions et citations à l'excellent et mesuré rapport *Comprendre le cerveau. Vers une nouvelle science de l'apprentissage*, publié par l'Organisation de coopération et de développement économique (OCDE), 2002 (www.oecd.org).

6. *How People Learn* est le titre d'un rapport publié en 1998 par le *National Research Council* des États-Unis, à l'initiative de l'Académie des sciences des États-Unis. Par les questions qu'il rassemble, il se propose de baliser les ponts qui pourraient être jetés entre les sciences cognitives et l'éducation.

tion pour comprendre l'apprentissage[7]. Si la recherche est passionnante et s'impose, les prétentions à construire aujourd'hui, à "vendre" à l'opinion et aux parents une "éducation fondée sur le cerveau" (*brain-based education*) doivent être traitées avec la plus grande suspicion[8].

Quelques réponses pourtant

Dans leur ouvrage *The Scientist in the Crib*[9], paru en 1999 et devenu un best-seller aux États-Unis, trois psychologues prolongent les travaux de Piaget et développent à partir de leurs observations l'idée que le tout petit enfant met en œuvre, dès le berceau, un ensemble de comportements qui sont aussi ceux des scientifiques : les bébés pensent, tirent des conclusions, font des prédictions, recherchent des explications et font même des expériences. Bébés et scientifiques sont les meilleurs *apprentis* que l'on puisse imaginer. Nous avons été surpris de trouver chez beaucoup d'enseignantes de classe maternelle une adhésion sans réserve aux principes de *La main à la pâte*, tant leur expérience quotidienne des tout-petits confortait chez elles cette conviction qu'il est vraiment possible de construire dès cet âge les bases d'un rapport rationnel au monde sensible[10]. N'est-il pas vrai que les classes maternelles françaises ont été et demeurent un modèle de pédagogie, remarquablement adapté au développement de l'enfant[11] ?

---

7. John von Neumann, l'inventeur de la cybernétique, avait posé en 1948 une question profonde sur les systèmes complexes et énonçait : « Il se pourrait que la façon la plus simple de décrire un comportement soit de décrire la structure qui le produit. » Cet énoncé, indiscutablement réducteur, a eu néanmoins le mérite d'attirer l'attention sur une nécessaire modélisation des structures cérébrales.

8. On lira par exemple une analyse des *neuromythologies* dans J. T. Bruer, *In Search of Brain-Based Education*, www.pdkintl.org/kappan/kbru9905.htm. Voir aussi rapport CERI/OCDE, *op. cit.*, p. 80 *sq*.

9. A. Gopnik, A. N. Meltzoff, P. K. Kuhl, *The Scientist in the Crib*. Perennial, New York, 2001. Traduit en français sous le titre *Comment pensent les bébés ?* Le Pommier, 2005. Le titre en anglais joue de façon amusante sur l'ambiguïté.

10. L'Association générale des institutrices et instituteurs des écoles et classes maternelles publiques (AGIEM) ne s'y est pas trompée, puisque avec Thérèse Boisdon elle a vigoureusement soutenu en France *La main à la pâte* dès 1996.

11. C'est Comenius, philosophe et théologien de la Renaissance, qui publia en 1626 son ouvrage *Livre pour les enseignants des écoles maternelles*, rassemblant attitudes et connaissances souhaitables pour l'enfant : un *socle commun* en somme !

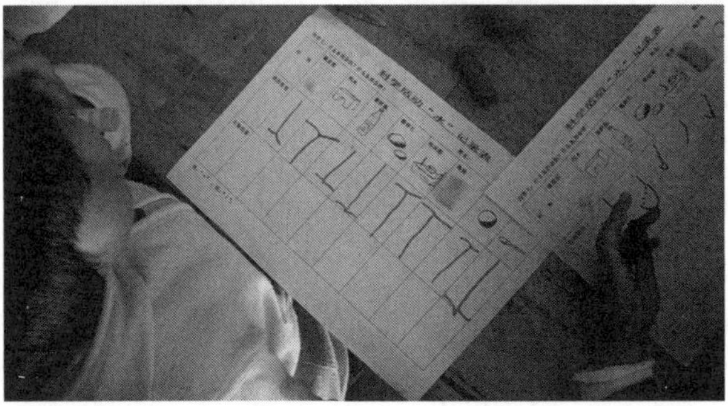

Dans une classe maternelle de Pékin (Chine), une enfant de 5 ans invente seule une graphie explicite et remarquablement économique, qui est une ébauche de langage scientifique, pour classer les objets entre ceux qui flottent (T) sur l'eau et ceux qui coulent (T inversé).

Grands enfants, les scientifiques ?
Wolfgang Pauli (ici de face), né à Vienne en 1900, fut un des immenses physiciens du XXe siècle. Il contribua à découvrir cette propriété de l'électron, le *spin*, selon laquelle cette particule semble tourner comme le fait une toupie. Il partage ici son étonnement devant ce jouet avec Niels Bohr, né à Copenhague en 1885, qui conçut un nouveau modèle de la structure des atomes.

Vient l'âge du langage et tout ensemble celui des innombrables et spontanés *Pourquoi* ? sur lesquels est bâtie la pédagogie d'investigation. À l'âge des expériences sensibles et motrices, brutes et informulées, succède celui des théories sur le monde, que l'enfant va construire à propos de tous les phénomènes qu'il rencontre. Une classe *Main à la pâte* offre la démonstration éclatante de cette volonté explicative chez les enfants de 4 à 10 ans, lorsque fusent leurs hypothèses pour rendre compte de ce qu'ils observent, selon *leur* rationalité et dans *leur* langage. C'est à la lueur de l'expérience qu'ils vont parfois réviser ces théories, tandis que dans d'autres cas nous les voyons subsister jusque chez l'adulte. Plus ils se voient proposer une diversité d'expériences guidées, plus ils développent rapidement et enrichissent cet aller-retour entre le monde que leur livre l'expérience et ce qu'ils en pensent. Remarquons à ce propos que, contrairement à un point de vue très répandu dans le public et dans l'enseignement, le questionnement devant les phénomènes de la nature est la substance même de la pratique scientifique des adultes. La sagesse populaire n'a-t-elle pas compris cela, quand elle qualifie souvent les scientifiques créatifs de *grands enfants* ?

La mémoire mériterait à elle seule un long développement, que nous ne pouvons entreprendre ici[12]. À la lumière de la compréhension actuelle des différents types de mémoires (à court terme, à long terme) et de leur fonctionnement, le débat sur l'utilité de l'apprentissage "par cœur", et plus largement de l'entraînement à la mémorisation, trouve de nouveaux éléments. On ne dira jamais assez l'importance de l'exercice de la mémoire, autant pour fixer des connaissances que pour l'entretenir et la développer.

Un autre débat agite aujourd'hui les cogniticiens et concerne ce qu'on nomme les périodes sensibles de l'apprentissage. Le terme *période sensible* est préférable à celui, souvent popularisé par les médias, de *période critique* qui laisse entendre qu'une fenêtre d'apprentissage est ouverte à un certain stade du développement, puis définitivement fermée ensuite. La période sensible est le laps de temps pendant lequel tel développement

12. Le lecteur pourra par exemple se référer à *Science de la mémoire* de Daniel Schacter, Odile Jacob, 2003.

biologique, ici cérébral, se produit plus favorablement qu'à d'autres moments où il demeure néanmoins possible. Nous savons d'expérience empirique que ces périodes existent pour le langage ou pour la musique. Existeraient-elles pour l'accès à la science, comme la vocation précoce de certains prix Nobel, les heureux souvenirs d'enfance des *leçons de choses* ou l'observation des classes *Main à la pâte* le laissent penser ? Les travaux de Stéphane Dehaene, spécialiste de neurosciences, montrent déjà, par l'imagerie cérébrale, la complexité de l'intelligence mathématique (*numérosité*) et son organisation par un travail coopératif entre plusieurs régions cérébrales, contrôlées par le cortex frontal. Il se pourrait, comme le pense le physicien japonais Hideaki Koizumi, que des périodes sensibles différentes caractérisent chacune de ces régions.

La plasticité cérébrale, qui désigne cette capacité à changer et à apprendre que possède le cerveau, serait liée au développement des réseaux de neurones correspondants. Analyser les processus cérébraux chez l'enfant qui raisonne sur la chute d'une pierre, les phases de la Lune ou la pousse du coco de Paimpol, est encore bien au-delà des capacités

Attention et motivation

Dans la bonne ville de Tarbes, un enseignant qui travaillait sur la lumière avec ses élèves avait prévu, non sans inquiétude pour la discipline, une séance dans une quasi-obscurité : à sa grande surprise, dont il nous fit part, on y aurait entendu voler une mouche, tant ces enfants de CM1 s'appliquaient à regarder et à dessiner les ombres projetées sur leurs tables.

Ailleurs, c'est un groupe d'inspecteurs, impressionnants pour l'enseignante, que les enfants, absorbés dans leurs expériences, paraissent ne plus "voir" au bout de quelques minutes.

À Pierrefitte, en banlieue parisienne, un ministre du Québec visite une école difficile, dûment chapitré par la directrice qui prévient de la violence latente chez ces enfants. Quelle n'est pas sa surprise de voir ces mêmes élèves refuser d'aller en récréation pour sagement terminer ce qu'ils avaient entrepris !

Au Caire, dans une classe *main à la pâte* arabophone, des enfants refusent aussi, tout net, d'aller en récréation, considérant qu'il s'agirait d'une punition parce que leur travail de sciences n'est pas achevé.

d'investigation de ces techniques d'imagerie. Mais retenons le consensus des psychologues sur le fait que la période entre 4 et 12 ans – celle que nous nommons volontiers l'*âge d'or de la curiosité* – est celle, privilégiée sinon unique, de l'apprentissage "attendant de recevoir de l'expérience[13]".

À propos de didactique des sciences

En France, durant les années 1970, le monde universitaire, s'inspirant des travaux de Bachelard et de Piaget, puis de Vygotski, crée un nouveau secteur de recherche : la *didactique* (didactique de la biologie, de la chimie, de la physique, de la technologie, etc.), qui se propose de « comprendre comment on apprend telle ou telle matière » (et donc comment il faudrait l'enseigner). Dans l'enseignement primaire, de nombreux travaux ont porté sur les conceptions des élèves et ont également abordé ces conceptions *via* des études menées dans des classes. Tous ces travaux indiquent que les enfants ont très tôt des idées (souvent appelées *conceptions naïves* – initiales – ou encore *représentations*) et des explications (étiquetées parfois de *spontanées*) sur un certain nombre de phénomènes, le tout conduisant à des modes de raisonnement spécifiques. La psychologue britannique Wynne Harlen résume bien ce qui ressort de tous ces travaux : « *Face à de nouvelles expériences, les enfants ne se présentent pas l'esprit vide, prêt à être rempli de nouvelles informations, mais avec des idées empruntées ou imaginées à diverses occasions dans leur passé, ou avec des relations qu'ils ont établies entre anciennes et nouvelles expériences* »...(*Enseigner les sciences, comment faire ?* Le Pommier, 2003).

Les très jeunes enfants ont tendance à attribuer un côté humain (vivant) aux objets matériels. Par exemple, il est fréquent que de jeunes enfants classent parmi les êtres vivants les voitures car « elles se déplacent ». Ou encore, lorsque l'on a dissous un morceau de sucre dans l'eau, beaucoup d'enfants commencent par dire que le sucre a disparu car « l'eau a mangé le sucre, elle l'a avalé » ou « le sucre est parti dans le ventre de l'eau ». Faire des sciences commence, pour un enfant, à reconnaître que le monde existe indépendamment de sa volonté et de la « volonté » des objets.

Malgré tout, les différentes recherches visant à caractériser les explications spontanées des élèves montrent que, pour un problème identique, les réponses proposées sont souvent les mêmes, quelle que soit l'origine scolaire des élèves interrogés (voir chapitre VII). Un tel constat offre une base commune pour l'action pédagogique et ce, quel que soit l'endroit où l'on enseigne. Elle place les élèves sur un pied d'égalité face à la construction du savoir scientifique.

Des élèves de 4 ou 5 ans auxquels on propose de faire disparaître leur ombre dans une cour en plein soleil, commenceront par la recouvrir de petits cailloux, de sable ou de vêtements,

13. Traduction peu satisfaisante de l'anglais *experience-expectant learning*.

comme une simple tache noire. Puis, confrontés à l'expérience et déstabilisés par la présence persistante de l'ombre, ils décideront de se mettre eux-mêmes « à l'ombre », établissant ainsi un lien entre la formation d'une ombre et la présence d'une source lumineuse. Malheureusement, certaines explications peu scientifiques échappent à ce parcours idéal et persistent malgré les dispositifs destinés à les déstabiliser.

Plus tard, lorsqu'il s'agit de faire briller une ampoule à l'aide d'une pile plate, la plupart des enfants (mais aussi certains adultes) posent le culot de l'ampoule sur l'une des bornes de la pile, pensant que l'ampoule va briller. Constatant que ce montage ne fonctionne pas, ils arrivent à réaliser un circuit « correct », mais la majorité des enfants pensent que chaque borne de la pile envoie quelque chose (électricité, courant...) dans l'ampoule et que c'est cette rencontre qui produit de la lumière. C'est ce que les didacticiens appellent raisonner en termes de « courants antagonistes », raisonnement très fréquent chez les enfants, chez un certain nombre d'adultes et déjà présent dans les premiers écrits d'Ampère.

Comment lutter contre cela ? Comme il est impossible de visualiser l'électricité et de voir les électrons se déplacer, il y a obligation de faire raisonner les enfants en leur demandant par exemple ce qui se passera si l'on met deux (trois) ampoules en série et en essayant de justifier leurs prévisions, puis de faire le montage, et enfin de confronter prévisions et résultat expérimental. Lorsque les enfants ont abandonné ce raisonnement en termes de « courants antagonistes », il est remarquable de noter que presque tous pensent que le courant à la sortie d'une ampoule allumée est plus faible qu'à l'entrée. Ce raisonnement perdure jusqu'à des âges avancés.

Texte proposé par Édith Saltiel.

Le cerveau n'est pas seulement le siège de la raison, magnifiée par Descartes, il est aussi celui des émotions, pour reprendre le beau titre de l'ouvrage du neurobiologiste français Jean-Didier Vincent (*Le Cerveau des émotions*) ou celui du neurologue luso-américain Antonio Damasio (*L'Erreur de Descartes*). Si l'accent a été mis depuis longtemps sur l'*intelligence cognitive*, que l'on crut mesurer par le seul QI (voir p. 62), l'*intelligence émotionnelle* semble au moins aussi, sinon plus, importante pour l'apprentissage, tout particulièrement à cette époque de l'enfance, de 5 ans jusqu'à la puberté.

Les régions du cerveau humain, englobées dans le *système limbique* (amygdale et hippocampe) et parfois nommées *cerveau émotionnel*, ont des connexions avec le cortex frontal, riche en neurones et “siège” de la pensée. Lorsque le stress ou la peur dégradent ces connexions, les performances cognitives en souffrent car les aspects émotionnels de l'apprentissage, parmi lesquels figurent les réactions au risque et à la récompense, se trouvent compromis.

Nos observations sur la motivation intense des enfants dans les classes de science montrent à l'évidence qu'il s'y produit une mobilisation positive des capacités d'émotion, c'est-à-dire, au sens étymologique du terme, de mise en mouvement intérieur. Il nous est arrivé, en France ou ailleurs, d'entrer et de rester longuement dans une classe en train d'expérimenter ou d'observer, accompagnés de personnalités telles que présidents, ministres, savants, voire d'une équipe de télévision encombrante et parfois bruyante, sans que les enfants, absorbés sur leurs loupes, leurs aimants ou leurs bassines, prêtent la moindre attention à notre présence.

L'émotionnel et l'affectif sont un élément déterminant de la maîtrise cognitive, peut-être même le plus déterminant à ces âges, comme le soutient l'ancienne vice-ministre de l'Éducation de Chine, Wei Yu (voir chapitre VIII). On sait combien aujourd'hui, dans ce pays, la pression familiale et scolaire est forte pour obtenir la réussite des enfants, mais Wei Yu se préoccupe de la faible efficacité d'un enseignement traditionnel qui ignore les aspects émotifs et affectifs de l'apprentissage et laisse de côté trop d'enfants qu'inhibent des pressions excessives. Elle plaide donc pour les méthodes du type *La main à la pâte*, qui permettent l'expression de l'enfant dans un libre contact avec l'expérience et y associent ce lieu naturel de l'affectivité qu'est la famille.

Recherches sur l'émotion

Dans la ville de Nanjing (Chine), à l'Université du Sud-Est, se trouve un laboratoire dédié au pendant chinois de *La main à la pâte*, dénommé *Zuo zhong xue* que l'on peut traduire par *Apprendre en faisant* (*Learning by doing*), présenté au chapitre VIII.

On sait qu'en Chine la pression scolaire et familiale sur l'enfant (le plus souvent unique, du moins en ville) est considérable, et que ses effets sont parfois dramatiques, pouvant aller jusqu'au suicide. La recherche en neurosciences cognitives, faite dans ce laboratoire, s'attache à mettre en évidence les émotions des enfants face à diverses approches pédagogiques, dont la méthode d'investigation.

Une grande base de données est constituée, comprenant plusieurs milliers de visages d'enfants, photographiés pendant leurs activités scolaires. Un programme informatique analyse ces images, et classe les émotions selon une base adoptée internationalement par les chercheurs.

L'étude de la corrélation de ce classement avec différents paramètres pourrait permettre de mesurer et de comparer, de façon plus objective, l'impact de telle ou telle méthode. De telles investigations systématiques sur des enfants requièrent une grande attention portée à l'éthique des protocoles employés : l'investigation directe du corps humain, si elle est légitime lorsque l'intéressé en retire un bénéfice thérapeutique direct, demande à être faite avec une infinie prudence lorsqu'il s'agit d'une recherche gratuite ou dont l'impact est à long terme. Nos partenaires chinois sont attentifs à ce point.

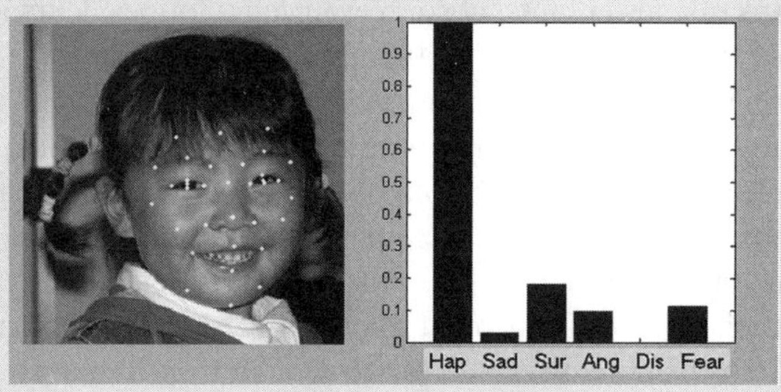

Image test enregistrant le visage d'un enfant.
Les points de mesure sont indiqués. La classification des émotions de tous les enfants, étudiés lors d'une leçon de science, se fait sur la grille de droite selon les catégories *happiness* (bonheur), *sadness* (tristesse), *surprise*, *anger* (colère), *disgust* (dégoût), *fear* (peur).

Source : *Wei Yu*, Babylab, Université de Nanjing, Chine.

Les enfants doivent acquérir une *compétence émotionnelle*[14] pour fonctionner correctement dans l'environnement si particulier de l'école. Cette compétence comprend « l'aptitude à être conscient de soi, le contrôle de

14. Le terme est technique, et donc nous le conservons comme tel, de même qu'un certain nombre d'autres termes utilisés dans ce chapitre.

soi, l'empathie, l'aptitude à résoudre les conflits et à coopérer avec d'autres ». Il n'est que de reprendre les caractéristiques, préconisées au chapitre précédent pour une classe *Main à la pâte* pour saisir combien elles veulent et peuvent contribuer au développement de ces facteurs. Un enseignement de science n'en a pas le privilège, mais il possède une caractéristique très particulière, qui est reliée à l'existence d'un *tiers-objet*. Ce tiers-objet est cette "chose" dont traite la leçon du jour par les interrogations qu'il suscite : ombre de l'enfant sur le sol de la cour, souffle du vent ou écoulement de l'eau qui anime le moulin, élevage de fourmis, arc-en-ciel...

Comprendre le cerveau : vers une nouvelle science de l'apprentissage

« Le contrôle intentionnel du comportement est une variable éducative essentielle. Les recherches effectuées sur le cerveau, appuyées sur la psychologie cognitive et sur celles qui observent le développement de l'enfant, ont permis d'identifier une importante région cérébrale, dont l'activité et le développement sont en relation directe avec les performances et le développement du contrôle de soi.

L'expérience classique est celle d'une tâche particulière, dite de *type Stroop*. On montre au sujet des mots désignant des couleurs, imprimés avec une encre soit identique à la couleur désignée (par exemple le mot *rouge* imprimé à l'encre rouge), soit dans une encre différente, par exemple bleue. Le sujet doit dire à haute voix quelle est la couleur de l'encre, ce qui est bien plus difficile lorsque le mot désigne une autre couleur que lorsqu'il désigne la même couleur. L'exécution d'une tâche de ce type a tendance à activer une zone très précise du cerveau, située sur la ligne médiane frontale et dénommée *cingulaire antérieure*. Cette zone paraît jouer un rôle critique dans les réseaux responsables de la détection d'erreurs et de la régulation de processus cognitifs, telle la tâche décrite, et des émotions, afin de parvenir à ce qui peut être décrit comme le contrôle intentionnel ou volontaire du comportement. Chaque enseignant sait le rôle de ce contrôle dans la motivation, l'attention, l'apprentissage. »

Extrait du rapport CERI/OCDE, *op cit.*, p. 70.

Une caractéristique des émotions est de surgir, parfois de façon irrépressible, dans des situations de face à face : entre élèves, entre élève et maître. Dans les classes difficiles, ces situations peuvent rapidement tourner à l'escalade incontrôlée des émotions, voire à la violence. C'est alors que la réalité du tiers-objet peut s'imposer à l'enfant, détourner son regard, rompre le face à face grâce à l'étrangeté, parfois à la fascination de cette nouvelle expérience, provoquer une interrogation commune qui, elle aussi, échappe au face à face pour un *regarder ensemble*, puis un *discuter ensemble*.

Nous avons reçu beaucoup de témoignages sur le rôle très particulier que jouent, dans les classes difficiles, les séquences de science qui s'y révèlent souvent un facteur apaisant et motivant.

Une réflexion de Philippe Meirieu

« Ce qui me paraît caractéristique de beaucoup d'élèves, dans l'école d'aujourd'hui, c'est qu'ils débattent en permanence sans que l'objet du débat soit bien identifié : dans un face à face où ils perçoivent l'opinion adverse à celle qu'ils défendent comme attentatoire à leur intégrité, voire à leur existence [...], la distinction est essentielle entre le sujet qui parle et ce dont on parle avec une diversité des points de vue. Il faut sortir d'arguments du type *C'est à prendre ou à laisser, Si tu n'es pas d'accord, c'est que tu ne m'aimes pas*, pour entrer dans le *C'est à discuter [...]*.

Dans l'école d'aujourd'hui, les rapports au sein de la classe n'ont jamais été aussi chargés affectivement, et, dans bien des cas, la classe n'a jamais été aussi vide d'objets capables de venir lester les relations affectives, de ramener les choses à leur juste mesure, d'introduire un peu de rationalité [...]. Quand les enfants, avec *La main à la pâte*, sont confrontés à une expérience, quand ils disposent d'un protocole de travail, quand le maître est attentif à ce qu'aucun membre du groupe ne dissimule les résultats ou n'impose le silence à quiconque, les élèves sont bien obligés de sortir du simple rapport de force.

J'ai vu des classes accéder ainsi, progressivement, à une délibération où la vérité se construit en extériorité par rapport aux tensions affectives ou sociologiques. Cet objet scientifique, qui résiste à la capture de l'imaginaire, permet d'accéder au symbolique. »

Colloque *Éducation et citoyenneté*, Sorbonne, Paris, avril 2000.

Diversité des enfants

Ce rapport au tiers-objet, cette relation si particulière à l'émotion que produit la curiosité, sont peut-être également à l'origine des bénéfices, qui nous ont été maintes fois signalés, de ces leçons de science sur des enfants souffrant de handicaps moteurs ou mentaux. En faisant ici cette hypothèse, il faut se garder de toute thaumaturgie prétentieuse, mais s'interroger plutôt : pourquoi ce rapport si particulier au réel, qui est celui de l'approche scientifique, peut-il être si bienfaisant pour aider des enfants, enfermés dans leur handicap, à s'en extraire ?

La main à la pâte et le handicap mental

« Travaillant dans le champ de la déficience intellectuelle et de la maladie mentale, j'ai été frappée du silence des enfants et des adolescents, mutiques, autistes, trisomiques devant les apprentissages. À la recherche d'une médiation qui ferait le lien entre le sensoriel et le disciplinaire, lequel est porteur de lien culturel, j'ai rencontré le groupe *La main à la pâte* de Sainte-Geneviève-des-Bois (Essonne). J'ai alors découvert une nouvelle manière d'enseigner les sciences et ai osé me lancer. Au cours de l'année qui suivit et à l'occasion de mon mémoire de stage, je me suis posé la question : Comment valoriser chez des adolescents d'un *Institut médico-éducatif*, sortis du système scolaire ordinaire, la capacité à penser et à s'étonner ? Comment vaincre leur inhibition à penser en dépassant leurs troubles de langage ?

Les activités scientifiques proposées par *La main à la pâte* utilisent des supports simples et permettent un travail réflexif tout en utilisant l'aspect archaïque des sensations [...]. Une bouteille, un seau, un ballon de baudruche... nous permettent une heure de travail intense sur l'air, où le plaisir de penser semble émerger ! J'ai observé une grande animation dans le groupe : au fil des séances, certains s'investissent et me surprennent. D'autres gardent des souvenirs morcelés. Les représentations premières apparaissent dans les actes qu'ils réalisent. Le discours de l'enseignant s'adapte plus facilement à ces émergences, avec peut-être un repérage plus aisé de la fameuse *zone proximale de développement*. Le fait de montrer l'importance de la recherche semble rassurer tous les jeunes. La relation d'étayage dans le rapport au savoir est favorisée, et notre regard sur la *pensée troublée* de ces jeunes se modifie sensiblement. »

Delphine Darvenne, professeur des écoles, Palaiseau.

Nous citerons ici une étude approfondie[15] qui, aux États-Unis, s'est interrogée sur l'impact de la méthode d'investigation lors de leçons de science, adaptées si nécessaire au handicap particulier des élèves concernés. La première conclusion de ces auteurs mérite d'être citée : « Le besoin cognitif [exprimé par ces enfants] de couvrir en profondeur un petit nombre de thèmes de science est en opposition avec la vue classique

15. « Science for students with disabilities », M. A. Mastropieri & T. E. Scruggs, *Review of Educational Research*, 62, 377-411 (1992).

d'une couverture étendue d'un grand nombre de sujets. La réponse à ce conflit est de choisir un petit nombre de sujets à traiter systématiquement, quitte à ne faire qu'effleurer le reste. » Qu'il s'agisse d'enfants handicapés physiquement ou émotionnellement, dyslexiques, affectés de troubles de la vision ou de l'audition, l'ensemble de l'étude conclut en soulignant combien les comparaisons de méthodes d'apprentissage sont éloquentes en faveur de l'investigation et de l'expérimentation.

Il est une diversité bien plus immense et heureusement moins douloureuse que celle des handicaps : c'est la diversité culturelle. L'enfant africain, chinois, brésilien ou français qui aborde la science le fait à partir de sa propre singularité : l'un des buts de l'éducation est même de lui permettre de construire et d'enrichir cette singularité de toutes les manières possibles. Tout petit, et même dès avant sa naissance, c'est par une expérience sensorielle programmée dans les grandes lignes mais infiniment variable dans le détail cérébral qu'il va découvrir le monde. Longtemps dominé par des affects et des émotions, il y puise bonheurs et angoisses, orientant par là des goûts, des choix ou des rejets qui structurent pour longtemps sa personnalité. Nous avons déjà évoqué la diversité des formes d'intelligence de l'enfant, reconnue depuis les travaux du psychologue Howard Gardner[16]. L'appropriation de la langue maternelle est un processus majeur et paradoxal de ce développement : outil par excellence de l'individuation, au sens jungien du terme, cette langue est aussi ce qui va briser la singularité de l'enfant en lui permettant la communication, l'identification et rapidement l'accès aux trésors de la culture, accumulés depuis l'aube des temps. À cette singularité individuelle s'ajoute enfin l'enracinement de l'enfant dans un environnement lui-même spécifique, géographique et climatique, familial, social et religieux.

L'éducation à la science peut débuter dès l'école maternelle et se poursuivre tout au long de la scolarité primaire, prolongeant la découverte du monde que fait le bébé. Son paradoxe, sa difficulté et sa richesse tiennent

16. Howard Gardner distingue ainsi, entre autres, les intelligences verbale, logico-mathématique, spatiale, interpersonnelle, etc.

à ce qu'elle doit progressivement conjuguer les deux termes extrêmes d'universalité et de singularité, construire de l'universel sur du singulier, hisser ce petit nain sur les épaules des géants qui l'ont précédé, selon le mot de Bernard de Chartres repris par Isaac Newton. Comment agir sans laminer la merveilleuse singularité de l'enfant, sans le couler dans un moule unique de mondialisation productiviste dominé par la technoscience ?

La réponse que nous proposons, celle dont l'action *La main à la pâte* teste et vérifie la pertinence depuis 1996, consiste à construire une pédagogie telle qu'elle enracine cette éducation dans la culture de l'enfant, en en respectant les originalités. Soulignons ici quelques points forts de cet enracinement, qu'il faudra ensuite décliner selon les lieux, les âges, les circonstances et les ressources.

Le premier est à coup sûr celui de la langue maternelle, sur lequel nous revenons au chapitre suivant. Employer le mot juste pour dire la diversité du monde, la syntaxe adéquate pour exprimer ses régularités qui deviendront des lois (« Sur Terre, la pierre tombe »), la phrase qui traduise précisément hypothèses ou observations, toute cette création linguistique met en relation l'immédiat des sensations (voir, toucher, sentir) et la permanence de la formulation. Plus encore, les sciences cognitives confirment l'expérience empirique immémoriale de la pédagogie et nous disent qu'une connaissance s'engramme d'autant mieux dans la mémoire qu'elle fait sens (les enfants écrivent *avec leurs mots à eux*, dit l'un des dix principes de *La main à la pâte*) et qu'elle est reliée à d'autres connaissances déjà acquises. Le détour par la formulation maîtrisée, orale comme écrite, est un plus sûr chemin vers l'acquisition et le véritable apprentissage que celui du *par cœur*. De ce dernier, on connaît la puissance chez les enfants élevés dans des écoles à tradition orale forte, mais aussi les limites qu'il impose très vite à leur créativité, à leur adaptabilité à des situations nouvelles. Dans la pédagogie, lier l'apprentissage des sciences et celui du langage est une proposition qui semble marquée au sceau de l'évidence et qui pourtant paraît à beaucoup, enfermés sans doute dans les ghettos des classifications disciplinaires, une petite révolution : cahiers d'expérience et témoignages des classes *La main à la pâte* fournissent ici une belle matière à réflexion, à hypothèses, à recherches et sans doute à conclusions.

D'autres enracinements peuvent inspirer la construction de progressions pédagogiques : celui dans l'environnement n'est pas le moindre. Comment ne pas citer ici ce propos de ce directeur d'école rurale en Chine, dans le Guangxi (voir p. 179), qui déplorait l'impossibilité de faire des sciences – qu'il entendait comme les réalisations les plus complexes de la technologie, fusées, ordinateurs ou autres machines – dans son environnement rural ! Biaisé par la science spectacle vue à la télévision, il ne réalisait pas la richesse naturelle et pédagogique de sa campagne, faite d'eaux qui dorment ou qui coulent, de ciel constellé d'étoiles et d'une végétation tropicale luxuriante, lui proposant même l'infinie diversité du bambou pour construire des expériences ! Les enfants adorent les histoires ; pourquoi celle des découvertes et surtout celles faites dans leur pays ne seraient-elles pas mises en valeur comme les signes de l'inscription d'une science en marche dans les aléas de l'histoire ? Reconstruire, à propos de ces découvertes les tâtonnements de leurs auteurs, la part de chance qu'ils connurent, les erreurs fructueuses est une pédagogie bien adaptée à l'école primaire[17].

Il ne faut pas ignorer d'autres difficultés plus profondes, que nous avons côtoyées en Chine par exemple. Près d'un milliard de ses habitants sont des ruraux, dont les représentations mentales sont encore (et sans doute heureusement) marquées d'une tradition de pensée millénaire, grâce à laquelle ils ont su construire l'équilibre précaire de leur existence. Devant la question d'hygiène élémentaire que peut poser un enfant à son maître « Pourquoi faut-il se laver les mains ? », la tradition répond par une longue explication fondée sur le bon ou le mauvais *qi* (souffle), tandis que la science occidentale parle de bactéries : deux mondes de représentations, dont le mariage n'est pas aisé, vont s'entrechoquer dans la pensée de l'enfant[18] !

---

17. *Cf.* le projet *L'Europe des découvertes*, présenté au chapitre VI (p. 138).

18. À propos de la population algérienne dans les années 1950, l'ethnologue Germaine Tillon soulignait la clochardisation, provoquée par « ... le passage sans armure de la condition paysanne (c'est-à-dire naturelle) à la condition citadine (c'est-à-dire moderne). J'appelle "armure" une instruction primaire ouvrant sur un métier » (cité par J. Lacouture, *in Le témoignage est un combat*, Seuil, 2000).

L'enseignement doit-il – peut-il ? – respecter la première ou bien la balayer comme superstition ?

On se voilerait les yeux si l'on ignorait ici le face à face souvent difficile de la science et du religieux, qu'au sein de leur culture et de leurs familles tant de maîtres et d'enfants rencontrent. L'histoire de l'Occident chrétien, l'actualité de l'Islam en montrent les grandeurs et les ombres, parfois tragiques. Respectant pleinement la dimension spirituelle de l'homme qui n'est pas l'objet premier de la science, l'enseignement de celle-ci rencontrera inévitablement les représentations du corps, de l'humanité, du cosmos qu'elle propose ou construit : ces représentations pourront apparaître violemment choquantes à des enfants nourris d'autres visions, issues des traditions religieuses de leurs familles et dont la dimension symbolique n'est pas comprise. Mal assumé, le choc peut tourner au détriment, voire au refus de l'approche scientifique de la nature. Expliqué avec respect, il est fécond, et enracinera mieux la science dans la diversité humaine.

Comment ne pas citer encore la trop fréquente identification – dans l'opinion – des garçons au monde de la science et surtout de la technique, à l'opposé des filles ! Le fait que les enseignants de l'école primaire, un peu partout dans le monde, soient surtout des femmes, et qu'elles ne se

Jeunes Afghanes mesurant
la température de fusion de la glace.
Source : Élisabeth Plé.

sentent – bien souvent à tort ! – guère à l'aise pour enseigner les sciences, renforce encore chez les fillettes une identification négative qu'amplifient aussi bien des propos familiaux que des exemples historiques presque exclusivement masculins…, Marie Curie demeurant une exception emblématique. Nous verrons plus loin (p. 118) comment l'on peut aborder cet immense problème.

Images de la pratique scientifique

Nous avons jusqu'ici souligné la séduction qu'une approche scientifique exerce sur presque tous les enfants, gourmands de science. Il ne serait pas juste de terminer ce chapitre sans évoquer l'image que beaucoup d'entre eux se font des scientifiques, qu'ils appellent plus volontiers des *savants*.

Cette représentation, cela n'a rien pour étonner, ne se distingue guère de celle qui habite le grand public, celle que les médias ou les familles lèguent volontiers aux enfants par l'image, les bandes dessinées ou la conversation. Si la curiosité donne aux enfants un accès presque immédiat aux observations et questions sur lesquelles la science se construit, en revanche l'image que spontanément ils se font des scientifiques et de leur activité n'est ni guère flatteuse ni surtout juste. Personnages inquiétants ou diaboliques, toujours solitaires et masculins, entourés de formules cabalistiques et d'appareillages mystérieux, les scientifiques ainsi représentés apparaissent dangereux, et leurs travaux incompréhensibles. Les élèves, les fillettes plus encore, imaginent certainement que ces personnages et leur vie n'ont aucun rapport avec leur propre curiosité.

Mais il est merveilleux de constater l'évolution de cette image lorsque le maître introduit ses élèves à l'investigation scientifique et souligne pour eux ce qu'est le travail des chercheurs, car alors les dessins changent du tout au tout ! Nous conseillons souvent aux maîtres de pratiquer ce test du dessin auprès de leurs élèves, avant qu'ils aient abordé la science de façon active, puis après. Ce changement d'image, dont la figure ci-après donne une

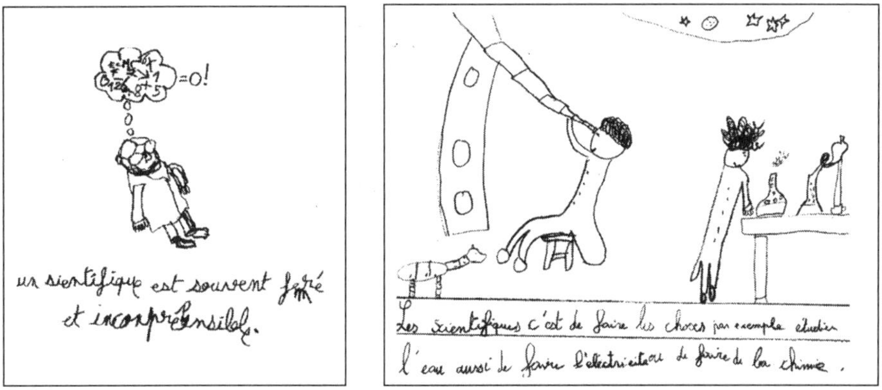

Comment les enfants se représentent-ils les scientifiques ?
(élèves de CM2, école Jeanne-d'Arc, Paris). À gauche, enfant n'ayant jamais fait de science.
À droite, enfant après des classes *Main à la pâte*.
Documents : M.-O. Lafosse-Marin & F. Liska[19].

illustration spectaculaire, nous paraît un apport important à l'éducation de futurs citoyens qui seront confrontés aux développements de la science et à ses impacts sur la société. Peut-être éviteront-ils alors de caricaturer en un sens ou en l'autre, en génies bienfaisants ou en dangereux démiurges, les scientifiques (« fermés et incompréhensibles ») et leurs trouvailles.

*

Gourmand de science, tel est le portrait de l'enfant, sous toutes les latitudes et dans toutes les cultures, dès son plus jeune âge et malgré parfois les handicaps de la vie, que ce chapitre a tenté de retracer à grands traits, approximatifs parfois, mais fidèles à nos innombrables observations. Assoiffé, mais combien fragile ! À nous d'agir pour qu'avec la science notre école soit attentive à cette curiosité, entende les questions, respecte la diversité des personnalités comme des cultures et développe les talents.

19. En 2005, M.-O. Lafosse-Marin prépare une thèse de doctorat à partir d'une riche collection de tels dessins, obtenus dans de nombreuses classes.

Science, langage, polyvalence

Qui n'a point réfléchi sur le langage n'a point réfléchi du tout.
ALAIN[1]

Lorsque, à la fin de l'année scolaire 1996-1997, nous parvinrent de la part des maîtres concernés les premiers échos sur la mise en route de *La main à la pâte,* nous ne fûmes pas outre mesure étonnés du plaisir qu'ils disaient en avoir retiré puisqu'ils étaient volontaires et que plusieurs d'entre eux avaient déjà pratiqué ce type d'enseignement. Plus surprenant en revanche fut, pour nous, leur commentaire quant à son influence, chez les enfants, sur la maîtrise du langage. Tous ceux qui abordèrent ce sujet la disaient positive, aussi bien à l'écrit qu'à l'oral : les enfants écrivaient plus volontiers et ils parlaient mieux. Le même constat nous a, depuis, été rapporté bien souvent. Il a été confirmé par de nombreux enseignants et quelques évaluations chiffrées (voir page suivante).

Dans ses débats nombreux sur l'école primaire, notre société se focalise volontiers – et à juste titre – sur l'apprentissage du langage ; les médias s'emparent des chiffres sur l'illettrisme, les politiques s'en émeuvent, le ministère en fait sa priorité permanente. Mais s'interroge-t-on suffisamment sur la motivation, déjà évoquée au chapitre III, que les enfants auxquels il est demandé d'apprendre à lire et à écrire ont, ou n'ont pas ? Pour apprendre, il vaut mieux aimer, et pour aimer il faut un contenu qui attire. Au lieu d'opposer les priorités – celle donnée au langage et celle, moindre, donnée à la science (ou à l'histoire, à la géographie, etc.) – ne

1. *Propos sur l'éducation.*

Un résultat bourguignon

Depuis 1996, 12 écoles rurales de l'actuelle circonscription de Saône-et-Loire, Mâcon-Sud, pratiquent une *Main à la pâte* très structurée. Les enfants issus de ces classes (180 au total chaque année) et entrés en CE2 ont été évalués en français et mathématiques lors des rentrées 2003 et 2004, dans le cadre de l'évaluation diagnostique annuelle conduite dans toute la France. Leurs résultats peuvent être comparés d'une part à la moyenne nationale, d'autre part à ceux des autres classes rurales et urbaines de la circonscription n'ayant pas de pratique particulière des sciences. Même si un résultat local demande à être analysé avec une grande prudence, on note le niveau systématiquement supérieur obtenu par les élèves ayant reçu un enseignement des sciences *Main à la pâte* (*MAP* ci-dessous), mesures qui s'ajoutent à maints témoignages reçus.

Écart entre écoles	**Français 2003**	**Math. 2003**	**Français 2004**	**Math. 2004**
MAP et nationales	+ 3,9 %	+ 3,1 %	+ 4,3 %	+ 2,1 %
MAP et circonscription	+ 6,7 %	+ 4,2 %	+ 9,4 %	+ 7,2 %

Source : *Circonscription Mâcon-Sud.*

vaut-il pas mieux les conjuguer, comme toute l'expérience de *La main à la pâte* le démontre ? Les enfants défavorisés de Seine-Saint-Denis, dont, comme nous le rapporte leur instituteur, les textes scientifiques sont plus longs et plus riches que tous leurs autres écrits, n'apportent-ils pas là une intéressante indication ?

Science, lexique et syntaxe

Une remarque s'impose d'entrée de jeu : la science requiert, à tous niveaux, une bonne précision dans le choix des mots et il est donc normal qu'elle améliore le *lexique* de l'enfant. Celui-ci peut parler durablement chez lui, ou dans la cour de récréation, voire dans sa rédaction française, de l'"arbre". Lors d'une leçon de sciences sur le thème de la forêt, on lui apprendra à distinguer un pin d'un sapin, d'un mélèze ou d'un épicéa. Il ne s'agit pas pour autant de proscrire l'usage du mot “arbre” que l'on choisira ici pour la charge poétique qu'il peut porter, ou là pour la désignation générique qu'il permet. Mais au moins l'usage de ce mot aura-t-il résulté d'une décision délibérée et non d'une affligeante pauvreté verbale.

Cette pauvreté, toutes les matières, français bien sûr, mais aussi histoire, instruction civique... doivent conjuguer leurs voix pour la combattre, la science y jouant la partition plus spécifique du visible et du sensible : elle nomme par des substantifs précisément définis les *objets* inertes ou vivants (le granit, les poumons, l'acide, la Voie lactée, le gaz carbonique, le hanneton, la rétine, etc.) et les *phénomènes* (le vent, la marée, l'aube, le typhon, l'arc-en-ciel, le gel, la dilatation, etc.) ; par des adjectifs, leur *aspect* et leur *qualité* (transparent[2], dur, dense, fragile, rugueux, etc.) ; par des verbes, leur *comportement* (bouillir, tomber, pousser, brûler, rebondir, digérer, dissoudre, etc.). Il conviendra que l'enfant utilise ces mots à bon escient et qu'il soit capable de les définir.

Mais, dans ce lien entre science et langage, il y a plus qu'un impact sur le vocabulaire de l'enfant. La science n'est pas qu'une observation, si fine et précise soit-elle, de ce qui nous entoure. Faite aussi d'hypothèses, de réflexion, de raisonnement, de constructions mentales, finalement de *modélisations*, elle est bien un discours logique sur les choses et sur les événements, c'est-à-dire sur ce qui est et sur ce qui se produit ; il est difficile de penser que cette logique ne se reflète pas dans notre langage. Sans avoir là de compétence précise et partant simplement du constat fait par les maîtres, nous pouvons seulement lancer quelques pistes de travail pour qui voudrait creuser cet intéressant problème.

2. L'un d'entre nous a assisté à une classe ayant l'*eau* pour sujet. Les enfants, questionnés sur sa couleur, s'obstinaient à la déclarer *blanche*, donnant le lait pour également blanc. La maîtresse s'employa à leur faire remarquer la différence, à laquelle ils étaient initialement peu sensibles, puis à leur apprendre le mot *transparent*, qu'à l'évidence ils ne connaissaient pas et qu'ils eurent beaucoup de mal à prononcer. Science et langage se donnaient là idéalement la main.

Deux exemples

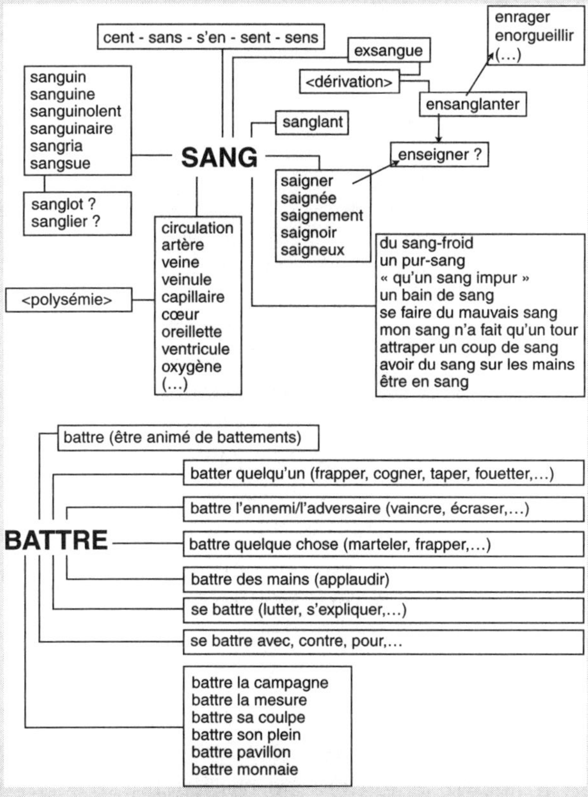

Deux exemples de l'usage qui peut être fait, dans l'étude de la langue, d'une leçon de science, à propos du lexique. (*En haut*) : la richesse phonétique et sémantique autour du mot *sang* explore les emplois scientifiques et bien d'autres, dans ce qui peut être appelé un *atelier de langue*. (*En bas*) : l'expression « *Le cœur bat* » conduit à explorer tous les sens du verbe, tant en science que dans d'autres emplois familiers.

D'après Viviane Bouysse, *Qu'apprend-on en matière de langue et de langage en faisant des sciences ? Quelques repères pour l'école primaire*, 2005.

Modélisation

On parle, en science, de *modèle* lorsque, d'un objet ou d'un phénomène observables (un typhon, la Terre, la circulation du sang dans les vaisseaux, l'explosion d'une supernova...) ou non (les premiers instants après le big-bang), on propose un scénario, en général précis ou chiffré, qui donne une description abstraite et approximative de la réalité des choses, c'est-à-dire *qui en parle*. Un modèle est ainsi la forme profondément élaborée d'une métaphore.

Dire que la Terre est sphérique, c'est donner la sphère – objet mathématique idéal – comme une représentation correcte de sa forme, tout en sachant très bien qu'elle n'est qu'approchée. C'est en tout cas parler d'elle, et de manière non triviale. Donner, lors des prévisions météorologiques télévisées, la forme et la trajectoire à venir d'un cyclone, c'est s'appuyer sur un modèle mathématique des circulations du vent, de l'évaporation des mers... qui *simule* la réalité sans, bien sûr, *être* la réalité : c'est prononcer sur celle-ci un discours argumenté, sinon totalement véridique.

Une classe *Main à la pâte* place en principe l'enfant au cœur de cette dialectique, déjà citée, entre le sensible et l'imaginaire (voir p. 40) qui fonde en nous l'esprit de recherche et qui, en un éternel aller et retour progressif, nous fait avancer dans la connaissance et vers un début de compréhension du monde. À une échelle certes modeste, une classe où l'on enseigne la science est déjà un lieu où se déploie cette dialectique. L'enfant la vit en s'exprimant et, bien sûr, en s'exerçant à démêler les causes des effets, l'avant de l'après, les *comment* des *pourquoi*. L'histoire que sans doute il se raconte intérieurement, celle qu'il vit tout haut, celle que tout à l'heure il tentera de restituer par écrit sur son cahier d'expérience, ou par oral dans le récit qu'il en fera en classe ou dans sa famille, cette histoire a un sens, une direction, peut-être même un aboutissement. En particulier elle doit, dans notre langue, se structurer sur des conjonctions, se bâtir sur des connecteurs et se modeler sur des temps de verbes.

Si l'enfant a réellement intégré la séquence question/hypothèses/raisonnement/expérimentation/raisonnement/conclusion à laquelle il vient de participer, alors on peut espérer de lui un discours concis et structuré, c'est-à-dire muni à la fois d'un lexique précis et d'une syntaxe correcte. On en trouvera un exemple ci-après.

Le thermomètre et la syntaxe

Revenons à l'exemple de l'ébullition de l'eau (p. 49). La conclusion de la séquence aurait pu, raisonnablement, s'exprimer comme suit :

« *Quand on chauffe de l'eau, sa température augmente jusqu'à 100 °C, puis demeure constante malgré la chaleur que l'on continue d'apporter. Cela s'appelle l'ébullition.* »

Voici, en regard, quelques phrases relevées sur les cahiers d'expériences d'une classe parisienne dédiée à ce thème, en commençant par certaines d'entre elles où sont gravement chahutées, dans une même confusion, la syntaxe et la science :

– *La température de l'eau ne bouge plus parce que le thermomètre est fixe.*

– *L'eau a arrêté sa température car on chauffe dessous, elle fait des bulles.*

et en continuant par des énoncés, plus nombreux, qui témoignent, eux, d'une bonne adéquation entre la construction de la phrase (même si son élégance peut encore faire des progrès !) et la réalité scientifique :

– *Quand le thermomètre a marqué 100 °C, la température de l'eau n'a plus changé.*

– *L'eau est restée à 100 °C, malgré qu'on a continué à la chauffer.*

– *L'eau, elle est chauffée et ça s'arrête quand ça bout. Le thermomètre, il marque 100°.*

– *Pendant que l'eau, elle bout, la température ne change pas.*

– *L'ébullition, c'est quand l'eau arrive à 100 °C et qu'elle reste là, même qu'on continue à chauffer.*

Science et langage

Ce qui précède nous rappelle ce constat tout simple que la science n'est ni plus ni moins qu'un langage, langage de stricte rigueur (mathématiques), récit de ce que nous savons de l'histoire et de l'état de l'univers inerte (sciences physiques) et du monde vivant (sciences de la vie), récit déjà immense et qui ne cesse de s'amplifier, de se raffiner et de se ramifier.

Ayant, à l'aube de notre humaine pérégrination, créé les mots pour *nommer* la nature, puis avec les mots les phrases, nos ancêtres ont pu, parmi celles-ci, en repérer de très curieuses qui – pourtant sans originalité spécifique, grammaticale ou lexicale – pesaient d'un poids très particulier dans leur primitif langage. Ainsi, lorsqu'ils disaient « le silex est dur », ou « le Soleil se lève tous les matins », ou encore « lâchée, la pierre tombe », ils énonçaient là des constats véridiques et permanents : véridiques en ce sens que personne ne pouvait les contredire, permanents parce que chaque jour authentifiés, ouvrant ainsi la porte à ce temps audacieux qu'est le futur : « Demain, la pierre tombera. » Ces phrases éminemment précieuses qui nous aident à stabiliser notre vision du monde et aussi à prévoir des bribes de notre avenir, donc à vivre, constituent les fondations de notre science, et c'est sur elles qu'elle se construit[3].

Puis viendra le moment où ces énoncés seront jugés insuffisants. Le silex est dur, bon, mais *comment* est-il dur ? À quoi le comparé-je pour parler ainsi ? S'imposent alors les évaluations : plus dur que l'argile, il l'est moins que le diamant. Je puis donc le classer dans un tableau de valeurs éventuellement numériques. Plus tard viendra la question suivante – *pourquoi* est-il dur ? – bien plus redoutable que la précédente, car génératrice d'un chapelet continu d'autres *pourquoi*. Récit sans fin, mais récit. De même, il aura appris à écouter des sons, à reconnaître que tel est plus grave que tel autre, sans pour autant s'être approprié le concept scientifique de fréquence. Viendra plus tard la question : *pourquoi* est-il grave ?

Ainsi l'enseignant a-t-il quelque chose du troubadour lorsqu'il tente de raconter, dans la langue de tous les jours, quel est le monde, qui nous sommes, d'où nous venons, où nous allons ; un troubadour qui fait siennes les questions des enfants, leur insuffle la conviction qui l'anime, et leur fait admirer la rectitude, la beauté et la plasticité de la langue qui porte ce récit.

Nous reprenons volontiers à notre compte la remarque faite dans l'encadré ci-après à propos de la lecture. Son apprentissage bénéficierait à coup sûr de l'utilisation de textes scientifiques ou techniques. L'enfant – souvent sollicité par un critère de vitesse bien peu pertinent en regard de celui de compréhension – ne pourrait pas, là autant qu'ailleurs, jouer de son aptitude

3. Y. Quéré, *La Science institutrice*, Odile Jacob, 2002.

Quelques réflexions sur le langage de la science à l'école

« Parler et écrire pour apprendre, c'est apprendre à parler et à écrire » (E. Bautier). La dynamique du langage et de l'action oblige à se décoller de la matérialité de la tâche [...]. Les sciences et la technologie permettent de promouvoir différentes formes d'écrit et d'oral dans lesquelles le langage est toujours un opérateur cognitif, outil d'apprentissage et d'élaboration de la pensée pour trier, classer, analyser, relier, synthétiser.

Lire et écrire : les textes scientifiques ont généralement certaines caractéristiques (décontextualisation, temps verbaux, articles définis, articulations logiques fortes). Des va-et-vient entre lecture et écriture permettent d'apprendre à écrire : les plus jeunes enfants dictent à l'adulte ; puis suivent des écrits guidés et des activités de reformulation ; enfin des textes individuels sont repris pour élaborer un texte collectif.

Des mots de la science à la science des mots. Il importe d'accorder une importance particulière aux mots, en faisant une place spéciale au lexique : étude de mots du point de vue de leur construction (*carnivore*, *omnivore*...) et du point de vue de leur signification. On peut ainsi, à partir d'un mot, constituer tout un réseau selon que l'on s'intéresse à des homophones, des synonymes, des dérivés, etc. Des activités de cette nature, non seulement enrichissent et structurent le lexique, mais développent une attitude d'exploration de la langue, une intelligence des mots qui aide à écrire correctement, alors que les liens entre le sens et l'orthographe peuvent passer pour délicats à aborder avec des élèves de l'école primaire ; ainsi, on écrira correctement *sanguinolent*, et non *cenguinolent*, parce que le lien a été fait avec *sang*.

D'après *Viviane Bouysse*, 2005.

à deviner le sens. La rigueur du texte ne donnerait en effet, ici, que peu de chance au recours, par le jeune apprenti lecteur, aux approximations.

L'Observatoire national de la lecture avait, sous la présidence de Jacques Friedel, fait cette recommandation.

Le cahier d'expériences

Il n'est pas un seul scientifique qui ne soit amené, à tout moment de sa recherche, à insérer celle-ci dans le langage : *cahier de laboratoire* où l'on inscrit continûment les protocoles des expériences en cours, les hypothèses et les résultats obtenus ; *articles* où l'on communique à ses pairs ces résultats ainsi que leurs implications ; *communications* et *conférences* où on les décrit en détail et où l'on est censé les défendre. Les scientifiques s'exercent ainsi sans cesse à la discussion et à l'argumentation, écrit comme oral permettant de clarifier la pensée, d'affiner le raisonnement et de transmettre à d'autres une découverte.

À l'école, l'écrit joue un rôle central, qu'il s'agisse de fixer la syntaxe, les poésies, le calcul, etc. Le cahier d'expériences, dont nous avons dès les débuts de *La main à la pâte* vivement recommandé la tenue, participe à cet usage selon une modalité qui est propre à la science. Étant celui sur lequel l'élève note tout ce qu'il a fait lors de la leçon de science et le résultat auquel on est arrivé, il est le pendant – en miniature – du cahier de laboratoire du chercheur ou du carnet où l'explorateur note les îles qu'il a découvertes ou le détail des côtes qu'il a longées. Il accompagne l'enfant tout au long de l'année dans sa promenade au jardin de la science. Il est fait pour durer, si possible tout au long de la scolarité primaire.

Il est courant, nous dit-on, que l'enfant s'y exprime avec une grande liberté, voire une certaine faconde, heureux qu'il est de garder une trace (écrite, dessinée, schématisée...) de la petite aventure – intellectuelle et manuelle – qu'avec ses camarades il vient de vivre avec intensité.

Qu'en disent les maîtres ?

« Quand les élèves avaient peu écrit, ils avaient insuffisamment réfléchi et le débat qui s'instaurait pour valider les hypothèses dans les échanges collectifs à l'oral était pauvre sans cette phase d'écriture [...]. »

Un enseignant de Seine-Saint-Denis.

« Le cahier d'expériences doit être conçu comme un tout [...]. L'enfant écrit pour lui, avec ses mots à lui. On voit une évolution tout au long de l'année car l'élève devient de plus en plus précis dans son vocabulaire. C'est lorsque le cahier devient la base de données pour penser que l'enfant comprend l'intérêt réel du cahier d'expériences. Il le considère alors comme un référent, comme un dictionnaire dans lequel il peut aller chercher des informations [...]. Pour moi, le cahier doit être un recueil de tâtonnements successifs. Il faut réussir à faire accepter aux enfants qu'une expérience "ratée" n'est pas un échec. Le résultat obtenu, même négatif, permet de diriger la recherche vers un nouvel axe [...]. »

Une enseignante de Saint-André-les-Vergers, Aube.

Qu'en disent les enfants ?

« Ça sert à chercher, à écrire ce qu'on pense, à s'exprimer [...]. On peut écrire des choses fausses, après on peut les corriger quand on a cherché. Ça nous aide à réfléchir, à trouver des choses. Ça sert à faire des découvertes, à chercher des hypothèses et à y répondre [...]. Ça m'aide à comprendre [...]. »

Des élèves de CE2 de l'école de Flornoy, Haute-Marne.

« Ça sert à chercher [...]. Ça sert à écrire des hypothèses, à écrire ce que l'on pense [...]. On peut écrire des choses fausses, après on fait des expériences pour savoir si on avait raison ou pas [...]. On peut écrire ce qu'on pense, après on voit avec les autres si c'est vrai ou pas [...]. Ça nous aide à réfléchir [...]. Ça m'aide à comprendre. »

Des élèves de l'école Compayré 2, Meaux.

En général, le cahier d'expériences comprend :

– *Des écrits individuels* pour lesquels l'élève fait des dessins, note ses observations, ses remarques, ses propres idées (par exemple en observant un sablier), ses questions, ses prévisions, ses arguments (prévoir si tels objets coulent ou s'ils flottent, en tentant de dire pourquoi), ses propositions d'expériences (quelle expérience faire pour mesurer la température de fusion de la glace ?), son compte rendu d'expériences avec ses résultats et ses premières conclusions.

L'eau sale et le filtre

Ces élèves d'une classe de Haute-Savoie ont cherché à nettoyer de l'eau sale et ont, à un moment donné, utilisé un filtre à café. D'où la question : *en filtrant plusieurs fois de suite avec un filtre propre, l'eau va-t-elle devenir ou non plus propre ?* Chaque enfant note sa prévision qu'il accompagne d'une argumentation, comme l'indique cet extrait du cahier de Céline, élève de CM2 où elle note son propre raisonnement (à droite) et celui d'Alexandre (à gauche) qui travaille dans son groupe et n'est pas d'accord avec elle.

Céline pense, comme beaucoup, que changer de filtres plusieurs fois rendra l'eau plus claire, tandis qu'Alexandre sait apparemment qu'ils ont des trous de taille donnée et que, donc, un seul devrait suffire. C'est l'expérience qui va trancher. Notons l'aisance avec laquelle Céline utilise le futur.

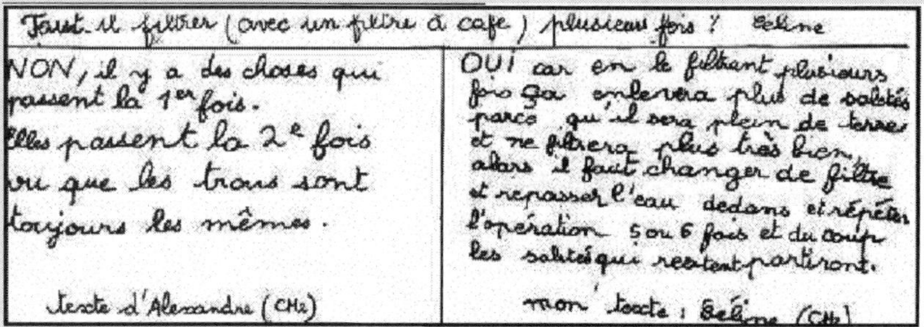

Faut-il filtrer (avec un filtre à cafe) plusieurs fois ? Séline

NON, il y a des choses qui passent la 1er fois. Elles passent la 2e fois vu que les trous sont toujours les mêmes. Texte d'Alexandre (CM2)	OUI car en le filtrant plusieurs fois ça enlevera plus de saletés parce qu'il sera plein de terre et ne filtrera plus très bien. alors il faut changer de filtre et repasser l'eau dedans et répéter l'opération 5 ou 6 fois et du coup les saletés qui restent partiront. mon texte : Séline (CM2)

Sylvie Frémineur, école du Chaumet, Évires (Haute-Savoie).

– *Des écrits de groupes* : les élèves, répartis en groupes de trois ou quatre, confrontent leurs idées, leurs propositions, leurs résultats, leurs interprétations et en retirent une première synthèse écrite qu'ils proposent à toute la classe.

– *Des écrits de classe* : il existe de nombreux moments de regroupement de tous les élèves de la classe, où s'instaure une discussion soit pour faire jaillir des questions écrites auxquelles la classe souhaite répondre (*cf.* ci-après un extrait du cahier de Sidonie), soit pour mettre en commun les hypothèses et les arguments de chacun et garder ceux qui paraissent pertinents, soit encore pour mettre en commun les résultats obtenus par les uns et les autres. De ces séances de regroupement sortent des écrits validés par le maître, conformes aux connaissances scientifiques établies.

Certains maîtres se disent désorientés par ce cahier et s'interrogent : combien faut-il de cahiers (un ou deux) ? À quel moment faire écrire les élèves ? Quelle différence entre écrits individuels, de groupe et de la classe ? En particulier, une question revient très souvent : faut-il corriger les fautes d'orthographe ? Que vont dire les parents ? N'est-il pas dangereux de laisser l'enfant écrire un mot de façon erronée avec le risque qu'il ne se souvienne que de cette forme incorrecte ?

Écrit individuel, écrit collectif

Voici (à gauche) un extrait du cahier de Sidonie d'une école de Bergerac. Elle a, comme les autres élèves, observé des sabliers et écrit ce qu'elle avait remarqué, et les questions qu'elle se posait. Après cela, les enfants ont mis en commun leurs observations et réflexions (à droite).

Écrit individuel

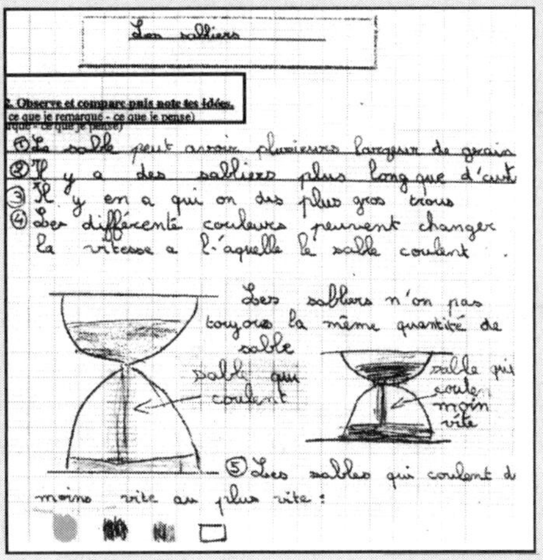
Les sabliers

2. Observe et compare puis note tes idées.
(ce que je remarque - ce que je pense)

① Le sable peut avoir plusieurs largeur de grain
② Il y a des sabliers plus long que d'aut
③ Il y en a qui on des plus gros trous
④ Les différentes couleurs peuvent changer la vitesse a l'aquelle le sable coulent.

Les sabliers n'on pas toujours la même quantité de sable

⑤ Les sables qui coulent de moins vite au plus vite :

Écrit collectif

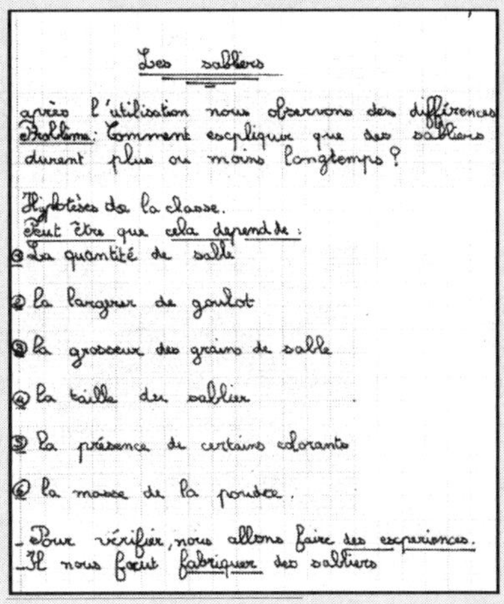
Les sabliers

après l'utilisation nous observons des différences
Problème : Comment expliquer que des sabliers durent plus ou moins longtemps ?

Hypothèses de la classe.
Peut être que cela dépend de :
① La quantité de sable
② la largeur du goulot
③ la grosseur des grains de sable
④ la taille du sablier
⑤ la présence de certains colorants
⑥ la masse de la poudre.

- Pour vérifier, nous allons faire des expériences.
- Il nous faut fabriquer des sabliers

Certains enseignants utilisent divers outils : une affiche qui cadre les écrits individuels en en précisant la démarche à suivre : « Les questions que je me pose », « Ce que je pense faire », « Qu'ai-je fait ? », « Pourquoi ? », « Quel matériel ai-je utilisé ? », etc. On peut y ajouter une liste de mots clés, un rappel des conjugaisons, un dictionnaire, etc. permettant une amélioration de l'orthographe et de la syntaxe.

S'agissant de celles-ci, elles posent à beaucoup d'enseignants la question épineuse mentionnée plus haut. Soit, en effet, on prône chez les enfants une liberté d'expression, les laissant rédiger « avec leurs mots à eux » (voir *principe cinq*, p. 29) et l'on est alors tenté de ne corriger ni l'orthographe ni la syntaxe. Soit, ne tolérant aucune faute sur le cahier, on les corrige, allant jusqu'à les noter et risquant ainsi de brider la spontanéité de l'enfant. Tout en laissant ici le maître juge de ce qu'il doit faire, nous avons indiqué précédemment (p. 48) notre avis concernant l'orthographe.

Soulignons enfin l'intérêt pour l'enfant de conserver son cahier au cours de sa scolarité. L'intérêt en est double. Le cahier permet de savoir ce que l'élève a étudié les années précédentes et d'assurer ainsi une meilleure continuité des apprentissages durant le cycle primaire. Pour l'enfant, il est le témoin de son cheminement et il lui permet de garder une trace concrète de ses acquis, tant dans le domaine des connaissances qu'il a emmagasinées que dans celui de sa capacité d'investigation et de découverte.

Illettrisme et refus de l'école

Ce qui précède ne fournit évidemment pas de remède miracle contre l'illettrisme[4]. La science n'apprendra pas à lire à qui ne sait pas lire. Mais elle peut, on l'aura compris ci-dessus, aider l'enfant à s'exprimer mieux et à trouver le chemin d'un "parler vrai", plus important pour lui à cet âge qu'un "parler beau" – dont il faudra, peu après, lui donner l'envie et les moyens – en reprenant la très utile distinction d'Alain Bentolila[5]. Elle peut, plus important encore, lui donner le goût de l'école quand il ne l'a pas et qu'il est de ce fait une proie toute trouvée pour l'illettrisme et l'échec.

En effet, pour un enfant rebelle à l'école, dérouté par des connaissances qui ne le relient à rien – soit que son environnement les ignore, soit qu'elles ne correspondent pas à sa forme d'esprit –, la science expérimentale a de forts atouts pour le fixer. Tout comme cette musique cosmopolite qu'en général il aime, elle lui parle d'un quelque chose qui est universel, qui a cours et qui est vrai à Bamako comme à Nanjing, à Neuilly-sur-

---

4. *Illettrisme* : cette notion, popularisée par les médias, est plus complexe qu'il n'y paraît, tant elle se décline en une gradation continue. Tandis que l'analphabétisme désigne l'incapacité à reconnaître les lettres et les phonèmes, l'illettrisme se décompose en plusieurs niveaux, selon qu'on se contente de prononcer les sons sans comprendre, de lire lentement sans saisir le sens, de lire approximativement sans garder le souvenir, etc.

On s'interroge aujourd'hui sur l'éventuelle origine génétique de certaines difficultés de lecture.

5. A. Bentolila, *Le Propre de l'homme, parler, lire, écrire*, Plon, 2000.

Seine comme à Chanteloup-les-Vignes. Et, surtout, par ses implications concrètes et sa composante expérimentale, elle peut lui permettre, à lui enfant réputé peu doué et abonné aux mauvaises notes, de se révéler face aux autres, peut-être de briller, aussi bien que de trouver en elle ce lien entre l'école et sa famille si fréquemment inexistant ou rompu.

Le père et le ciment

Regardons vivre, à Montreuil, cette famille turque. Ismail, l'aîné, est le seul à aller à l'école primaire. Ni le père, ouvrier du bâtiment, ni la mère ne parlent français. Le lien entre eux et cette école est inexistant.

Ce matin a eu lieu une leçon de science, mâtinée de technologie. Le thème : la prise du ciment. On a étudié l'influence de la température, de la composition du mélange, de son volume... sur la vitesse de prise et sur la tenue aux chocs de petites éprouvettes fabriquées dans ces diverses conditions. Ismail s'y est passionné et, à peine rentré chez lui, a raconté tout cela. Le père, habituellement indifférent aux événements de l'école, tout à coup se passionne et demande à son fils de l'y emmener aussitôt : il veut voir le maître dans l'instant. On le trouve à la cantine, et, aussitôt, devant lui, par le truchement de son fils, ce père s'enflamme, déclarant que le ciment, il connaît, qu'il peut venir faire une démonstration aux enfants, que l'on n'a pas pris une bonne marque, etc. Il est intarissable. Et, de ce jour, il va s'intéresser au travail de son fils.

La polyvalence des maîtres

C'est une grande chance que notre système éducatif confie les enfants à un maître unique, chargé de l'ensemble des matières. La science, en particulier, doit idéalement être enseignée en relation directe avec le français pour les raisons ci-dessus évoquées. Les constantes références croisées qui seront ainsi faites dans la classe entre ces deux matières ne pourront qu'être bénéfiques à toutes deux, raison majeure pour que l'enseignement des sciences ne soit pas pratiqué par un enseignant spécialisé, encore moins par un scientifique de passage. La place de la science au sein de cette polyvalence doit être préparée. C'est bien là le rôle des IUFM sur lequel nous reviendrons au chapitre VII.

Mais l'intérêt de la polyvalence va plus loin. Elle concerne d'autres matières. De celles-ci, *les mathématiques* figurent au premier rang, et nous y revenons plus loin. Toutes seraient à citer.

Ainsi, la science a une histoire, qui tresse ses fils avec ceux de *l'histoire* des nations, des peuples, de la pensée ou de la culture. Il est excellent, ici encore, que le maître puisse évoquer les uns quand il évoque les autres. Ainsi, la leçon sur la dilatation de l'air chauffé doit permettre de construire une petite montgolfière et, bien sûr, de commenter la première ascension humaine, au règne finissant de Louis XVI (1783), comme l'usage qu'on fit de cet engin durant les guerres de la Révolution et l'indifférence dont, curieusement, fit preuve Napoléon Ier à son égard. En construisant la montgolfière en question, il aura fallu réfléchir aux matériaux à employer et au processus même de fabrication : bonne relation avec *la technologie*. En la faisant s'envoler, on aura repéré, à l'aide d'une boussole, la direction du vent : un clin d'œil à *la géographie* s'impose. De même ne travaillera-t-on pas sur l'élasticité du muscle ou sur la constitution du squelette sans faire de fructueux rapprochements avec *l'éducation physique,* ni sur le pendule (p. 41) sans battre la mesure et évoquer *la musique*.

Dans tous ces exemples, la polyvalence du maître décuple l'efficacité de l'enseignement.

Pour des raisons pratiques, certes : il sait exactement ce que, dans une autre matière, il a dit aux enfants un mois plus tôt, ou la veille, et peut donc, au mieux, sans perdre de temps à des redites comme sans laisser de larges canyons entre les éléments du savoir qu'il enseigne, lancer entre ceux-ci de multiples ponts, références croisées et allusions fécondes.

Pour des raisons de fond, plus encore, car elle montre de façon vivante à l'enfant combien la connaissance, si multiforme qu'elle soit, forme un tout ; à quel point elle a besoin d'une langue claire et précise pour être, par lui, engrangée, utilisée et transmise ; et comment – lorsqu'on donne à cet enfant le désir et le moyen d'enrichir cette langue, toute la vie durant, dans son unité et son universalité – elle constitue le plus précieux cadeau qu'on puisse lui faire.

Dialogue avec les mathématiques

Parmi l'ensemble des matières avec lesquelles *la science* – au sens strict où nous l'avons définie pour l'école (p. 17-18) – doit être mise en relation, comment ne donnerait-on pas une place privilégiée aux mathématiques, sachant bien que celles-ci font partie intégrante de *la science*, au sens le plus général et le plus habituel de ce mot ? Ici, cette relation ne sera pas évoquée, dans la classe, seulement pour que les enfants prennent conscience de l'interconnexion de l'ensemble des savoirs, mais bien parce qu'il s'agit, entre science et mathématiques, d'une vraie consanguinité. *Elle* et *elles* ne sont en fait – scolairement et momentanément – dissociées que par simple commodité pédagogique.

Si *elle* peut parfois, et même souvent, être abordée par le maître sans qu'*elles* soient mentionnées ; si *elles* forment – dans la trilogie reine du *lire, écrire, compter* – une matière en soi, sorte, aux yeux des enfants, de continent isolé ; si *elle* se meut, en classe, dans un monde concret fait d'objets et de phénomènes familiers tandis qu'*elles* semblent ne frôler ce monde-là qu'accessoirement, comme dans le seul but de se faire mieux comprendre ; si dans « trois pommes », le « trois » se réfère clairement à *elles* et le « pommes » plutôt à *elle* ; si *elles* représentent le summum de l'irréfutabilité et de la certitude alors qu'*elle,* en énonçant des vérités approchées, sujettes à discussions et à révision, nous apprend en partie à douter[6]... il reste que toutes deux, en réalité, vivent et grandissent dans une interaction permanente qu'il convient de rendre sensible aux enfants. Pour cela, on convoquera l'une à propos de l'autre chaque fois que cela sera possible, et les occasions ne manquent pas, ni dans le primaire ni dans le secondaire, de faire dialoguer ces deux cousines germaines.

---

6. Une enquête menée auprès de lycéens, voici une vingtaine d'années sous l'égide de la *Société française de physique*, sur ce qu'ils pensaient de la physique avait donné la réponse majoritaire suivante : les math, on aime ou on n'aime pas mais au moins sait-on quel est leur but qui est de démontrer des théorèmes indiscutables ; tandis que la physique, on ne comprend pas où elle va, errant de modèles (Bohr) en lois (Ampère), de théories (Fresnel) en principes (Archimède), d'expériences (Millikan) en équations (Maxwell) et d'effets (Čerenkov) en théorèmes (Gauss).

Cousines germaines

Par les mathématiques, nous apprenons le *classement* en ensembles et la comparaison des objets (« plus grand », « plus petit »), la science faisant à chaque instant appel à ces opérations : dès les classes de maternelle, les enfants assemblent des objets par catégories et les rangent par tailles, par couleurs... sans que l'ont ait même besoin d'énoncer à quelle discipline ressortit cette activité.

Par les mathématiques, l'enfant apprend le principe de la *numération* (chiffres, puis nombres[7], puis système décimal). En science, dès qu'on la veut quantitative, le dénombrement est nécessaire, qu'il s'agisse d'une collection d'objets identiques, d'un temps (minutes, jours), d'une taille ou d'une distance (centimètres, kilomètres), d'une masse (kilogrammes).

Par les mathématiques, l'enfant apprend les *opérations* (addition, soustraction) ; en science, il les utilise et souvent en comprend mieux la nature. S'intéresse-t-on à la masse d'une substance, la mesure-t-on, et avec quelle unité : on passera des kilogrammes aux grammes (et réciproquement) et l'on commentera la signification de la multiplication et de la division, ici par des multiples de dix. Veut-on aborder la notion de densité : il faudra bien passer par le truchement de la division, opération bizarre et abstraite à laquelle beaucoup d'enfants rechignent s'agissant de nombres, mais qui trouve soudain là, à leurs yeux, une naturelle et concrète raison d'être, s'agissant de masses et de volumes.

Par les mathématiques, nous nous familiarisons avec l'idée qu'une grandeur peut varier en *fonction* d'une autre. Mesure-t-on, en leçon de science, la hauteur du rebond d'une balle de tennis et la reporte-t-on sur un graphe en fonction de sa hauteur de chute : on aura là une bonne illustration de ce qu'est une fonction linéaire. Mesure-t-on le nombre d'oscillations d'un pendule (voir p. 41) par unité de temps en fonction de sa longueur, et en fera-t-on le graphe : on verra là se dessiner l'ébauche d'une forme que, plus tard, on appellera une hyperbole.

Par les mathématiques, nous classons les formes et mettons de l'ordre dans l'*espace*. En science, l'enfant rencontre ces formes, doit les reconnaître et les nommer ; ainsi, mesurant les angles d'incidence et de réflexion d'un faisceau de lumière sur un miroir, constatera-t-il que ces angles sont égaux et désignera-t-il une « bissectrice » ; ainsi, marchant sur les pas d'Ératosthène (p. 136), s'exercera-t-il au théorème de Thalès, sans plus encore connaître celui-ci que M. Jourdain la prose.

7. Confondus fréquemment les uns avec les autres. On lira sur ce sujet (et sur bien d'autres) : Stella Baruk, *Si 7 = 0, quelles mathématiques pour l'école ?*, Odile Jacob, 2004.

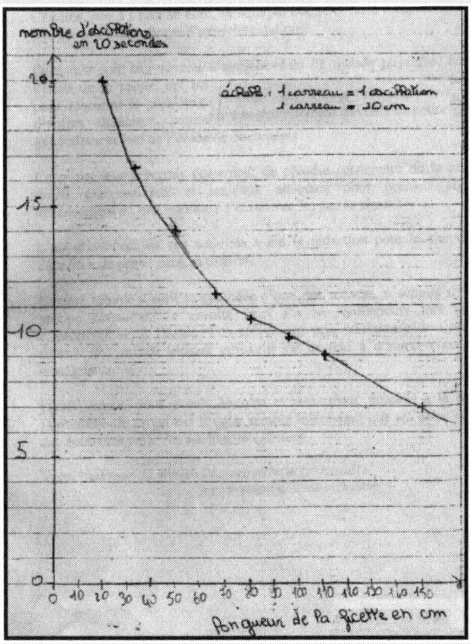

« ... se dessiner l'ébauche d'une forme... »

Nombre d'oscillations, durant dix secondes, d'un pendule en fonction de sa longueur. Classe de CM2 de Marie-Hélène Valle, école Jules-Ferry, Perpignan, accompagnée par Nicolas Lyotard. Prix *La main à la pâte*, 2004.

Il est, pour nous, particulièrement stimulant de savoir que nos collègues mathématiciens, qui ont une longue tradition de recherches pédagogiques, travaillent dans des directions souvent proches des nôtres[8]. Un rapport récent sur l'enseignement des mathématiques, de l'école primaire

8. Nous pensons en particulier aux travaux souvent remarquables des *Instituts universitaires de recherche sur l'enseignement des mathématiques* (IREM), ainsi qu'à ceux du groupe ERMEL. Citons également l'équipe « Maths à modeler » créée par C. Payan et S. Gravier dont l'intitulé manifeste son cousinage très proche.

à l'université, constatant le fulgurant développement de cette science depuis un demi-siècle et répondant aux divers « pourquoi » d'un tel enseignement, pose, à l'intention du ministère, nombre de recommandations, dont certaines – comme celle de « mobiliser toute les ressources de l'imagination, de la curiosité, de la créativité, des capacités d'analyse critique et de raisonnement » – se révèlent proches de notre démarche. Dans son prologue[9], le mathématicien Jean-Pierre Kahane rappelle à la fois le rejet fréquent de cette matière – qui n'est pas récent[10] – et son imbrication croissante avec les autres sciences et avec la société. Plus que jamais, les mathématiques, tout en progressant de leur propre pas, sont requises pour nous aider à mieux vivre (ainsi des modèles et des prévisions climatiques que l'informatique rend possibles) et à mieux comprendre (ainsi de la conquête spatiale). La nécessité est donc grande de désenclaver, dès l'école primaire, tant l'enseignement des mathématiques que celui de la science, de susciter une interface scientifiquement correcte entre eux deux (création de séquences de mathématiques et de sciences en lien direct, réflexion commune sur une approche élémentaire de la statistique[11]) et de les ouvrir, chaque fois que possible, vers les autres disciplines.

*

S'il faut conclure, il n'est pas inutile de revisiter nos origines. Cet usage que, à l'école, l'enfant acquiert d'*écrire* la science et de *parler* d'elle trouve en effet son fondement dans la connivence intime qui la relie au langage depuis l'origine même de celui-ci. Elle et lui sont en effet nés ce même jour lointain où, pour la première fois, un être humain, regardant fixement un quelque chose de la nature – objet ? phénomène ? être vivant ?

9. J.-P. Kahane, *in L'Enseignement des sciences mathématiques*, Odile Jacob, 2002.

10. « Au XVIe siècle, le précepteur de la reine Élisabeth, Roger Ascham, lui présentait les mathématiciens comme des êtres solitaires, incapables de vivre en société, inaptes à servir l'humanité », cité par J.-P. Kahane.

11. Voir par exemple : C. Robert, *Comptes et décomptes de la statistique* : *une initiation par l'exemple*, Vuibert, 2003.

nul ne sait –, a *nommé* celui-ci. Elle et lui, depuis ce jour, n'ont cessé de nous relier au monde, au travers des mots et des phrases, réclamant de nous, elle comme lui, intuition, précision et logique. Elle et lui nous introduisent à la connaissance et, souvent, à une forme de la compréhension.

La science n'est bien sûr pas la seule discipline de l'esprit qui ait tissé ce lien avec le langage. La poésie, par exemple, le fait aussi d'admirable façon mais sur un tout autre registre, comme le font aussi les mathématiques qui nous parlent du monde d'une manière encore différente. Si savoir parler, lire, écrire et compter constitue le viatique essentiel que l'enfant ait à emporter de l'école pour sa vie d'adulte, alors il nous faut mettre à sa disposition l'ensemble de ces registres, chacun d'entre eux marquant notre langage d'un timbre particulier. S'agissant de la science, celui-ci est doublement précieux, car il joue à la fois sur notre imagination et sur notre rigueur, celle-ci trouvant son point d'ancrage ultime dans le langage des mathématiques.

Puisse l'école, qui bénéficie grandement de la polyvalence des maîtres, ne jamais négliger la richesse de cette polyphonie !

CHAPITRE V

Les maîtres et la science

Nulle part plus qu'en France, le maître ne provoque l'initiative de l'étudiant, voire de l'écolier. Pourtant il nous reste encore beaucoup à faire[1].

Henri BERGSON

Entre fascination et crainte

Quand en 1995 naquit *La main à la pâte*, nous fûmes fortement étonnés de découvrir la contradiction qui existait entre des programmes de l'école primaire faisant une place honorable à l'enseignement des sciences et une réalité où elles étaient le plus souvent absentes de la classe. À coup sûr, la loyauté vis-à-vis des instructions reçues et la rigueur professionnelle des enseignants n'étaient pas en cause. Fallait-il alors incriminer les priorités énoncées par le ministère dès 1985 et fortement soutenues par les parents d'élèves (*lire, écrire, compter*), devenues – dans les faits – presque exclusives de toutes autres activités ? Sans doute, puisque nous en trouvions la trace dans le fait que les inspecteurs de l'Éducation nationale (IEN), qui ont chacun la charge des enseignants de quelques centaines de classes dans une circonscription géographique, n'inspectaient presque jamais leurs enseignants – se conformant aux instructions reçues – sur autre chose que ces matières prioritaires, à la seule réussite desquelles s'attachaient donc ces enseignants[2]. La formation des ensei-

1. *La Pensée et le mouvement.*

2. Malgré près de dix ans d'effort, les inerties du système sont telles que beaucoup de ces IEN n'ont pas encore mis la science à leur programme d'inspections régulières. D'autres heureusement ont compris l'enjeu, comme nous le verrons au chapitre VII.

gnants était-elle en cause ? Ils avaient pourtant abordé les sciences en École normale ou IUFM, et disposaient, pour être guidés, d'ouvrages écrits par des didacticiens de renom ; mais cela ne semblait pas suffire à stimuler leur pratique.

En fin de compte, nous sentîmes rapidement que les causes de cette déshérence étaient beaucoup plus profondes : elles tenaient à un rapport complexe entretenu par les instituteurs avec la science et sa pédagogie. Si nous ne comprenions pas ce rapport, nos chances d'aboutir étaient nulles.

Dès nos premiers contacts et à notre surprise, nous avons entendu des termes forts et négatifs tels que *crainte, peur, angoisse*, utilisés pour qualifier ce qu'éprouvait un enseignant confronté à la préparation de ses leçons de science. Nous les entendons encore souvent aujourd'hui. N'y a-t-il pas quelque exagération dans ces qualificatifs ? Nous fûmes convaincus du contraire lorsque nous entendîmes les mêmes termes dans bien des pays avec lesquels nous collaborions. Avec le recul du temps, nous pouvons tenter de décrire la complexité de la situation, en espérant ne pas trahir ceux qui nous ont confié leurs difficultés.

Un témoignage

Laila Bennis, toute jeune polytechnicienne, a accompagné pendant six mois de l'année 2002, à plein temps, des maîtres dans un arrondissement parisien. Dans son rapport final, elle écrit : « Les enseignants font rarement le programme de sciences, disant qu'ils n'en ont pas le temps. J'ai noté un réel scepticisme vis-à-vis des sciences qui représentent pour certains une matière extrêmement séduisante mais très inquiétante. De nombreux maîtres craignent d'enseigner les sciences par peur de ne pas maîtriser suffisamment la discipline et de ne pas être capables de la raconter aux enfants. Un regard extérieur les rassure [...].

Par ailleurs, les enseignants ont bien souvent du mal à dire aux enfants qu'il y a certains phénomènes qu'on ne comprend pas, que même le maître ne comprend pas, et que bien plus tard ils sauront peut-être résoudre le problème par eux-mêmes. Les sciences ne permettent pas de tout expliquer [...].

Sans aucun doute, la science recueille dans la société française une admiration et un intérêt indiscutables[3]. En 2000, une enquête (SOFRES) la place, à 88 %, en tête des activités humaines ; les grandes réussites techniques, qui doivent beaucoup aux mathématiques ou à la physique, y sont source de légitime fierté. L'opinion se mobilise volontiers pour soutenir les chercheurs, et bien des parents sont fiers de la vocation technique ou scientifique de leurs enfants, même s'ils en craignent parfois, à plus ou moins juste titre, les risques de carrière. Les images des planètes que nous envoient les sondes spatiales, celles du cerveau humain vu par un scanner, celles d'un bébé à naître observé par échographie… font rêver.

En revanche, *comprendre* cette science, que les médias mettent volontiers en spectacle, est facilement perçu comme inaccessible et réservé aux seuls spécialistes formés par de longues études ; beaucoup pensent que cela requiert une traduction en langage mathématique ou en termes dont le sens échappe au commun des mortels. On imagine volontiers que cette science ne manipule que des abstractions, que ses objets appartiennent exclusivement à l'infiniment petit ou à l'infiniment grand et échappent par là même à l'expérience quotidienne.

Cette science séduisante qui fait rêver, elle est aussi perçue comme profondément ambivalente par les possibilités techniques qu'elle ouvre à une humanité, beaucoup en craignant une utilisation contraire à l'éthique. 82 % des mêmes personnes, dans le sondage cité plus haut, se disent d'accord avec l'énoncé suivant : « Les chercheurs scientifiques, par leurs connaissances, ont un pouvoir qui peut les rendre dangereux. » La crainte des professeurs des écoles à enseigner la science participe peut-être aussi de cette vision ? En tout cas, dans les dessins spontanés d'enfants invités à représenter des scientifiques (voir p. 79), on trouve souvent trace de cette face inquiétante.

En un mot, la science est perçue, au minimum, comme l'affaire de spécialistes pointus, suscitant, dans les dîners en ville, des appréciations tel-

3. Voir par exemple *Les Attitudes des Français à l'égard de la science*, SOFRES, Paris, 2001 et *Les Attitudes de l'opinion publique en France, Allemagne, Grande-Bretagne et aux États-Unis à l'égard de la science*, *ibid.* Voir aussi Y. Quéré, *La Science institutrice*, Odile Jacob, 2002.

les que « je n'y ai jamais rien compris », « ce n'est pas pour moi », « j'ai toujours été nul(le) en maths », ou bien provoquant cette excuse modeste, que nous entendons souvent précéder une question fort pertinente : « Je n'y connais rien, je vais sûrement dire une sottise, mais j'aimerais savoir... » Ajoutons encore que beaucoup réduisent la science aux mathématiques, tant celles-ci sont devenues, à tous les niveaux de notre système scolaire, la pierre de touche de la réussite et de la sélection. Ils ont focalisé sur elles une sorte d'exclusivité, bien peu représentative de la diversité des sciences de la nature et des talents multiples que requièrent leur rencontre ou leur pratique. Pour d'autres encore[4], la distinction entre la science qu'est l'astronomie et l'illusion qu'est l'astrologie est parfois bien floue.

Science et esprits frappeurs

En juin 2005, un hebdomadaire français[5] publie une enquête intitulée « la folie de l'ésotérisme ». Si cette enquête, fort bien faite, ne traitait que de l'actualité de pratiques vieilles comme le monde (arts divinatoires, sectes illuminées, maisons hantées et invocations sataniques), il n'y aurait rien de bien neuf sous le soleil. L'intéressant est la relation de cause à effet qui est faite entre ces pratiques et ce que nos contemporains penseraient de la science. Le souffle de l'esprit occulte viendrait en effet du désir de « se libérer de trois siècles d'emprise rationaliste », qui n'offrirait qu'un monde désenchanté, empreint qu'il est de cette « desséchante rationalité » de la science.

N'y a-t-il pas ici une étrange confusion sur la nature de la science, à laquelle la façon dont elle est enseignée ou communiquée ne serait peut-être pas étrangère ? La science ne se propose que de comprendre le monde, et l'homme dans le monde. Par les horizons qu'elle découvre, leur ampleur et leur beauté, elle offre à l'homme une vision toujours renouvelée de cet univers où il vit. Elle ne se propose pas de révéler le *sens* de la vie humaine (à celles et ceux pour lesquels cette recherche est importante), tout au plus d'en planter le décor. La puissance qu'elle procure, comme tout pouvoir, est ambivalente.

En tout cas, une classe *La main à la pâte* ne donne pas le sentiment d'un désenchantement des enfants qui s'y affairent !

4. ... que l'on trouve parfois jusqu'au plus haut niveau des cercles du pouvoir ! Voir aussi G. Charpak et H. Broch, *Devenez sorciers, devenez savants*, Odile Jacob, 2003.

5. Enquête de Claire Chartier et Natacha Czerwinski, *L'Express*, 20 juin 2005.

Si la science ne présentait que la complexité évoquée plus haut, nous comprendrions mieux les réticences de maîtres d'école polyvalents, dont les études au lycée ou à l'université se sont souvent déroulées dans d'autres disciplines (lettres, histoire, sociologie, droit, psychologie, économie, etc.). Ils n'ont de la science, au-delà des quelques cours reçus en École normale ou plus récemment en IUFM, que leurs souvenirs, pas toujours heureux d'ailleurs, de leur scolarité au lycée[6]. Nous comprendrions mieux aussi la proposition entendue dès 1996 chez nombre de nos partenaires qui, pour infléchir la déshérence des sciences à l'école primaire, ne voyaient que le recours à davantage de professeurs d'école licenciés en sciences, voire proposaient une rupture avec le principe de polyvalence et la création d'enseignants spécialisés pour les sciences[7]. Affaire de spécialistes, voguant dans des hauteurs inaccessibles, la science se distinguerait alors de la langue, de l'histoire ou de l'art, matières que chaque enseignant polyvalent, quelle que soit sa discipline d'origine, est normalement préparé à dire dans la langue commune, réussissant sans peine excessive à donner un enseignement de qualité.

D'autres difficultés étaient soulignées par nos interlocuteurs : les enfants, lors de leçons de science, posent des questions embarrassantes. Regardant la télévision, ils ont entendu parler de toutes sortes de phénomènes, du big-bang au trou d'ozone, sur lesquels leur curiosité peut attendre des explications du maître. D'autres phénomènes plus accessibles, comme la lumière cendrée de la Lune ou la couleur verte des plantes, provoquent des questions mettant en jeu son savoir. La déontologie

6. On peut sans doute avancer que la moitié des jeunes professeurs des écoles, prenant aujourd'hui leurs fonctions, n'ont de la science que leurs souvenirs de la classe de seconde, augmentés de quelques dizaines d'heures de formation complémentaire pendant leurs études en IUFM. La situation est un peu meilleure pour l'autre moitié, dont un tiers environ aura fait des études scientifiques après le baccalauréat (voir chapitre VII).

7. Cette dernière solution, qui ne nous paraît pas satisfaisante en vertu des arguments donnés en particulier au chapitre IV, semble pourtant fréquente : en 2004, dans le département du Lot, plus de la moitié des cours de science, remarquablement organisés par ailleurs, font appel à des maîtres qui s'y sont spécialisés, les autres enseignants considérant que cet enseignement est trop difficile pour eux. On voit qu'il n'est pas aisé de rejeter l'étiquette de *spécialiste* et de faire que *tous* enseignent la science.

traditionnelle (et pertinente) de l'enseignant est de préparer sa leçon en sorte d'être en mesure de répondre aux questions prévisibles des élèves : mais que faire lorsque des questions inattendues vont inévitablement mettre en lumière une ignorance, bien compréhensible par ailleurs ? Pas plus en France qu'en Chine (*cf. infra*), la tradition pédagogique n'autorise guère à dire humblement « Je ne sais pas ! », sans risquer d'encourir une perte de prestige ou de respect de la part des élèves, l'ironie des parents, voire les foudres de l'inspecteur.

À ces obstacles et comme s'ils ne suffisaient pas, nos propositions pédagogiques en ajoutaient d'autres : les *dix principes* proposaient de placer au second plan les fiches d'exercices à compléter ou les résumés à apprendre. Le maître devait guider les enfants dans des manipulations, des observations impliquant du matériel ; surgissait alors la difficulté de se procurer ce matériel, le risque de "rater" l'expérience ou de ne pas savoir interpréter son résultat, la difficulté supposée du travail en groupe.

Nous n'eûmes guère à réfléchir longtemps pour comprendre que toute rénovation passait par un changement de l'attitude des maîtres vis-à-vis de la science et de sa pédagogie, un changement qu'il nous fallait susciter par tous les moyens possibles et accompagner dans la durée.

Une promenade de science

La science est perçue par beaucoup comme une sorte d'Everest, inaccessible au commun des mortels. Ce dernier ne se sent capable que d'applaudir de loin, du bout des doigts, devant sa télévision, aux réussites des meilleurs alpinistes du moment, Curie ou autres Einstein, sans y comprendre grand-chose, donc sans y mettre un peu de passion ; sans même distinguer ce qui relève de l'exploit de ce qui est pure routine. Il y a du vrai dans cette image : seuls atteignent les sommets de la science quelques rares esprits, d'une exceptionnelle brillance. Mais vient ensuite la liste, un peu plus longue, des chercheurs de très grand talent qui peuvent escalader les pentes difficiles des Aconcagua et autres 7 000 mètres ;

puis, celle déjà plus vaste des grimpeurs des 4 000 ou 5 000... pour arriver enfin à la cohorte innombrable de ceux qui, sans compétence alpine, se contentent de promenades sur les collines des contreforts, là où aucun équipement et aucune préparation ne sont nécessaires mais où le point de vue est déjà superbe, et la joie des promeneurs intense. Un professeur d'école peut ainsi être, au minimum, un authentique promeneur de science, que feront rêver les échappées sur la nature qu'il découvrira autour de lui.

Il fut un temps où n'existaient ni microscopes ni télescopes, ni réactifs chimiques complexes ni cultures biologiques, et où déjà la science était active et créative. Car tout ce qui entourait les hommes était, pour certains, source de questionnement, souvent d'émerveillement, puis d'observation et d'expérimentation : vent et arcs-en-ciel, éclairs et tonnerre, course du Soleil et mouvement des planètes observées à l'œil nu, étamines et pistil de la fleur, circulation du sang ou fonctionnement de l'œil, boussole ou clepsydre. Même si ces sentiers ont été, depuis, abondamment parcourus pour mener à des sommets plus élevés, les questions qu'on y rencontre, voire leur simple formulation, constituent une authentique démarche de science, qu'elle soit le fait de l'enfant ou celui du maître. C'est sur cet environnement proche que l'un et l'autre vont se *faire les dents* en exerçant leur curiosité, se préparant, pour l'enfant au moins, à aller plus loin : un jour viendra où il sera temps pour lui, au collège ou au-delà, d'aller à la rencontre des atomes et des molécules, des gènes et des cellules.

Je ne sais pas

Engagé sur ce chemin, le maître va rencontrer d'innombrables questions, auxquelles il n'aura pas toujours réponse, en tout cas immédiatement. Une des vertus cardinales de la pratique scientifique est l'humilité : il faut y savoir bien plus souvent dire *Je ne sais pas* plutôt qu'y affirmer *Je sais*, car la question, entraînant le mouvement de recherche, est plus stimulante que la réponse. Rencontrant un enfant d'une dizaine d'années qui avait pratiqué *La main à la pâte* pendant plusieurs mois dans sa classe, nous lui demandions ce qu'il avait retenu de ce parcours. Sa réponse ne marqua aucune hésitation : « C'est formidable ! La maîtresse a appris autant que nous. » N'est-ce point là un magnifique aveu de compagnonnage dans une découverte commune, la maîtresse bénéficiant bien sûr du recul, de la capacité de se documenter, mais pas nécessairement d'une culture scientifique importante ?

Une colle...

Nous visitons une classe dans un pays lointain, accompagnés du ministre de l'Éducation de ce pays. Les circonstances font que les caméras de la télévision nationale sont présentes. Les enfants, d'une dizaine d'années, travaillent sur la *dissolution*, autrement dit ce qui arrive au sucre (ou au sel) plongé dans l'eau. Beaucoup de questions surgissent lors de l'expérimentation, afin de décider du devenir du sucre qui a disparu. Soudain, un enfant s'adresse au ministre et lui demande si le volume d'eau, contenue dans un gobelet plastique, augmente quand le sucre se dissout. Pris de court, il réfléchit et finit par lâcher un *Je ne sais pas*, que les caméras enregistrent soigneusement. Puis il se tourne vers nous, les scientifiques patentés, et nous interroge devant l'enfant perplexe de voir ces adultes, ces personnalités, hésiter devant sa question, se concerter et visiblement hésiter sur la réponse. (Notre lecteur peut émettre ici une hypothèse, et même l'argumenter *in petto*.) C'est alors que nous lançons la balle aux enfants en leur proposant de faire la mesure, qu'ils mettent alors en œuvre.

Lors du débat qui suivra avec l'institutrice et ses collègues, nous n'aurons qu'une solution : nous faire apporter un gobelet plein d'eau chaude dont le niveau sera soigneusement repéré d'un trait de crayon, mesurer le volume des morceaux de sucre, puis le dissoudre pour faire constater la montée du niveau, moins toutefois que la somme des volumes. Il y a de la place entre les molécules d'eau pour y loger les molécules de sucre ! Dans cette expérimentation toute simple, la question a été posée à la nature, et c'est elle qui a tranché, non le savoir des "savants".

Quelques jours plus tard, nous sommes de retour dans la capitale de ce pays. Le bruit y court que ministre et "savants" ont été déstabilisés un moment face à la question d'un enfant de dix ans !

Loin de nous, bien sûr, l'idée de faire ici l'apologie de l'ignorance. Nous aimerions plutôt, comme Descartes, reconnaître que parfois le doute, voire l'ignorance acceptée sont préférables à une certitude aveugle, et qu'il est fécond de les accepter dans une démarche positive, cherchant à découvrir et à mieux connaître.

Une fable

« Dire *"Je ne sais pas"* ébranle les idées traditionnelles de l'éducation. Quand j'étais élève, je n'ai jamais rencontré un seul maître qui ait avoué ne pas savoir. Professeur est un métier fait pour transmettre une morale, donner des compétences, défaire des nœuds : aucun problème ne doit résister au professeur. *Je ne sais pas* est une humiliation, aucun élève ne le respectera plus. Devenue moi-même professeur, je pensais devoir bien jouer ce rôle, donner une bonne image de mon savoir. S'il arrivait que je ne sache pas, je devais contourner habilement la question pour que les élèves ne s'en aperçoivent pas : un élève avait construit un moulin avec des engrenages, mais il ne tournait pas.

Aujourd'hui, plutôt que lui donner la réponse aussitôt (*la distance des dents n'est pas régulière*) comme je faisais alors, je lui dirais : *Nous allons chercher ensemble*. Donner aussitôt la réponse rend les enfants passifs, les laisser avec la question leur donne un rôle central, où ils veulent montrer qu'ils cherchent et en savent beaucoup. Ils se libèrent de la pensée du professeur et donnent libre cours à leur imagination. Je vais vous raconter une fable :

"Un petit chat demande à un vieux chat – *Que dois-je manger ? – Les jeunes peuvent te l'enseigner*, répond-il. Le petit chat va chez les voisins ; dans la première maison, le maître cache aussitôt la viande ; dans la seconde, il cache le poisson. Le petit chat se demande – *Pourquoi, dès que j'arrive, cachent-ils tout ? J'ai compris, ils ont peur que je mange ce qu'ils cachent, donc il s'agit sûrement de ce que je dois manger*. Le vieux chat savait qu'il faut pratiquer pour comprendre : quand bientôt le petit chat vivra seul, il devra trouver lui-même ce qu'il peut manger. Le vieux chat savait qu'il était préférable de se taire."

[...]

Si l'on grimpe la montagne, ce n'est pas que nous soyons alpinistes, si l'on joue de la musique, ce n'est pas que nous soyons professionnels. Même en première année de l'école primaire, il y a des questions difficiles que posent les enfants, telles que : *pourquoi l'eau du robinet est-elle transparente ? Le ciel noir la nuit ? Les cheveux de mon grand-père devenus tout blancs* ? Ne pas savoir est normal. Sûrement les professeurs en savent davantage que les élèves, mais cela ne signifie pas que nous sachions tout, ni que nous montrions toujours ce que nous savons... Nous devons être comme des metteurs en scène. Les enfants cherchent, nous les guidons, ils trouvent, puis nous partageons la joie de la découverte. Dire *Je ne sais pas* semble superficiellement facile, mais cela demeure en réalité difficile, car on est toujours influencé par la conception traditionnelle. En définitive, c'est l'expérience qui t'apprend la vérité ! »

Zao Zingyi, institutrice à Dalian, Chine.

Le premier pas qui coûte

Une des découvertes les plus inattendues que nous ayons faites fut de voir des maîtres qui n'avaient aucune formation scientifique se lancer dans l'aventure en faisant confiance, inquiets mais résolus, heureux d'entrer simplement en résonance avec la curiosité des enfants et de progresser avec eux. Nous constations avec surprise que leurs classes de science étaient excellentes, menées avec patience et rigueur. Naturellement, ces maîtres préparaient leurs séquences de science, ils se documentaient à l'avance. Mais la qualité de leur pédagogie venait avant tout de leur capacité intacte d'étonnement aux côtés des enfants. Nous nous rappelions alors ce jugement redoutable énoncé par Gaston Bachelard, lorsqu'il écrivait : « J'ai toujours été frappé du fait que les professeurs de sciences, plus encore que les autres si possible, ne comprennent pas qu'on ne comprenne pas[8]. » Nourri des certitudes ou des réflexes acquis pendant ses études, convaincu que l'évidence qui lui saute aux yeux est perçue de la même manière par quiconque, celui qui a fréquenté de près la science en oublie parfois la longueur des chemins d'approche et leurs méandres. La rencontre de ces maîtres, qui n'étaient en rien des spécialistes de la science et qui bien sûr représentent la majorité des professeurs d'école, nous a rendus optimistes sur notre projet de rénovation. Nous le fûmes plus encore lorsque, dans bien des pays parcourus, les mêmes observations nous furent rapportées.

Nous n'en tirons aucune conclusion caricaturale et absurde, qui énoncerait que moins le maître connaît de science, meilleur sera son enseignement. Nous voulons simplement y lire une belle démonstration de la *fraîcheur d'esprit* nécessaire pour aborder la science et pour la partager. Dans son *Dialogue concernant les deux principaux systèmes du monde*, à trois personnages, Galilée nous introduit à cette confrontation entre le savant, le quidam et un médiateur : dialogue dans lequel le savant, cultivant la fraîcheur d'esprit sans *a priori*, se présente comme à l'écoute de la nature

8. *La Formation de l'esprit scientifique*, Vrin, 1938.

d'abord, des questions du quidam ensuite[9]. Bien des hommes avaient vu, avant Galilée, une lampe à huile, suspendue au bout d'une chaîne, osciller régulièrement sans s'en étonner, au sens que ce terme avait chez Racine – *être frappé du tonnerre*. Cet étonnement de Galilée dans la cathédrale de Pise le conduisit à comprendre la raison de l'oscillation (la pesanteur) et le facteur décidant de sa période (la longueur de la chaîne), comme les enfants peuvent le redécouvrir en classe (voir p. 41 et *infra*) : le principe de la pendule était né, il allait révolutionner l'horlogerie et la mesure du temps.

Ces maîtres nous ont dit : « Je me suis jeté à l'eau, et à ma grande surprise j'ai su nager ! »

Aborder autrement la science

Il ne nous paraît pas possible de conduire avec plaisir des classes de science sans que le maître ait fait lui-même l'expérience de son propre questionnement devant tel ou tel phénomène, tel ou tel objet. Comment lui faire, de l'intérieur, partager l'interrogation des enfants ? La question se pose avec acuité lorsqu'il s'agit de préparer les maîtres, en leur offrant quelques heures ou quelques jours de formation. Plutôt que de leur proposer un cours magistral, traitant d'un sujet du programme qu'ils auront à enseigner, nous recommandons la *mise en situation*. De quoi s'agit-il ici ? Par exemple, de leur proposer une question, associée à une expérience ou à une observation : *que va-t-il se passer si...* ? puis de les laisser explorer leurs hypothèses, leurs prédictions, argumenter entre eux, décider d'expérimenter, puis d'interpréter et de conclure. Le scientifique ou le formateur présent est le metteur en scène, il donne confiance aux acteurs, il guide vers une piste féconde, lève des objections, pointe les contradictions.

9. Ce principe du dialogue, déjà utilisé par Socrate, a de grandes vertus pédagogiques. Cécile de Hosson, didacticienne de la physique et l'une de nos partenaires, l'a joliment appliqué à la compréhension de la vision chez l'homme (*cf. Bull. Un. Prof. Phys. Chim.*, 98, n° 866).

Mise en situation de questionnement : un exemple

Des élèves enseignants sont, en IUFM, réunis autour d'un formateur au sujet de la question suivante : *dans certaines conditions, de l'engrais déposé en surface sur le sol se dissout dans l'eau de pluie, qui s'infiltre. Celle-ci ne peut-elle pas venir polluer les eaux souterraines ou les rivières ?*

Dans une première phase, les participants, mis dans la même situation que les élèves, vont avoir à mettre en œuvre une activité scientifique utilisant une démarche d'investigation dans l'esprit de *La main à la pâte*. Ils sont invités à se mettre par trois ou quatre et à écrire dans un cahier d'expériences. Ils sont informés qu'ils doivent raisonner avec leur niveau de connaissance et non avec celui qu'ils prêtent aux élèves.

La situation proposée est la suivante : *peut-on montrer par une expérience de simulation que de l'engrais (liquide ou en poudre) déposé à la surface d'un sol se retrouve dans les eaux souterraines, et comment ?*

Les participants se mettent alors à travailler en groupes. Chaque groupe expose le fruit de ses réflexions, reçoit critiques et conseils des autres, décide de la version finale de l'expérimentation qu'il a choisie et qu'il met en place (faire passer de l'eau pure et de l'eau avec engrais dans la terre, puis évaporer les deux filtrats). Les résultats, ainsi que les questions restées en suspens, seront alors présentés.

Dans une deuxième phase, les participants sont invités à échanger sur l'ensemble de la démarche et à réfléchir à la manière dont ils ont résolu la question posée ainsi qu'au contenu scientifique que celle-ci a révélé : *que faut-il savoir pour lancer l'expérience ? Quelles notions ont été abordées ? Quelles compétences développées ?*

La dernière phase consistera, pour les participants, à transposer cette mise en situation à celles qu'ils auront à initier dans les classes, tout en se souvenant que les expériences à faire devront être compatibles avec le programme et avec le matériel pouvant être réuni dans une école.

D'après *J.-M. Rolando*, IUFM, Bonneville.

Govind Kumar Menon, ancien ministre de la Recherche de l'Inde, et Nicolas Cabibbo, président de l'Académie pontificale des sciences, tous deux physiciens, pratiquent humblement une « mise en situation » à propos de la densité lors d'un colloque de cette Académie, en 2001, portant sur l'enseignement élémentaire de la science.

Une version extrême et passionnante de cette *mise en situation* est proposée par l'association Ébulliscience selon un concept développé par Yves Janin et Henri Latreille, partenaires de *La main à la pâte* depuis ses débuts. Nous sommes à Vaulx-en-Velin, dans le département du Rhône, dans une salle ouverte à tous, familles, enseignants et élèves. Des *complices* y proposent aux visiteurs de prédire, puis d'observer, des phénomènes apparemment très simples, de tester en expérimentant, enfin de proposer une explication de ce qu'ils ont observé. Par exemple, sur une planche inclinée roulent trois bouteilles en plastique, plus ou moins remplies de sable fin. Quelle est celle qui va rouler le plus rapidement ? Pourquoi affirmez-vous que c'est celle-ci, plutôt que celle-là ? Les complices se refusent à donner la réponse : des discussions passionnées s'instaurent, et, là encore, les enfants constatent que la science est d'abord un questionnement, de même nature que celui qu'ils pratiquent dans leurs classes *Main à la pâte*.

Nous avons cité Ébulliscience, mais nombreux sont les centres de culture scientifique, en France, qui se préoccupent de *donner à penser* au visiteur plus qu'à lui apporter un savoir ou des réponses toutes faites.

Parents, visiteurs et enfants s'interrogent sur une expérience,
sous l'œil d'un complice qui les encourage à chercher.
Salle *Ébulliscience*, Vaulx-en-Velin.

Des scientifiques auprès des maîtres

Avant *La main à la pâte*, deux mondes se respectaient mais s'ignoraient : celui des scientifiques (chercheurs, ingénieurs) et celui des instituteurs. Les premiers considéraient le plus souvent que le niveau des sciences enseignées à l'école primaire était si élémentaire qu'il ne méritait guère leur attention de savants[10] ; les seconds respectaient lesdits savants, mais les plaçaient dans un empyrée bien éloigné des cours de récréation. Tout au plus, tel parent d'élève, auréolé de son métier d'astronome ou d'informaticien, venait-il un jour dans la classe parler aux élèves de sa science, soulignant par contraste l'ignorance du maître. Nous avons pensé qu'il fallait briser ces barrières : pour restaurer la confiance des maîtres dans leur capacité d'enseigner la science, il fallait que des scientifiques les accompagnent, les aident à formuler leurs questions, les guident dans le choix du matériel ou des expériences. Mais, surtout, il fallait témoigner auprès d'eux de la nature même de l'activité scientifique et de ses résultats. En effet, certains enseignants estiment que la science possède des vérités absolues[11]. D'autres, peut-être plus nombreux, s'appuient sur les évolutions qui marquent son histoire pour en déduire que « tout est relatif »[12], une théorie succédant à l'autre, celle-ci comme celle-là n'étant que conventions commodes d'un moment sans réel contenu de vérité. La notion d'une vérité *se construisant mais toujours provisoire* n'est pas, convenons-en, facile à comprendre et à accepter.

Ces accompagnateurs furent, selon les circonstances locales, des élèves ingénieurs, des jeunes préparant leur thèse de doctorat, des chercheurs

10. Il fallut en 1996 quelques discussions, heureusement brèves, pour convaincre les membres de l'Académie des sciences que ce point de vue, que d'aucuns partageaient, n'était pas nécessairement légitime. Les premiers succès de *La main à la pâte* aidèrent à faire évoluer les opinions. N'avions-nous pas les exemples de ces grands découvreurs que furent Michael Faraday à Londres ou François Arago à Paris, qui l'un et l'autre au XIXe siècle avaient fait de la science un outil de libération pour le peuple (fort peu alphabétisé à l'époque) ?

11. *Cf.* le péremptoire commentaire, entendu fréquemment : *C'est prouvé scientifiquement !* énoncé comme synonyme d'une vérité absolue.

12. Appelant même Albert Einstein à l'appui de leur conviction !

ou des ingénieurs, actifs ou retraités – tous volontaires –, tous pratiquant ou ayant pratiqué, avec leur tête et leurs mains, une science ou une technologie bien vivante. Évidemment, cela ne pouvait être généralisé à toute la France : il n'y aurait jamais assez de ces volontaires pour accompagner les quelque 60 000 écoles du territoire ! Mais ce lien nouveau étonna, puis séduisit et aida puissamment à transformer la vision des scientifiques, et par rebond de la science, qu'avait le corps enseignant. Cette mise en contact, désormais établie, pose cependant un certain nombre de questions[13], de même qu'elle ouvre nombre de perspectives tout à fait nouvelles.

Un colloque national[14] sur l'accompagnement scientifique, organisé par quatre grandes écoles d'ingénieurs[15] s'est tenu à Paris en mai 2004 et a réuni scientifiques, ingénieurs, inspecteurs, formateurs et enseignants. Il s'agissait d'écouter celles et ceux qui pratiquent avec succès les rôles d'accompagnateurs et d'accompagnés, de bénéficier de leur expérience, de tenter d'établir des règles souples pour l'accompagnement (comme celle, par exemple, que l'accompagnateur ne doit en aucun cas "faire la classe" à la place du maître), de mettre en évidence les pièges possibles (hélas ! ils sont nombreux), de mettre en place un comité national de l'accompagnement et enfin d'écrire une charte[16].

Ainsi, le rôle des scientifiques auprès des maîtres se dessine comme complémentaire du soutien que leur apportent d'autres partenaires, tels les conseillers pédagogiques ou conseillers-sciences ou encore les formateurs issus des IUFM. Tout accompagnement se fait non "pour les enseignants,

13. L'une d'entre elles concerne évidemment les capacités de l'accompagnateur à se faire comprendre de l'enseignant. Certains étouffent ce dernier de termes techniques, d'explications ardues ou tout simplement confuses. Il en retirera une impression désastreuse : mieux vaudrait ne pas l'avoir « accompagné ».

14. Actes sur le site : http://www.ens.fr/astep

15. École nationale supérieure des arts et métiers (avec Philippe Planard), École supérieure de physique et chimie de la ville de Paris, Écoles nationales supérieures des mines de Nantes et de Saint-Étienne.

16. Celle-ci est consultable à l'adresse Internet suivante (http://www.inrp.fr/lamap/programmes/accueil.html) ou encore à (http://eduscol.education.fr/D0027/default.htm).

mais avec eux", comme l'a clairement exprimé Pierre Colinart, un chimiste qui depuis un certain nombre d'années aide les enseignants du primaire.

Nous verrons au chapitre VI comment l'outil Internet a permis de démultiplier cet accompagnement à l'échelle de la France, et même à celle d'une partie du monde.

L'accompagnement scientifique vu par un élève de l'École polytechnique

« Il faut bien expliquer en quoi consiste l'accompagnement – dans le cadre du stage *Main à la pâte* – aux enseignants rencontrés. Certains confondent ce rôle avec celui de divers intervenants (musique, anglais, sports...) qui prennent la classe en charge, comme c'est également le cas avec les échanges de services. Mon but était au contraire d'aider l'enseignant à développer et à améliorer l'enseignement des sciences dans sa classe, étant entendu que ces efforts se poursuivraient après mon départ. À ce titre, je pense que cette démarche, voulue par *La main à la pâte*, est préférable à la "secondarisation" de l'école primaire à laquelle on assiste actuellement (intervenants extérieurs, échanges de services) et qui comporte de mon point de vue trois défauts majeurs.

Tout d'abord, cela a tendance à spécialiser les enseignants du primaire, à les inciter à ne plus s'ouvrir aux matières qui ne figuraient pas dans leur formation initiale, ce qui nuit à l'approche généraliste du professeur des écoles. De plus, l'échange de services pose des problèmes dès qu'il y a des changements de professeurs dans les écoles : si un enseignant faisait les sciences depuis longtemps, que ses collègues s'y étaient habitués et ne se formaient plus, par conséquent, en sciences et qu'il venait à quitter l'école, cela poserait des problèmes à toute l'école. Enfin, j'ai pu constater à quel point toutes les "sorties de classe" (même pour aller dans une classe voisine) étaient coûteuses en temps.

Bien entendu, en termes d'efficacité, mieux vaut des échanges de services que pas de science du tout, mais ce n'est certainement pas l'idéal vers lequel il faut tendre. En revanche, les programmations de cycle sont très positives : elles permettent de renforcer le travail en commun des professeurs d'une même école et d'assurer une progressivité, une cohérence dans l'enseignement des sciences tout au long d'un cycle. Ainsi, on peut définir un format de cahier d'expériences unique pour tout un cycle afin de suivre l'évolution des traces écrites des élèves [...].

La science n'est pas un livre que l'enfant doit lire, il doit au contraire l'écrire en réalisant par lui-même des expériences. Ce point est très important car il contribue à former des citoyens, possédant un bon esprit critique et étant davantage à l'abri des préjugés. »

Extraits du rapport de stage de *Vincent Lebiez*, Promotion 2004.

L'aventure des *Graines de sciences*

En 1998, nous rassemblions pendant une semaine, dans le Var, huit scientifiques et une trentaine de professeurs des écoles, choisis pour leur formation explicitement non scientifique combinée à leur désir d'enseigner la science selon les principes que nous proposions[17]. Le but était d'explorer huit sujets de science, qui n'étaient pas nécessairement liés au programme que ces maîtres enseigneraient, pour en faire huit promenades prétextes à questionnement, observation et expérimentation : à propos du Soleil, de la forêt, des couleurs, des matériaux, etc. nous explorions ensemble un chemin. Inhabituel pour les uns comme pour les autres, couronné de succès, ce type de rencontre a été répété chaque année et a conduit à la publication annuelle d'un ouvrage (*Graines de sciences*[18]). L'originalité de cet ouvrage est d'être réellement écrit en commun, afin de garantir que les questions et leur mode de formulation y trouvent autant de place que les réponses. Qu'il nous suffise ici de citer quelques témoignages de professeurs participants, sollicités plusieurs années après.

Mécanique du choc — La lumière, comme la vague, est une onde

Graines de sciences à la Fondation des Treilles, Provence, 1998.

---

17. Il convient de citer celles et ceux, jeunes scientifiques, qui, à nos côtés, ont organisé et publié ces rencontres : J.-M. Bouchard, I. Catala, M. Jamous, D. Jasmin, B. Salviat, D. Wilgenbus.

18. *Graines de sciences*, Volumes 1 à 7, Le Pommier.

« ... l'image du savant... »

« ... Les scientifiques ont contribué à la disparition de l'image du savant isolé et tout-puissant. Une interdépendance des différents domaines de la science nous est clairement apparue d'un domaine des sciences à l'autre et avec des domaines, ici absents, telles que la philosophie et l'histoire des sciences... »

« ... La première observation, c'est la passion et l'enthousiasme qui portent les scientifiques eux-mêmes : je ne trouve cette "petite étincelle" que dans les yeux de mes élèves quand ils ont plaisir à faire, à apprendre [...]. La seconde, c'est de pouvoir côtoyer des scientifiques en toute simplicité, au quotidien, avec des temps conviviaux et des temps plus structurés dédiés aux échanges ; et de réaliser que la communication est non seulement possible, mais enrichissante pour les deux partenaires (*a priori* je voyais les choses "plus descendantes" ou transmissibles du scientifique à l'enseignant !) puisque nous nous sommes posé ensemble un problème d'écriture et de traduction de savoirs bien difficiles à communiquer... »

« ... Le principal intérêt de cette rencontre ? Une désacralisation du métier de chercheur et un sentiment d'accessibilité des sciences... »

Il nous semblerait intéressant que des ateliers de travail en commun de ce type se généralisent, car ils vont bien au-delà de ce que peuvent apporter une conférence, même excellente, une visite de laboratoire ou une démonstration dans un centre de culture scientifique. Ajoutons que rien n'interdirait d'y faire participer des parents d'élèves.

Écoutons quelques professeurs évoquer l'incidence de cette vision renouvelée de la science sur leur pédagogie.

« ... je travaille différemment... »

« ... Je travaille différemment maintenant, non seulement en sciences, mais dans l'ensemble de mes pratiques pédagogiques en classe [...]. J'ai adapté cette méthode d'enseignement aux mathématiques, à l'histoire et même à la géographie... »

« ... La méthode en sciences est devenue le point de départ de toutes les activités de ma classe ou presque [...]. J'ai étendu la méthode expérimentale aux autres domaines d'activités tant elle semble porteuse de sens et avoir des incidences sur la construction de l'intelligence [...]. Je donne une plus grande autonomie aux élèves... »

« ... Le questionnement des élèves est maintenant le point de départ de recherches, expérimentations et observations [...]. Je porte maintenant une plus grande attention aux apprenants pour avoir vécu la situation de l'intérieur... »

« ... De dépositaire du savoir, j'ai évolué vers la posture de guide, de personne ressources, qui oriente les élèves vers la construction de leurs propres savoirs... »

Enfin, certains enseignants ont, d'eux-mêmes, entrepris de développer ce mode d'accompagnement : « ... J'ai essayé de continuer une collaboration suivie avec les chercheurs en créant un comité scientifique avec des scientifiques locaux qui voulaient bien contribuer à apporter leur aide aux enseignants [...]. Ça m'a donné envie de mettre en contact les enseignants avec le monde scientifique et avec les chercheurs en particulier... »

Heureux de l'impact pédagogique que manifestent ces témoignages, nous ne ferons nôtre qu'en partie la proposition souvent entendue d'étendre à beaucoup d'autres matières la méthode d'investigation que sous-tend *La main à la pâte*. Ainsi, en histoire, les faits ne sauraient être redécouverts par les enfants !

Les femmes et la science

Les professeurs des écoles nous paraissent offrir un fidèle reflet de l'opinion que se font de la science beaucoup de Français : nimbée d'une aura, prestigieuse et précieuse, mais inaccessible et réservée à des spécialistes. Il nous semble avoir démontré que cette image peut changer, pour peu que l'on s'en donne les moyens.

Chacun de nous sait l'importance que garde, tout au long de la vie, la figure de l'instituteur. Si celui-ci parvient à changer sa propre vision de la science et des scientifiques, à l'apprivoiser, nul doute que son enseignement en porte aussitôt la trace. Et puisque plus de 80 % des professeurs des écoles sont des femmes, combien est-il essentiel que les fillettes qui leur sont confiées puissent trouver en elles un modèle qui ne leur fasse pas penser que « la science et la technique, c'est pour les garçons ». Une intéressante enquête montre la généralité de cet *a priori* dans bien des pays, et en corrélation inverse à l'état de développement du pays.

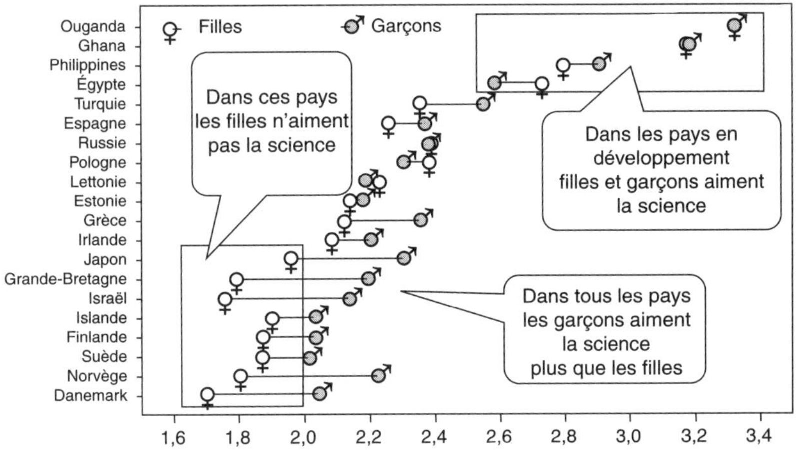

Réponses d'adolescent(e)s de 15 ans, qui se positionnent sur l'affirmation :
À l'école, je préfère la science aux autres sujets (4 = accord total, 1 = désaccord total), selon l'état de développement de leur pays.
Enquête ROSE (*Relevance of science education*)[19].

La remarque précédente est importante si l'on songe à la massive sous-représentation féminine dans les sciences et les techniques[20]. Alors que les jeunes filles sont nombreuses dans les sections scientifiques du baccalauréat et qu'elles y réussissent fort bien, leur nombre décroît brusquement à l'entrée au niveau supérieur. Cette situation est évidemment dommageable pour la science. En effet, par constitution peut-être, et surtout par raisons historiques et culturelles, il est sans doute vrai que l'intelligence analytique, les facultés d'invention, la perception du

19. *In* « Europe needs more scientists ». *Report by the high level group on increasing human ressources for science and technology in Europe*, sous la présidence de J.-M. Gago, Directorat XII, Commission européenne, 2004.

20. Cette navrante sous-représentation est encore plus forte dans les images mentales que dans la réalité : sur la façade de la bibliothèque Sainte-Geneviève, à Paris, est gravée dans la pierre une liste (rédigée en 1848) des huit cent dix-neufs penseurs, poètes, savants... qui ont marqué l'humanité depuis ses origines. On y compte quatre femmes !

réel... sans parler des intuitions d'ordre éthique, sont différentes, en moyenne, chez les hommes et chez les femmes[21]. On ne gagne donc jamais à masculiniser – ni bien sûr à féminiser – à l'excès un domaine de l'activité humaine. Et l'on peut, de la sorte, être assuré que la science souffre de cette sous-féminisation.

Dans les cas où cette désaffection des jeunes filles est "positive" (attrait plus grand vers d'autres métiers), il y a peu à redire, sauf à s'assurer qu'une information correcte a été bien donnée aux hésitantes. Mais, lorsqu'elle est négative (refus *a priori* d'aller plus avant dans des études de caractère scientifique « qui ne conviennent pas aux femmes »), il est impérieux de réagir avec force. Il n'est pas trop tôt de le faire dès l'enseignement primaire, avant d'y revenir au collège puis au lycée. Des informations doivent être largement diffusées sur d'éminentes réussites des femmes dans la science et dans la technique, une réflexion être lancée sur l'intérêt et la licéité d'actions spécifiques[22] comme la création de distinctions et de prix réservés aux femmes de science[23], toutes actions auxquelles la presse féminine devrait être la première à donner du retentissement.

Puisse l'école primaire – où nous avons si souvent, lors de nos visites de classes de science, décelé la remarquable aptitude des fillettes à la réflexion logique, pour ne pas dire théorique – faire naître chez elles l'envie d'exercer durablement les talents qui sont leurs !

---

21. On ne dira pas, ici, qu'en sciences les femmes sont « meilleures » ni qu'elles sont « moins bonnes », que les hommes, mais que, assurément, elles sont, en moyenne, « autres ». Nous ne prenons bien sûr pas ici parti sur le caractère inné ou acquis de cette merveilleuse altérité, mais pensons qu'il est désastreux de s'en priver.

22. C'est une idée parfois reçue que l'on ne doit pas distinguer les genres dans les divers types de notation, de sélection, de reconnaissance, d'évaluation... lors des études ou des activités ultérieures. Cette idée mérite pour le moins réflexion.

23. Il en existe de prestigieux comme ceux attribués chaque année conjointement par la société L'Oréal et l'UNESCO.

Adresse aux lycéennes

L'un d'entre nous (YQ) avait eu l'occasion d'adresser à des lycéennes un message dont les lignes suivantes sont extraites.

« "La République a besoin de savants", disait-on en 1794 lors de la création de l'École polytechnique et de l'École normale supérieure. "Notre monde a aussi besoin de savantes", ai-je envie de reprendre aujourd'hui en écho. Mon message à vous, jeunes lycéennes, est le suivant.

Vous avez, mesdemoiselles, autant de talent pour les sciences que vos camarades garçons. La réussite de vos anciennes qui font des études scientifiques en témoigne amplement.

Le nombre trop réduit de celles d'entre vous qui prennent la voie d'études scientifiques, et notamment des classes préparatoires, manifeste la survivance d'habitudes de pensée surannées : "les femmes ne sont pas faites pour la science", "les sciences sont desséchantes", "les métiers techniques sont réservés aux hommes", "la science coupe de la culture et éloigne de l'humanité"... Ne soyez pas soumises à ces stéréotypes.

La science est une superbe aventure dans laquelle chacun(e) peut trouver une voie originale, une ouverture au monde et à l'autre, et une manière d'œuvrer aussi bien pour élargir nos connaissances que pour améliorer le sort, ou diminuer les souffrances, de l'humanité. Ne biffez pas *a priori* cette aventure de vos pistes de réflexion.

Avant tout, mesdemoiselles, choisissez votre voie en double fonction de vos goûts et des perspectives que notre monde dessine. Mais, dans ces goûts, tentez de distinguer ce qui est profond de ce qui relève peut-être d'idées inconsciemment reçues. Et, quand ce choix sera fait, quel qu'il soit, suivez-le avec ardeur et trouvez-y, je vous le souhaite, épanouissement et joie. »

*

Il y a des évidences qu'il ne faut pas se priver de ressasser : on ne rénovera pas l'enseignement de la science sans le consentement et, mieux, l'adhésion des professeurs, truisme d'autant plus patent qu'elle est, pour beaucoup, au premier rang des mal-aimés.

Le consentement implique, comme condition nécessaire, que l'on ne craigne pas – comme inaccessible – la matière que l'on doit enseigner et que, au minimum, on la considère comme une parmi d'autres. Lorsque ce seuil – de non-répulsion – est atteint et que le professeur "s'est jeté à l'eau", alors il est frappant, et réjouissant, de constater combien souvent l'adhésion lui est donnée par surcroît : ces nombreux maîtres qui nous ont déclaré s'être mis à aimer les séances de science du seul fait de s'y être lancés, d'y avoir découvert l'ardeur des enfants et d'y avoir eux-mêmes goûté la joie de leurs propres découvertes avaient ainsi connu leur chemin de Damas.

Encore faut-il que tout soit fait pour que le désamour que suscite la science soit désamorcé, que soit illustré ce qu'elle a de vivant, de stimulant, et combien il peut être passionnant de la vivre de l'intérieur. Cela passe parfois par la rencontre avec un homme ou une femme de science, ou un ingénieur, ou un étudiant peut-être, mais le plus souvent par le contact avec un autre "converti" qui est souvent le meilleur des prosélytes. Cela peut aussi passer par l'apprentissage, et le rôle des IUFM doit ici être crucial.

Cela, surtout, devrait s'imposer s'il est vrai que toute activité de l'esprit humain mérite intérêt et au moins curiosité. Il est possible que la science, ou la musique, ou la grammaire... suscitent chez tel ou tel un profond ennui, et, à cela, on ne peut pas grand-chose. Mais au moins faut-il s'y être essayé et y avoir mis l'ardeur que l'on doit à tout ce qui participe, au plus haut niveau, à l'élaboration de la culture.

La science n'en ferait-elle pas partie ?

Chapitre VI

Le village planétaire

I'll put a girdle round the earth in forty minutes[1].
William Shakespeare

« Institutrice en France, dans un petit village de montagne possédant une école à classe unique[2], je me trouve à plusieurs kilomètres d'un collège, à plusieurs kilomètres d'une bibliothèque. Pour préparer mes leçons de sciences, je dispose d'un nombre limité de livres, et je n'ai guère, au quotidien, la possibilité de communiquer avec des collègues, pas de possibilité d'échanger, bref, c'est l'isolement. Grâce à la commune, je dispose depuis peu d'un ordinateur et d'une connexion au réseau Internet, ce qui m'a fait découvrir un autre monde. J'ai découvert le site Internet de *La main à la pâte* où je trouve un grand nombre de ressources, des possibilités d'échanges avec des collègues, des scientifiques, des formateurs, des possibilités de participer à des projets coopératifs, à des défis nationaux et internationaux. J'y ai appris qu'il y avait dans mon département un site Internet consacré aux sciences et, pas très loin de mon village, des collègues et des scientifiques prêts à m'aider. »

1. « J'entourerai la Terre d'une guirlande en quarante minutes », *Le Songe d'une nuit d'été*.

2. Il existe en France environ 5 600 écoles élémentaires à petit effectif où tous les enfants scolarisés, du CP au CM2, sont regroupés dans la même classe, avec un unique maître.

Internet, un outil exceptionnel

Recevoir aujourd'hui ce témoignage, parmi tant d'autres, conforte chez nous la décision qui nous fit parier, dès 1997 et avant beaucoup d'autres, sur ce prodigieux outil qui commençait à faire parler de lui : le réseau Internet[3]. Le philosophe Michel Serres prophétisait alors que s'annonçait un bouleversement des modes d'accès à la connaissance et de partage de celle-ci[4]. Un site Internet pouvait offrir tout ce qu'offre le livre (documentation, images), augmenté de la possibilité d'une constante mise à jour. Surtout, il allait permettre une communication rapide et peu coûteuse : celle des maîtres entre eux, celle des maîtres avec des scientifiques, rompant l'isolement, construisant peu à peu une vaste communauté virtuelle (terme consacré) d'échanges et d'autoformation qui bientôt s'étendra au-delà de la France. Modeste au début (moins de 10 %), la fraction des maîtres ayant accès au réseau et sachant l'utiliser, soit dans leurs écoles, soit chez eux, ne cessa de croître[5]. En 1998, nous chargions deux jeunes tout frais émoulus de leur doctorat, David Jasmin – physicien – et Isabelle Catala – biologiste –, de concevoir et d'ouvrir le site Lamap[6], qui n'allait cesser de se développer et de faire des émules en deçà comme au-delà de nos frontières. Disons d'emblée que nous ne souhaitions pas voir des échanges à distance se substituer au contact direct entre personnes, qui est toujours irremplaçable : le témoignage qui précède traduit parfaitement l'objectif que nous avons poursuivi.

3. Internet est né en septembre 1969, dans le cadre d'un projet de recherche (Arpanet) du ministère de la Défense des États-Unis. Il s'agissait alors de mettre en réseau des ordinateurs situés en des lieux différents, et de leur permettre d'échanger de façon simple des messages (*cf.* Éric Larcher, *Internet : historique et utilisation*, 1998, eric@larcher.com). Les chercheurs du CERN l'ont développé au bénéfice de la communauté scientifique, avant que son usage tous publics s'installe.

4. « Puisque partout, denses et dispersées, s'offrent les sources du savoir, le nouveau flux de l'acquisition, s'inversant, procède donc de la demande à l'offre et oblige alors cette dernière à s'adapter… On pressent le changement complet de l'enseignement, ainsi que de la fonction et du rôle de guide. » Préface de Michel Serres, *in Le Trésor, Dictionnaire des sciences*, Flammarion, 1997.

5. En 2005, en France, cette proportion approche 100 %. Au Sénégal en 2005, elle est inférieure à 10 %, mais en rapide croissance. Il y a fort à parier que ce que nous avons observé en France touchera rapidement tous les pays du monde (voir chapitre VIII).

6. Son adresse sur le réseau est : http://www.inrp.fr/lamap ou http://www.lamap.fr

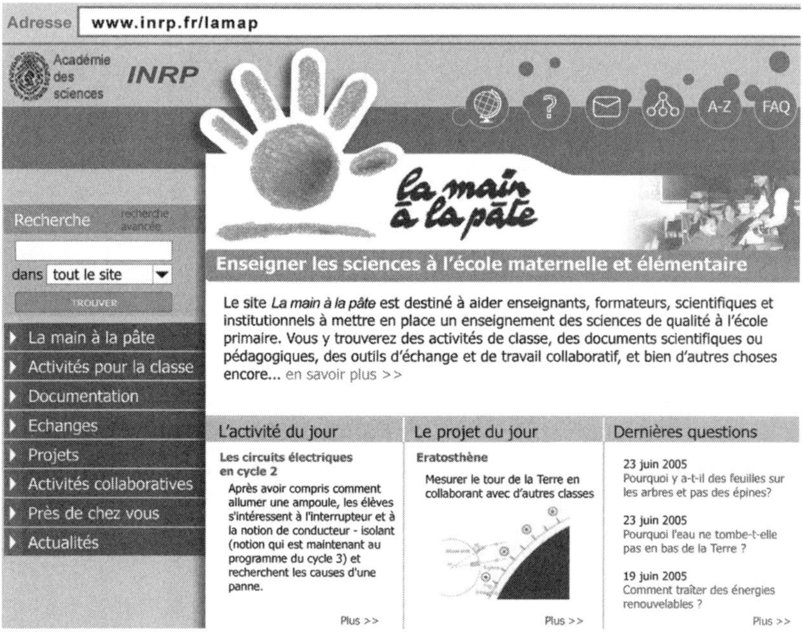

La page d'accueil du site *Lamap*.

Ce site est construit pour répondre à trois besoins des maîtres : avoir accès à des ressources de qualité pour conduire des classes de science selon les *dix principes* ; pouvoir interroger des scientifiques ou des pédagogues sur le contenu enseigné et la pédagogie employée ; échanger facilement entre enseignants pour confronter expériences, réussites et difficultés. Tout en étant cohérent avec les programmes, il ne prétend pas imposer une norme. Sa seule régulation consiste, bien entendu, en un contrôle des informations scientifiques qui y circulent.

Nous nous souvenons qu'il existe plus de 300 000 enseignants du primaire en France (voir Annexe I) et constatons qu'en 2005 notre site reçoit plus de 200 000 visites mensuelles. La rubrique la plus visitée est celle qui présente des activités pour la classe, montrant ainsi les besoins des maîtres (voir chapitre V). En outre, des formateurs, des chercheurs, même des

Un site en vive croissance

Depuis sa création en 1998, les enseignants sont toujours plus nombreux à utiliser le site Internet *La main à la pâte*. Cette augmentation n'a pourtant pas connu un rythme constant : après une phase de croissance exponentielle entre 1998 et 2001 (doublement du nombre de visiteurs chaque année : 16 000 en 2000, 33 200 en 2001), les consultations ont connu un véritable saut entre 2001 et 2002 (trois fois plus de visiteurs en une année), période qui correspond à la publication des nouveaux programmes de l'école primaire appliqués à la rentrée de septembre 2002 et très inspirés des acquis de *La main à la pâte*.

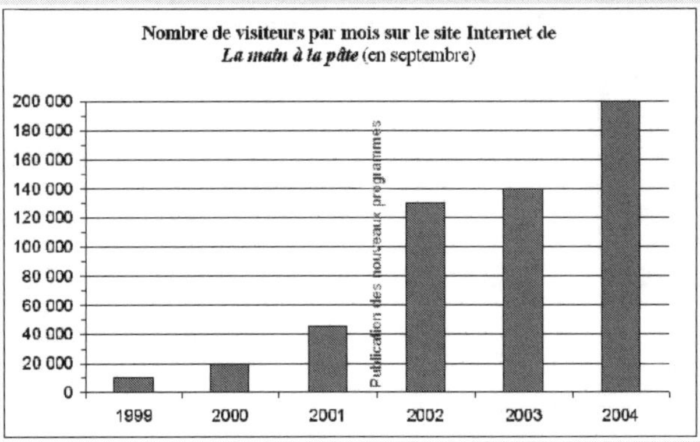

Fréquentation du site Internet national de *La main à la pâte*.

parents... et des élèves le fréquentent aussi, comme en témoignent les échanges sur la liste de diffusion et les questions posées sur le site. À notre surprise, le site est également très fréquenté (pour près de la moitié des connexions) par des enseignants et des élèves de collège (voir chapitre IX).

Des ressources multiples

L'essentiel des ressources concerne des activités pour la classe. C'est avec la création de ce site qu'ont été rendues publiques non pas des fiches d'activités ponctuelles comme on les trouve bien souvent dans les livres du maître, mais des modules qui sont des progressions complètes, accompagnant souvent des mallettes de matériel, que l'on peut trouver dans le commerce ou qui sont l'œuvre de créateurs dispersés. Ces modules peuvent durer plusieurs semaines sur un thème donné, respectant le parcours cognitif et l'élaboration de concepts par les enfants. Ils comportent de nombreuses informations sur les activités scientifiques possibles en classe, les expériences réalisables, le matériel requis et la façon de procéder dans la classe[7].

En 1997, la majorité des ressources proposées étaient constituées des documents venus des États-Unis et traduits (*cf.* chapitre I). Depuis, un éditeur et des industriels (les sociétes Jeulin et Pierron) ont commercialisé les documents et le matériel expérimental indispensable qui les accompagnait[8]. Parallèlement, des cédéroms (Odile Jacob Multimédia) ont été élaborés et diffusés pour la formation des maîtres. Sans doute de nombreux maîtres ne se seraient-ils pas lancés à nos côtés sans la disponibilité de ces outils pédagogiques, financés par le ministère et qui ont, par la suite, suscité de nombreuses innovations autonomes.

Ayant traduit ces ressources mises à la disposition de tous, nous avons rapidement fait appel aux enseignants français, qui ont peu l'habitude de publier et d'échanger la préparation de leurs leçons[9] : dès que possible des modules *made in France* ont été élaborés, dont le nombre et la diversité n'ont, depuis, cessé de s'accroître. Au début, certains enseignants, craignant de signer, s'identifiaient comme « anonymes » ; aujourd'hui, ils donnent leur nom et sont heureux d'être ainsi légitimement mis en valeur.

Par ailleurs, dès l'année 2000 s'est mis en place un réseau de sites Internet départementaux (Ariège, Pyrénées-Orientales, Haute-Savoie), sites également alimentés par des enseignants et qui exploitent ce que l'environnement local peut offrir à des leçons de science (la mer, la montagne, la fabrication du fromage, les engrais). Un moteur de recherche sur critères multiples per-

7. Rappelons ici que tout cela s'est fait en étroite coopération avec le ministère de l'Éducation nationale, à juste titre soucieux de voir respectés les programmes et acquisitions, définis par des instructions officielles, que les maîtres se doivent d'observer.

8. Jusqu'en 2005, 40 000 mallettes (*kits*) de matériel ont été vendues.

9. Il existait alors en France de bons livres du maître, que nous trouvions néanmoins trop éloignés de la démarche d'investigation.

met d'avoir, sur un thème donné et pour un cycle donné, toutes les activités proposées sur le site national et sur tous les sites départementaux qui lui sont reliés, permettant à l'enseignant d'y "faire son marché". La possibilité qu'offre l'édition sur Internet de mettre en ligne des films, des animations, des liens multiples avec tout ce qui se trouve aujourd'hui sur cette Toile planétaire va, bien sûr, au-delà de ce que peut offrir un livre.

Outre ces activités construites pour la classe, le site national, comme ses correspondants départementaux, fournit des documents scientifiques et pédagogiques d'usage général. La documentation pédagogique comprend des rubriques sur la démarche d'investigation, le rôle du maître, ainsi que des rubriques plus spécialisées comme celle relative au cahier d'expériences décrit au chapitre IV. La documentation scientifique ne se substitue pas aux multiples encyclopédies auxquelles un maître a accès ; elle est plutôt le reflet des questions qu'il rencontre sur son chemin de science.

Sur le site de la Haute-Savoie, des questions

« 1) Comment choisir le point de départ d'une activité scientifique ?

Que faire si les élèves ne se posent pas de question ?

2) Poser des "situations-problèmes" aux élèves est une idée séduisante, mais que faire lorsque les élèves ne trouvent pas ou n'ont pas d'idées ?

3) De la même manière, que faire lorsqu'un élève fournit immédiatement la solution à toute la classe (par exemple lors d'un débat) ?

4) Demander leurs hypothèses aux élèves est une idée intéressante. Mais alors on risque de se retrouver face à un grand nombre d'hypothèses différentes : faut-il toutes les vérifier, est-ce possible ?

5) Doit-il y avoir une expérience à chaque séance de science ?

6) Comment gérer au mieux le bruit, l'excitation, le dérangement qu'occasionne souvent une activité expérimentale ?

7) Les élèves ne savent pas travailler en groupes. N'est-il pas, dès lors, très difficile de faire des sciences ?

8) Comment organiser une mise en commun ? Faut-il que tous les groupes viennent tour à tour exposer ? »

Source : *Jean-Michel Rolando* http://gdes74.edres74.ac-grenoble.fr/article.php3?id_article=144

Un dialogue entre deux mondes

Si intense que soit l'engagement de scientifiques à accompagner des maîtres pour les réconcilier avec la science et son enseignement (voir p. 113), le nombre et la disponibilité des premiers ne suffiraient jamais à la tâche ; certains départements, plus ruraux, plus isolés, tel celui de notre correspondante citée en tête de chapitre, ne pourraient jamais bénéficier de cette proximité.

Les consultants scientifiques sont des scientifiques dits de "haut niveau" qui ont accepté de répondre par courrier électronique, rapidement et en termes simples, à des questions comme celle-ci : « Je me suis livrée à une expérience de solidification, dans mon congélateur, de différents liquides (huile, sirop pur et eau salée) pour préparer d'éventuelles demandes de mes élèves. Pouvez-vous m'apporter des explications quant à la non-solidification de l'huile et du sirop pur ? D'autre part le glaçon d'eau salée s'est disloqué en fines lamelles, pourquoi ? » Ou encore : « J'ai lu une définition : "LIQUIDE : Qui coule ou qui tend à couler. État de l'eau qui n'a pas de forme propre." Je m'interroge à propos de cette définition. En effet ne peut-on pas dire aussi : le sable coule, je le verse... Le sable non plus n'a pas de forme propre. Comment répondre à l'objection ? Comment préciser la définition d'un liquide au niveau de la grande section de maternelle ? » On retrouve ici la recherche de précision qui caractérise le langage de la science (*cf.* chapitre IV).

Les consultants pédagogiques, complément indispensable des précédents, sont sollicités par des questions telles que : « Pourquoi les enfants ne comprennent-ils pas les expériences sur l'évaporation et la condensation ? » Ou : « Est-il acceptable de laisser dire qu'un volcan est vivant ?... Comment les plantes se nourrissent-elles ? » Ou encore : « Les représentations de la reproduction qu'ont les enfants sont-elles toujours les mêmes, quel que soit l'âge ? » Ces questions font appel à la compréhension, qui n'est pas simple, des processus par lesquels l'enfant se représente progressivement le monde qui l'entoure, en entrant pas à pas dans les représentations construites par la science. Elles demandent des réponses de spécialistes[10].

Ces questions sont reçues par les modérateurs du site[11]. Si elles sont pertinentes, ils en traitent environ 80 %, les autres étant envoyées aux consultants[12]. En 2004, 3 900 nouvelles questions ont été posées (contre environ 3 200 en 2003). Sur ce nombre, 502 ont été transmises aux consultants scientifiques ou pédagogiques. En principe, à peine plus de 72 heures après avoir posé sa question, l'enseignant reçoit une réponse qu'il peut, si besoin est, exploiter avec sa classe. Lorsque la question est envoyée au réseau de consultants scientifiques, il arrive parfois que plusieurs scientifiques répondent, proposant des éclairages différents et intéressants. Les scientifiques, souvent éminents, qui acceptent de rendre ce service nous ont fréquemment fait part de leur vif intérêt pour ces questions “naïves” qui, parfois, les conduisent à s'interroger eux-mêmes sur leur vision du problème posé.

La vapeur d'eau : échanges entre enseignants et scientifiques

Question de l'enseignant : *Dans le cadre de manipulations sur l'eau, nous avons fait de la vapeur en faisant bouillir de l'eau. Expérience on ne peut plus simple, mais qui fascine toujours les enfants de six ans. Lors de l'élaboration du compte rendu, les enfants verbalisent ce qu'ils ont vu et illustrent les étapes de l'expérience. À un moment les enfants ont voulu écrire : « La vapeur s'échappe et disparaît dans l'air. » Cette dernière remarque me gêne, car après avoir tenu un verre au-dessus de la vapeur, les enfants ont constaté qu'il y avait condensation. Peut-on dire plutôt que « la vapeur disparaît dans l'air » ?*

---

10. Chacun a présents à l'esprit les exemples classiques : celui du jeune enfant qui ne peut se "représenter" les antipodes où l'on devrait nécessairement tomber ; ou encore l'air qui, invisible, ne peut pour lui exister.

11. Le *modérateur* désigne la personne qui est le point de passage obligé des messages reçus, soit pour qu'ils reçoivent une réponse immédiate, soit pour qu'ils soient réorientés, soit pour les rejeter. Une liste de diffusion *modérée* est une liste d'échanges entre abonnés à la liste, mais dont les échanges passent par un modérateur.

12. En 2005, il existe 80 consultants scientifiques et 150 consultants formateurs, tous issus d'horizons géographiques et universitaires divers. Plus de 1 500 échanges sont archivés dont plus de la moitié traitent de science, le reste de pédagogie.

Réponse du consultant Jean-Louis Basdevant* : *Les enfants ont du bon sens. La vapeur « disparaît » effectivement ; c'est-à-dire qu'on ne la voit plus, elle ne « paraît » plus. La vapeur d'eau est un gaz d'eau qui se mélange à l'air et qu'on ne voit pas (comme on ne voit pas le parfum qu'on sent dans l'air, alors qu'il a une couleur dans son flacon). L'eau, ainsi mélangée à l'air, peut réapparaître sous forme de gouttelettes de liquide, comme dans les nuages ou en se condensant sur votre verre, si les conditions s'y prêtent, par exemple s'il fait froid.*

Réponse du consultant Martin Shanahan* : *Je pense que vous pouvez suggérer le concept de « concentration » ou de « dilution » : la vapeur devient de plus en plus « dispersée » dans l'air et donc « rare ».*

Commentaire de Jean-Louis Basdevant : *D'accord avec ce que dit Martin Shanahan. L' « apparence » est d'ailleurs une chose importante en physique. « Disparaît » ne veut pas dire « n'existe pas ».*

Réponse de Jean Matricon* : *Je propose : la vapeur passe dans l'air, où elle est invisible, de la même façon que lorsqu'on dissout un morceau de sucre dans un verre d'eau, il passe dans l'eau et on ne voit rien. L'utilisation du verbe « disparaître » est néanmoins parfaitement correcte : disparaître = ne plus être vu ou visible (dictionnaire* Robert*).*

* Jean-Louis Basdevant était alors professeur à l'École polytechnique, Jean Matricon l'a été à l'université Paris-VII, Martin Shanahan est directeur de recherche au CNRS.

Parfois, l'enseignant déclare ne pas comprendre certains mots (par exemple, un enseignant demande ce que signifie *structure en trémie)*, parfois, l'échange suscite une question de la part d'un autre enseignant. Un dialogue s'instaure alors *via* Internet entre enseignants et scientifiques. Par exemple, à la question citée plus haut et portant sur la fluidité du sable, quatre scientifiques répondent sans être tous d'accord entre eux. Ayant lu un article sur « *l'état énigmatique du pâté de sable* », l'enseignante relance alors le débat ; les scientifiques se mobilisent à nouveau... Plus tard enfin, cette enseignante répond aux questions d'une collègue débutante qui souhaite travailler avec le sable avec des enfants de cycle 1.

Cette forme originale de relation à la science et à sa pédagogie a rencontré un grand succès, si grand que le site est abondamment consulté par beaucoup d'enseignants de collège, pourtant spécialistes d'une discipline, contrairement à la majorité des professeurs des écoles.

Le rêve de Célestin Freinet

L'instituteur Célestin Freinet rêve d'une école qui soit libre, voire libertaire, où l'initiative soit rendue aux maîtres et la créativité aux enfants[13]. Dès 1924, Freinet introduit une *imprimerie* dans sa classe rurale de Bar-sur-Loup, y créant le "livre de vie", puis entreprend en 1926 une correspondance avec un enseignant de Bretagne et sa classe. Il crée ensuite une "coopérative d'entraide pédagogique" dont la revue *L'Imprimerie à l'école* met en place un réseau de "livres de vie", composés et imprimés par les enfants des écoles. Les idées de Freinet lui survivront, sous la forme d'un mouvement d'instituteurs militants qui ne cessent d'œuvrer pour une école ouverte. Ces militants sont parmi les premiers à reconnaître l'étroite parenté de *La main à la pâte* avec leurs idées, ils en seront souvent de fervents promoteurs, tandis que *La main à la pâte* saura reconnaître l'héritage de ce pédagogue hors du commun et l'action de ses disciples.

Le site Internet met en œuvre l'école coopérative à une échelle que Freinet n'avait pu imaginer pour son *imprimerie*. Dès le début de 1998, une liste de diffusion[14] a été ouverte qui regroupe aujourd'hui plus de 1 600 maîtres abonnés[15]. Cette liste a pour objectif de faciliter la communication entre les enseignants qui pratiquent des sciences en classe, d'être un lieu de réflexion, d'échanges, de propositions pour les enseignants intéressés par les sciences et de favoriser un travail coopératif pour l'élaboration d'un enseignement scientifique incluant une expérimentation par les élèves.

13. « L'école de demain sera centrée sur l'enfant membre de la communauté. C'est de ses besoins essentiels, en fonction des besoins de la société à laquelle il appartient, que découleront les techniques – manuelles et intellectuelles – à dominer, la matière à enseigner [...] les modalités de l'éducation. » Célestin Freinet, *Pour l'école du peuple*, 1946.

14. On appelle *liste de diffusion* un ensemble d'adresses de courrier électronique qui reçoivent chacune les messages qui sont adressés à la liste. Chaque abonné à la liste peut donc écrire à tous les autres simultanément, soit sans filtre, soit en passant par un *modérateur* qui juge de la légitimité du message proposé.

15. Ce nombre d'abonnés est à comparer à celui de la très active "liste Freinet" qui comportait, en février 2005, environ 600 abonnés. Sur la liste Lamap, environ 50 % des abonnés interviennent (enquête de Pasquale Nardone, professeur de l'université libre de Bruxelles, effectuée à l'INRP 2001), alors que le taux de participation sur des listes aussi spécialisées tourne en général autour de 20 %.

Sont inscrits à cette liste non seulement une majorité d'enseignants, mais aussi des formateurs, des enseignants étrangers et quelques scientifiques. La liste est "modérée", près d'un tiers des messages reçus étant jugés comme ne relevant pas de son propos et n'y paraissant pas.

Une discussion passionnée sur les poissons

Une enseignante de Meaux s'interroge sur le classement des animaux marins : comment est-il possible d'organiser les différentes familles (poissons, cétacés, mollusques) les unes par rapport aux autres ? Le terme de *poisson* suscite une très longue et vive discussion : l'un mentionne la classification phylogénétique, qui n'introduit pas le terme *poisson* : selon celle-ci, le terme est scientifiquement incorrect et ne serait bon que pour la cuisine. D'autres mentionnent l'opération de *tri* entre animaux différents, qui permet d'utiliser le terme *poisson* et qui conduit à développer le sens de l'observation. Une discussion s'engage sur ces deux « modes de classement », et des arguments forts sont développés en faveur de la classification phylogénétique. Mais alors, certains abonnés à la liste, convaincus de la nécessité d'introduire cette classification plus correcte, se demandent que dire si l'on n'utilise plus le terme *poisson* ?

Question brûlante de bougie

Une enseignante a fait brûler une bougie d'anniversaire (fixée sur un bouchon en liège) dans une assiette contenant de l'eau et sur laquelle avait été retourné un verre. Elle constate qu'avec une bougie allumée le niveau de l'eau s'élève et qu'avec quatre bougies le niveau de l'eau s'élève presque *dix* fois plus qu'avec une seule bougie. Pourquoi ?

Là, plus de quinze personnes échangent sur la liste : les uns insistant sur la nécessité d'identifier les paramètres qui peuvent agir sur le phénomène, les autres faisant l'expérience en essayant de mieux expliciter ses conditions expérimentales, d'autres... Une liste impressionnante de paramètres jaillit, et il ressort que, deux siècles auparavant, le chimiste Antoine de Lavoisier (1743-1794) avait déjà étudié le problème et indiqué qu'il était impossible d'en prévoir le résultat pour de nombreuses raisons dont celle-ci : il est impossible de connaître la quantité d'air qui est intervenue dans cette expérience, car il se dilate pendant le temps de la combustion et il s'échappe en quantité notable sous les bords du verre[16].

16. L'illustration qui suit est extraite de l'ouvrage fameux *Les Récréations scientifiques*, G. Tissandier, Masson, 1888.

D'autres s'interrogent alors sur la pertinence de cette expérience, compte tenu des nombreuses barrières difficiles à franchir aux âges concernés. Par leurs simples échanges, ces maîtres ont ainsi pris conscience du "jeu" collectif et questionnant de la science ! Voici une expérience apparemment simple, dont l'interprétation l'est moins, tant que l'on n'a pas pu identifier clairement les paramètres qui la régissent (caractère hermétique ou non du joint d'eau, échanges de chaleur).

Devant l'augmentation considérable du nombre de visiteurs, du nombre de ressources (plus de 7 000 pages) et des services proposés, *La main à la pâte* a ouvert en 2005 un site Internet rénové, qui fait appel aux outils modernes d'indexation et de gestion dynamique des bases de données[17]. Nous y avons notamment développé un véritable *environnement de travail à distance* destiné à favoriser le travail coopératif entre enseignants, for-

17. Cette rénovation a été rendue possible grâce à une contribution majeure de la *Fondation Altran pour l'innovation*, qui a mis à la disposition de *La main à la pâte* des informaticiens de haut niveau pendant une durée substantielle et que nous remercions vivement.

mateurs et scientifiques d'une part, la production de ressources nouvelles d'autre part. Chacun peut, avec l'aide d'un modérateur, créer et animer des projets qui s'appuient sur des communautés virtuelles, ou demander à participer aux projets en cours. Les membres d'un même projet disposent de leur propre environnement privé, qui leur permet d'échanger des documents *via* un partage de fichiers sur le site, d'entrer en contact les uns avec les autres grâce à un annuaire et à une liste de diffusion, d'organiser des séances de travail ou des événements grâce à un agenda. Chaque projet est géré par la personne qui l'a créé ; celle-ci dispose d'outils simples pour visualiser l'activité du projet, gérer les inscriptions, les échanges, les fichiers hébergés. Elle peut, à tout moment, faire appel à un modérateur pour l'aider dans sa tâche ou pour demander une expertise sur les documents produits. Le modérateur met alors en place un comité de lecture, constitué de consultants scientifiques et pédagogiques qui souhaitent aider les enseignants à produire des ressources pour la classe.

Nous espérons contribuer ainsi à une création pédagogique, non nécessairement marchande, qui soit de qualité. Cette pratique s'inspire de celle mise en œuvre dans certaines revues où se publie la science en marche, mettant en jeu la collaboration, la critique collective, la relecture indépendante et le dialogue permanent avec les lecteurs.

Projets coopératifs et défis

Pour certaines actions très spécifiques, Internet permet de faire travailler ensemble non seulement les maîtres, mais aussi les enfants. C'est ainsi que *La main à la pâte* met en place et anime des projets collaboratifs entre des classes de France et d'autres pays (*cf.* chapitre VIII). De la sorte, l'universalité de la science se manifeste au travers des phénomènes proposés à l'étude des enfants, tandis que la diversité des cultures apparaît dans la richesse multiple des descriptions, des images, des procédés ou des matériaux utilisés. L'échange qui en résulte témoigne de cette diversité aux yeux de chacun, l'enrichissant par là même et donnant, par exemple, à des enfants distants de milliers de kilomètres la joie intense de procéder à une mesure collective, comme celle du rayon de la Terre.

Nous donnons ci-après trois exemples de ces mises en commun coopératives.

Sur les pas d'Ératosthène

Depuis septembre 2000, des centaines de classes françaises et étrangères de cycle 3 et de collège participent à un projet international et coopératif organisé par *La main à la pâte*, permettant de mesurer la taille de notre planète à l'aide d'un bâton et de la connaissance d'une distance. Reproduisant ainsi l'expérience historique du savant grec Ératosthène, ils doivent mesurer la longueur de l'ombre d'un bâton vertical (appelé aussi *gnomon*) à midi, au soleil, le jour du solstice d'été et, en échangeant sur Internet leur résultat avec un partenaire situé à une latitude différente mais à une distance connue, ils obtiennent par un calcul simple – en fait une règle de trois – la circonférence de notre Terre.

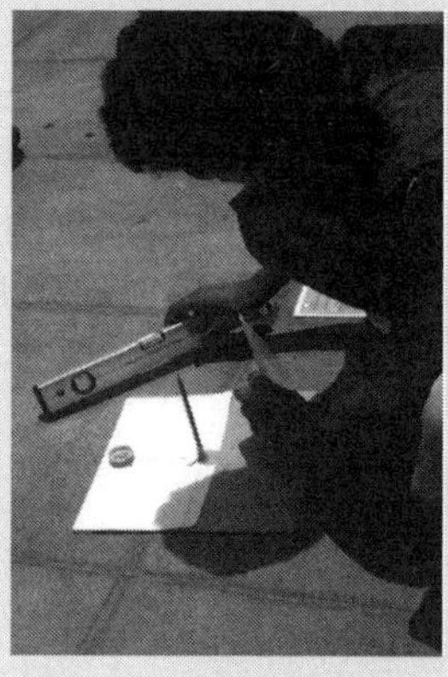

Le 21 juin 2003, devant la *Bibliotheca Alexandrina*, à l'endroit même où Ératosthène mit en œuvre cette méthode il y a vingt-cinq siècles, de jeunes Égyptiennes et Égyptiens mesurent la longueur d'une ombre.

Cette mesure est l'aboutissement d'un enseignement progressif au cours duquel les élèves sont conduits à découvrir, au fil des observations et des expériences, des notions scientifiques simples, telles que la verticalité, la comparaison des angles, la nature des ombres et leur relation avec les sources lumineuses, la trajectoire apparente du Soleil dans le ciel au cours du jour ou de l'année et sa relation avec les saisons, enfin la forme de notre planète.

Dans ce premier exemple, l'accent est mis sur l'importance de la précision dans les mesures. Le module pédagogique, en constante référence aux programmes scolaires, leur permet d'aborder d'autres disciplines telles que : la technologie (réalisation d'instruments : niveaux à bulles, gnomons, quart de cercle), la géographie terrestre (le repérage dans un plan et sur une sphère, les points cardinaux, le planisphère) et l'histoire de l'Égypte ancienne. Il participe également à l'apprentissage et à la maîtrise progressive de la langue française, grâce notamment à l'importance accordée aux comptes rendus d'expériences et aux discussions entre élèves.

Par la correspondance scolaire, l'occasion est donnée aux jeunes élèves de pratiquer une langue étrangère dans leurs éventuels échanges avec des classes partenaires. On notera à ce propos que des échanges de ce type donnent aux enfants une motivation très forte pour se faire comprendre dans une autre langue, donc pour l'utiliser comme il est désormais prescrit à l'école primaire. Ainsi, sur une vidéo du cédérom accompagnant le livre *Sur les pas d'Ératosthène*[18], une classe française regarde une vidéo tournée à Nouakchott (Mauritanie) au cours de laquelle les enfants mauritaniens mesurent l'ombre d'un gnomon. Les enfants français remarquent alors, sur cette vidéo, que les enfants africains sont peu habillés (donc il fait chaud) et que l'ombre mesurée d'un bâton de 2 mètres est très courte : 2 millimètres, ce qui s'explique par la position géographique de la Mauritanie. Ils peuvent ensuite comparer avec les mesures d'ombre réalisées à Stockholm, ce qui leur permet de réfléchir aux climats et aux modes de vie différents.

Sur les pas d'Ératosthène a récemment pris une dimension résolument internationale grâce à la mise à disposition, sur la Toile, de protocoles d'échange multilingues (en anglais, espagnol, allemand, arabe, italien). Au total, ce sont en 2005 près de cent écoles qui se relaient chaque année tout autour du globe pour reproduire les observations et les mesures du savant d'Alexandrie. En 2003, comme en 2002, une centaine de mesures furent

18. Huguette Farges, Emmanuel di Folco, Mireille Hartmann, David Jasmin, *Mesurer la Terre est un jeu d'enfant. Sur les pas d'Ératosthène*, Le Pommier, 2002, ouvrage destiné notamment aux maîtres et aux parents.

pratiquées dans des classes. 90 % d'entre elles affichèrent des résultats proches de la valeur réelle de la circonférence (40 000 km), alors qu'une petite minorité aboutit à des valeurs moins exactes (voir figure). Quels que soient leurs résultats, les élèves ont apprécié « d'étudier l'histoire de la Terre », « de faire souvent des relevés », « de fabriquer les niveaux à bulles, les fils à plomb, les équerres... », « de mesurer les angles », « d'utiliser un rapporteur », « de devoir être très précis », « de faire beaucoup de choses ! ».

Mesurer la Terre est un jeu d'enfant!

Pendant les années scolaires 2002-2003, puis 2003-2004, vingt-cinq classes (en abscisses) de pays différents ont, de façon nécessairement coopérative, mesuré la circonférence de la Terre (en ordonnées) par la méthode d'Ératosthène Voici leurs résultats, remarquablement concentrés autour de la valeur exacte (40 000 km).

David Jasmin, 2005.

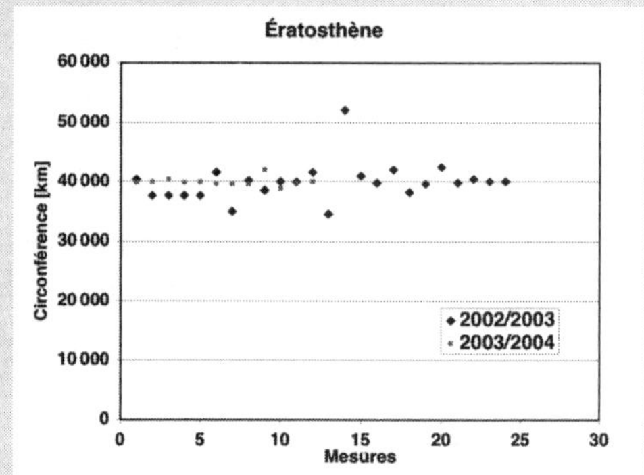

L'Europe des découvertes

D'Archimède à Einstein, l'Europe est le berceau de grandes découvertes scientifiques. Lancé en 2002, le projet *L'Europe des découvertes* propose à des classes d'élèves de 8 à 14 ans de participer à la création d'une petite encyclopédie des grandes découvertes scientifiques européennes et de retracer ainsi l'histoire des fondements de la science moderne, par exemple la pasteurisation pour la France, la pile électrique pour l'Italie, l'hygromètre à cheveu pour la Suisse.

Au cours de ce projet, les élèves ont à effectuer une recherche documentaire sur une grande découverte ou invention scientifique de leur pays, à reproduire le phénomène dans leur classe en utilisant le matériel disponible localement et à échanger leurs résultats avec les autres classes engagées dans le projet. Ce travail s'effectue par le biais d'Internet[19]. Le compte rendu de leurs recherches documentaires et de leurs expériences est mis en ligne par (ou avec) les élèves, constituant ainsi une encyclopédie rédigée par eux dans leur propre langue. *La main à la pâte* travaille actuellement à une extension de ce principe pédagogique, qui associe étroitement et avec rigueur science, récit et histoire ou géographie. L'ouvrage *Marco Polo ou la Route du savoir*[20] suivra ainsi, dans ses voyages, le Vénitien Marco Polo, tandis que des collaborations avec la Chine et l'Égypte exploitent, sur le même principe, les voyages du Chinois Zhang He ou de l'Arabe Ibn Battouta.

Des défis internationaux de "technologie"

Grâce à de nouvelles plates-formes informatiques où l'utilisateur peut visualiser en temps réel et en parallèle des vidéo-films transmis de lieux différents, *La main à la pâte* a mis déjà en place quatre *défis* internationaux entre classes de pays différents qui, simultanément et devant une caméra (*webcam*), vont relever le même défi. Ces confrontations internationales, joyeuses et attentives, étaient évidemment l'aboutissement, dans ces classes, d'un long travail des élèves, mettant peu à peu en place les éléments de compréhension scientifique ou technique de leur réalisation.

Voici quelques exemples de ces défis :

– concevoir, fabriquer et faire déplacer un véhicule de manière autonome sur un plan horizontal, sans utiliser un moteur à combustible ou à énergie électrique (Argentine, Brésil, France, Uruguay) ;

– concevoir et fabriquer à l'aide de papier, bristol, trombones, ficelle, ruban adhésif, un pont isolé d'une hauteur minimale de 50 cm et capable de supporter une charge déterminée (Belgique, Espagne, France) ;

– réaliser, avec cent pailles et cent trombones, une structure qui soit le plus haute et le plus solide possible (Brésil, Canada-Québec, ColombieÉgypte, France, Maroc) ;

19. Devant le succès rencontré les premières années du projet (plus d'une centaine de classes réparties dans dix-huit pays différents), la Commission européenne a décidé de soutenir la publication d'un livre et d'un cédérom qui, à travers des exemples concrets, montrent comment relier histoire des sciences et activités expérimentales en classe (collectif sous la direction de David Jasmin, *L'Europe des découvertes*, Le Pommier, 2004).

20. David Jasmin, Hélène Merle, Valérie Munier. *Marco Polo ou la Route du savoir*, Hatier, À paraître en 2006.

– construire, à l'aide d'une liste de matériel, un dispositif pour protéger un œuf « qui devra être lâché depuis une hauteur de 2 mètres et survivre à un atterrissage » sans craquelure. L'arrivée sur le sol de Titan, satellite de la planète Saturne, le 14 janvier 2005, de la sonde européenne *Huyghens* devait faire face à un problème similaire à l'objet de ce défi (Brésil, Canada-Québec, Chili, Colombie, Espagne, France, Maroc, Serbie).

Médiateur, un métier[21]

Ces usages de l'outil Internet dans *La main à la pâte* nous ont conduits à réfléchir plus largement sur la relation entre notre société et la science qui se fait, ses acteurs, ses découvertes. Comme à beaucoup d'autres qui se posent des questions semblables, il nous est apparu qu'un nouveau métier s'imposait progressivement dans le sillage de la science et de la technique, tout particulièrement pour les relations avec le monde des professeurs : un métier de médiateur, personnage qui ne soit ni professionnel de la science ni face aux élèves, mais plutôt passeur, ambassadeur, voire béquille ! Précisons ici quelques-uns de ses traits.

Bien souvent, une de nos "marques de fabrique" a consisté à mettre en place des *réseaux de terrain* composés de personnes-ressources, d'étudiants scientifiques et de formateurs IUFM qui accompagnent les enseignants tout au long de l'année. La formation n'est plus réduite aux stages, mais se poursuit dans les classes, jusqu'à ce que l'enseignant dispose d'assez de confiance en lui et d'expérience pour se lancer seul, pour *voler en solo.*

Pour fonctionner pleinement, le *réseau de terrain* a besoin d'être orchestré par des personnes qui soient à même de faire le lien entre les différentes communautés : il peut s'agir d'un enseignant-formateur, ou d'un inspecteur à compétences scientifiques, ou d'un formateur IUFM en sciences. Nous avons observé combien ce dispositif, à géométrie variable,

21. Les lignes qui suivent témoignent de l'expérience de toute notre équipe, mais tout particulièrement de celle des deux médiateurs que sont David Jasmin et David Wilgenbus.

a fait ses preuves dans de nombreuses circonscriptions, et en particulier dans les centres pilotes (voir p. 148). Son efficacité et sa pérennité reposent sur divers facteurs institutionnels ou conjoncturels, mais également sur la qualité de ses animateurs.

Or, en dépit de louables efforts officiels, il est illusoire d'espérer que de tels dispositifs, au vu de leur coût, puissent être étendus à l'ensemble du territoire[22]. C'est alors que l'utilisation d'Internet permet de délocaliser, d'amplifier, d'étendre sans frontières ce système d'aide et de suivi, donnant aux accompagnateurs et accompagnés, en particulier à ceux qui ne bénéficient localement d'aucune aide, de progresser ensemble et de partager leurs savoirs.

À la croisée de différents champs disciplinaires, de différentes cultures, de différents modes de communication, un nouveau métier semble émerger qui répond à un véritable besoin, peut-être même à une nouvelle définition de l'école et de son rapport à la société. Pour avoir anticipé de quelques années l'avènement de l'Internet éducatif, *La main à la pâte* a maintenant une expérience qui lui permet d'ébaucher les quelques *figures* de cette nouvelle profession, telles que présentées ci-dessous.

De nouvelles fonctions

Entremetteur : tout réseau se cristallise autour d'une idée, d'objectifs et de valeurs partagés. Celui de *La main à la pâte* n'y échappe pas, ses membres partageant une vision de l'école ouverte vers l'extérieur, une valorisation des apprentissages actifs, une approche empirique et expérimentale de la connaissance du monde, le choix de la démarche d'investigation pour favoriser le développement intellectuel, langagier, social et citoyen de l'enfant. Le médiateur décline ainsi une culture de l'entraide, de la gratuité, de l'écoute, de la réciprocité, qui passe par un libre partage des ressources produites dans la collectivité, l'élaboration de projets collaboratifs autour des sciences, une liberté de ton dans les débats. Cette mise en relation, réelle ou virtuelle, constitue une des principales tâches de l'animateur. La connaissance et les compétences existent ; il suffit souvent de savoir les trouver et de les mettre alors en relation.

22. Cette observation, déjà valable pour la France, l'est combien davantage pour des pays plus vastes et moins riches que notre pays. La *formation à distance* est pour ceux-ci un outil essentiel (*cf.* chapitre VIII).

Plus la communauté est grande, plus les cloisons sont perméables, plus sa tâche sera facile. Érodant la stratification hiérarchique, professionnelle et géographique, il facilite les contacts et les rapprochements.

Médiateur : doté d'une double compétence scientifique et pédagogique, il assure la fluidité des échanges entre deux mondes, car, si l'enseignant manque parfois de culture scientifique, il n'est pas rare qu'un scientifique soit victime d'analphabétisme pédagogique, en particulier pour le primaire dont il n'a généralement l'expérience qu'à travers son histoire personnelle et ses souvenirs d'enfant ou son histoire personnelle de parent ou de grand-parent.

Vigie : l'animateur de réseau assure une veille sur les projets réussis, qui sans lui resteraient méconnus, sur les échecs qui doivent servir de leçon ; il met en forme et diffuse ces informations.

Béquille : il est au service de la communauté, il tente de répondre à toutes les questions ou demandes qui lui sont adressées. Il peut s'agir de questions scientifiques, pédagogiques ou techniques ; il peut répondre directement, renvoyer vers des réseaux d'experts ou vers d'autres sites.

Innovateur : parce que Internet est un outil en pleine évolution[23], dont le potentiel ne nous apparaît qu'à peine encore, le médiateur suit et améliore les outils offerts. C'est ainsi que le site de *La main à la pâte* implante sans cesse des nouveautés, telles que les émissions de télévision en ligne, la communication audio-vidéo synchrone (*cf. supra* : les *défis*), l'usage de plusieurs langues, les espaces de travail coopératif, etc. L'innovation ne se situe pas seulement dans la technique, elle concerne également la pédagogie, où de nouvelles formes de travail et de formation à distance ont été expérimentées ces dernières années à diverses échelles.

Texte proposé par *David Jasmin*, 2005.

*

Dans ce chapitre, nous avons évoqué combien les moyens nouveaux de communication pouvaient transformer la difficile relation entre les maîtres de l'école primaire et la science, pour peu qu'un effort tenace soit poursuivi par la création d'outils adaptés. Grâce aux médiateurs et aux réseaux, de nouvelles relations s'instaurent, moins pyramidales, plus décloisonnées. Pourtant, quelle que soit la qualité des outils mis en œuvre, n'oublions jamais que l'écran de la machine où se lisent les messages peut aussi… faire écran, et que le rôle de personnes identifiées, qu'elles soient proches ou plus distantes, demeure central dans l'accompagnement des maîtres.

23. Dans la multitude des ouvrages paraissant sur ce sujet, relevons celui de J.-N. Jeanneney, *Quand Google défie l'Europe, plaidoyer pour un sursaut*, Mille et Une Nuits, 2005.

CHAPITRE VII

Faire évoluer un système éducatif

Ainsi toujours poussés
vers de nouveaux rivages...[1]
LAMARTINE

La question posée au seuil de ce chapitre est simple, elle habite la plupart de nos concitoyens, et nous l'avons rencontrée sans cesse depuis la naissance de *La main à la pâte* : Comment peut-on faire évoluer notre éducation nationale ? Cette interrogation se complète d'une seconde, qui nous concerne aussi en tant qu'habitants de cette planète : Au-delà de nos frontières, comment peuvent se transformer certains systèmes éducatifs qui sont souvent confrontés à d'immenses difficultés de ressources, d'effectifs, de qualifications ?

Il serait outrecuidant de prétendre ici posséder des réponses complètes, mais l'aventure vécue propose peut-être quelques pistes intéressantes et bien concrètes, que nous aimerions partager avec nos lecteurs en souhaitant qu'elles puissent éventuellement, *mutatis mutandis*, s'appliquer dans d'autres domaines de l'école ou de l'éducation, ici ou ailleurs.

Pour faciliter la lecture de ce chapitre, nous proposons au lecteur un tableau qui l'aidera à identifier les multiples composantes du problème ici abordé : mieux enseigner la science à l'école.

Ce tableau est évidemment incomplet, car il faudrait y inclure bien d'autres instances importantes, telles que les inspecteurs du ministère, à divers niveaux ; les associations professionnelles d'enseignants ; les fonda-

1. « Le Lac », *Méditations poétiques*.

tions privées ; les collectivités locales (municipalités, départements, régions) ; les associations ou autres acteurs de la culture scientifique ; les syndicats ; les associations de parents d'élèves ; d'autres ministères (ville, santé) et en définitive tous les hommes et femmes de bonne volonté du pays ! Le chapitre I en a cité beaucoup.

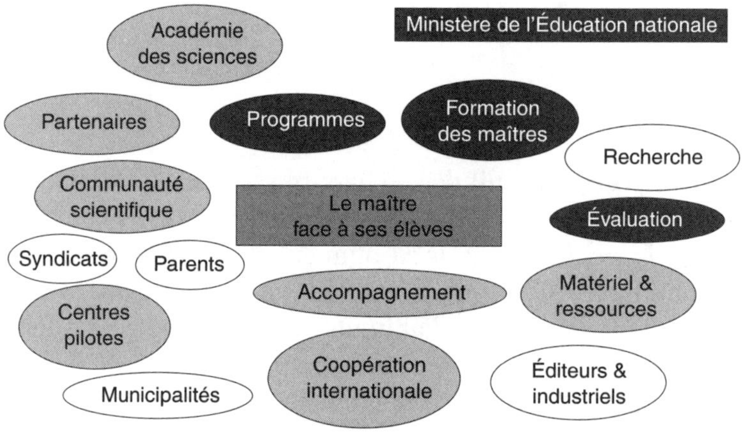

Principaux acteurs de l'enseignement et de la rénovation en science, à l'école primaire, en France.
En blanc sur gris sombre, les responsabilités et structures de l'Éducation nationale[2]. *En noir sur gris clair*, les actions menées, en coopération avec celle-ci, par *La main à la pâte*. *En blanc*, d'autres acteurs importants de l'école primaire et du dispositif de rénovation.

Commentons brièvement les éléments de ce tableau, qui ont tous pour objectif d'améliorer l'acte éducatif du *maître face à ses élèves*. La *stratégie* est définie, dans notre démocratie, par le pouvoir politique, ici par le

2. Le ministère de l'Éducation nationale comprend de multiples instances : le ministre et son cabinet, les directions opérationnelles (dont la direction de l'enseignement scolaire – DESCO –, qui a en charge le premier et le second degré), l'inspection générale (IGEN). Sa hiérarchie locale (recteur, inspecteur d'académie, conseillers pédagogiques et formateurs, inspecteurs de circonscription – IEN –, enseignants) traduit sur le terrain la stratégie retenue.

ministère de l'Éducation nationale et ses interlocuteurs institutionnels (syndicats, parents, etc.) ; c'est encore le ministère qui la met en œuvre, tandis que les *municipalités* assurent les conditions de fonctionnement des écoles. L'Académie des sciences, comme ses nombreux *partenaires*, ne se substitue en rien à ces instances, mais elle attire l'attention, assure la continuité, propose des idées neuves. La stratégie, une fois définie, est mise en œuvre grâce à deux outils principaux : les *programmes* scolaires et la *formation* (initiale en IUFM ou continue) des maîtres, s'appuyant sur différents formateurs et conseillers pédagogiques. La rénovation s'appuie sur des *centres pilotes*[3] permettant l'expérimentation, tandis que se développe *l'accompagnement* des maîtres (Internet et autres), ceux-ci s'appuyant sur des *ressources pédagogiques* (matériel, documents), faisant appel à la *communauté scientifique* et à des *éditeurs et industriels*. Le rôle des *parents* est important. Naturellement, on souhaitera valider la stratégie, les méthodes proposées par une *évaluation*, qui pourra concerner les enfants, les maîtres ou encore le dispositif lui-même. Enfin, les progrès dépendront aussi de la *recherche*, par exemple celle qui étudie les processus cognitifs chez l'enfant ou bien l'attitude des maîtres devant la science et son enseignement. Nul n'est une île, et la *coopération internationale*, fonctionnant à double sens, permet de prendre le meilleur chez d'autres comme de leur proposer ses propres découvertes, ou encore de confronter réussites et échecs.

Nous allons donc examiner successivement l'importance d'une adhésion des maîtres et de leur accompagnement, celle de leur formation en vue d'une action en profondeur et dans le long terme, enfin la difficile question de l'évaluation.

3. Appelés aussi *centres d'excellence* au chapitre I.

L'adhésion des maîtres

La tradition de l'école primaire française, chacun le sait, est celle d'une organisation fortement hiérarchique, avec tous les avantages de rigueur et de qualité que cela peut procurer. Certes, nous ne sommes plus à l'époque où le ministre de l'Instruction publique pouvait, tirant sa montre de son gousset, annoncer à son visiteur le sujet qui, à l'heure marquée, était traité par tous les instituteurs de France en CP ou CM2. Néanmoins, aujourd'hui, les programmes scolaires demeurent très détaillés et explicites, les obligations des maîtres sont rappelées par de nombreuses circulaires périodiques, les inspecteurs de circonscription (IEN) veillent en principe à leur bonne exécution. Pourtant, dans la pratique et s'agissant de la science, nous avons vu tout au long de ce livre l'écart formidable qui existait en 1996, et qui demeure partiellement dix ans après, entre les intentions affichées et la réalité quotidienne des classes. Ces remarques n'atténuent en rien l'importance de programmes de qualité, tels ceux qui ont cours aujourd'hui, après leur révision en 2002. Ils demeurent en effet la référence commune et indispensable de l'institution comme de ses rouages.

Notre analyse a montré quelques-unes des causes, profondes, de cet écart entre intentions et réalité : mal-être des maîtres vis-à-vis de la science, focalisation excessive de l'opinion et de l'institution sur un "lire-écrire-compter" trop étroitement compris, inspections rares et le plus souvent limitées à ces trois objectifs, actions de formation insuffisantes ou aléatoires quant à leurs thèmes, empilement de priorités successives au gré des changements politiques, souvent rapides, ou des fluctuations de l'opinion. Ce dernier effet est renforcé par la *polyvalence* des maîtres du primaire, dont nous avons dit plus haut tout le bien que nous en pensions. Capables par définition de traiter de tous les sujets concernant l'école primaire, ces maîtres peuvent être successivement mobilisés, par leur hiérarchie, en faveur de l'environnement et de sa protection, de l'éducation artistique et de la place du chant à l'école, du développement durable et du recyclage des déchets, de la lutte contre la violence ou de l'incontournable illettrisme, de l'éducation à la santé, de la détection des handicaps précoces, de la sensibilisation à l'entreprise… et parfois de la science. Si l'on ajoute à cela les pressions de *lobbys* multiples, qui tous voudraient pénétrer dans le sanctuaire scolaire pour y voir cité ou traité leur thème favori, on imagine aisément la virtuosité et la souplesse dont doivent faire preuve les enseignants, mais aussi parfois leur lassitude.

La main à la pâte ne s'est pas résignée à ces blocages, elle a pris un autre parti. Nous avons montré, au chapitre I, combien la situation de l'enseignement élémentaire de la science, en 1996, nous avait paru sérieuse et avait provoqué notre engagement, ainsi que celui des ministres successifs. Puisque l'analyse nous révélait que la difficulté gisait dans le rapport entre la science et les maîtres, ce serait directement sur ceux-ci que nous nous appuierions, en les familiarisant avec celle-là par un accompagnement attentif[4], puis en comptant sur leur adhésion.

Avec eux, dans un petit nombre d'écoles, nous apporterions, par une expérimentation graduelle, la preuve d'un changement possible, puis nous viserions progressivement à sa généralisation dans l'ensemble des classes du pays. Nous ne placerions pas tous nos espoirs dans de nouveaux programmes, dont nous savions qu'ils ne suffiraient pas à produire le changement, quelle que soit leur qualité. Toute cette action, enfin, devrait se faire en plein accord avec le ministère, dont le soutien serait essentiel à chaque étape[5].

Rappelons ici, une fois encore puisque nous l'avons déjà souligné au chapitre I, que nous ne prétendons pas avoir, seuls, d'un coup de baguette magique, transformé en une décennie la situation. Depuis longtemps, il existait des maîtres ou des formateurs qui œuvraient dans le même sens, sans être beaucoup soutenus ou reconnus ; des formateurs d'Écoles nor-

4. Nous plaçons, sous ce terme *accompagnement*, plusieurs modalités d'aide aux enseignants (voir chapitres V et VI) : depuis celle, classique, de soutien par des conseillers pédagogiques, jusqu'à celle, plus spécifique à *La main à la pâte*, par des scientifiques, des ressources originales ou le site Internet national.

5. Tout particulièrement, la DESCO et, à ses côtés, l'Inspection générale de l'enseignement primaire dont, en 2005, la doyenne est Martine Safra.

males (devenues IUFM en 1991) qui se souciaient de la science mise en pratique par leurs anciens élèves dans leurs classes.

Dans la tradition pédagogique française, le maître, une fois la récréation terminée et la porte de la classe fermée, est seul à bord, aussi libre et responsable qu'un capitaine l'est de son navire. Sans une adhésion personnelle et profonde des maîtres, toute tentative d'installation ou de rénovation d'un enseignement scientifique serait vaine, quelles que soient les injonctions ministérielles venant du sommet. Nous avons donc choisi une approche où les maîtres eux-mêmes seraient les propagateurs de la transformation, par les bienfaits qu'ils pourraient en constater sur l'atmosphère de la classe (*cf.* chapitre II), sur l'appétence des enfants pour le savoir (*cf.* chapitre III), sur les acquisitions langagières, objets de toutes les priorités officielles (*cf.* chapitre IV), enfin sur leur propre relation à ce continent séduisant et mystérieux qu'est la science (*cf.* chapitre V)[6]. Enfin, l'impact international de leur action (*cf.* chapitre VIII) les valoriserait aussi. Il nous semblait que rien ne valait la *dissémination* par l'exemple que pourraient donner des maîtres, témoins impartiaux et informés, à leurs collègues encore hésitants à appliquer des instructions aussi officielles que demeurées bien souvent lettre morte.

C'est ainsi qu'est née la politique des *centres pilotes*[7], tout comme celle d'un *accompagnement* spécifique. C'est autour de ces actions que s'est progressivement bâtie, entre maîtres et scientifiques, la confiance qui a tout rendu possible. Ce sont elles qui ont amorcé la dissémination par l'exemple. Pour les amplifier, le ministère a mis en place, depuis l'année 2000, un groupe national qui a lui-même suscité un dispositif durable de suivi dans chaque département[8].

---

6. Une approche que les Anglo-Saxons qualifieraient de *bottom-up*, ou de *grass root movement*.

7. Appelés initialement *sites pilotes*, leur nom a été transformé en *centres pilotes La main à la pâte* pour ne pas introduire de confusion avec les sites Internet locaux décrits au chapitre VI. Ils ont pris leur essor avec le concours actif de Monique Delclaux assitée de Jocelyne Reboul.

8. Ces groupes permanents, placés sous la responsabilité du recteur et plus ou moins actifs selon les académies ou les départements, ont l'originalité de comprendre, aux côtés des cadres concernés de l'Éducation nationale, des scientifiques (chercheurs ou ingénieurs) qui assurent leur lien direct avec le monde de la science. Ils sont coordonnés au niveau national, depuis 2004, par l'inspecteur général Gilbert Piétryk.

Les *centres pilotes* sont des équipes qui ont choisi de s'engager à nos côtés, collectivement et durablement, dans la rénovation des écoles ou groupes d'écoles de leur zone géographique. Dans ce but, leurs animateurs mettent en œuvre un faisceau d'actions, qui se réfèrent aux *dix principes* (voir p. 29) : définition du niveau choisi (pouvant aller de la maternelle au CM2, ou plus restreint) ; choix de modules pédagogiques, conformes aux programmes, parfois aux réalités locales ; acquisition ou élaboration du matériel expérimental associé, destiné aux classes, et organisation de sa circulation entre écoles et de son entretien ; implantation systématique du cahier d'expériences ; travail collaboratif entre enseignants, ou avec des formateurs, pour analyser les difficultés rencontrées ; partenariat avec des scientifiques ; actions de formation des maîtres.

Quelques-uns des centres pilotes de *La main à la pâte* en 2005

Lieu	Extension	Spécificité
Bergerac (24)	Ville	Centre de ressources, *cf. infra*
Blois (41)	Département	Centre de ressources (CDDP)
Chambéry (73)	Ville	Site Internet
Loudéac (22)	Circonscription	Accompagnement de proximité
Mâcon (71)	Circonscription	Accompagnement par école d'ingénieurs
Montreuil (93)	Ville	
Nogent-sur-Oise (60)	Réseau d'ens. prioritaire	Accompagnement de proximité
Pamiers (09)	Département	Rural, centre de ressources
Perpignan (66)	Département	Accompagnement
Poitiers (86)	Ville	Centre de ressources (CRED)
Troyes (10)	Département	Centre de ressources (IUFM)
Vaulx-en-Velin (69)	Circonscription	Mallettes & modules

Deux grands modèles de centres peuvent être distingués, selon leurs modes de fonctionnement. Dans le premier, les centres fonctionnent avec de nombreux partenaires, désenclavant ainsi l'école et ses maîtres. Ainsi celui de Perpignan peut-il étendre son action sur tout le département des Pyrénées-Orientales. Les liens avec les institutions scientifiques de la région se sont concrétisés dans le parrainage d'écoles par des scientifiques, chercheurs ou universitaires. L'IUFM local anime des ateliers, s'appuyant sur le Centre de documentation pédagogique et un site Internet départemental (voir p. 127). Dans chaque circonscription (le département en compte sept), un "référent" est officiellement nommé pour coordonner formations et prêts de matériel expérimental aux classes. Une attention particulière est portée aux minorités culturelles, tels les gitans dans l'école du centre-ville de Perpignan. À plus petite échelle, Mâcon (quelques centaines de classes) ou Vaulx-en-Velin ont mis en place des dispositifs similaires.

Le second modèle de centres pilotes, également labellisé *La main à la pâte,* s'organise autour d'un lieu – locaux d'école devenus disponibles ou autre – qui propose de multiples services aux maîtres. Parmi ceux-ci, Bergerac constitue un modèle en accueillant, dans sa salle d'expériences, des enseignants et leurs élèves pour des séances de sciences, en mettant à leur disposition documentation et matériel à emprunter, en organisant le prêt et la maintenance. Blois, Pamiers, Poitiers, Troyes disposent d'un lieu similaire, contenant des ressources, et proposent aux maîtres de leur zone géographique un accompagnement et des services qui s'inspirent, avec quelques variantes, du modèle bergeracois. L'éducation nationale a su, dans ces centres, placer du personnel à temps plein ou partiel, mais compétent pour monter des salles d'expérience, y recevoir des classes ou des maîtres en formation.

En termes de mise en pratique d'un enseignement des sciences rénové, le bilan de ces centres est remarquable : quand ils couvrent une zone géographique restreinte (petite ville, réseau d'éducation prioritaire, circonscription), entre 50 et 100 % des maîtres de cette zone ont vaincu leurs réticences devant la science et ils l'enseignent ! Lorsque le dispositif est étendu à un département entier, les estimations donnent une fourchette comprise entre 25 et 50 %, ce qui est évidemment remarquable si l'on songe aux fameux "3 %" de 1996. Enfin, par le biais du site Internet et d'une rencontre annuelle, l'activité et les productions de ces centres sont rendues disponibles à l'ensemble du pays, voire au-delà (par le site *map-monde,* voir p. 189). C'est cette efficacité des centres pilotes qui nous a conduits en 2005 à l'ambitieuse proposition de *villes-pépinières* à créer dans toute l'Europe d'ici 2010 (voir p. 193).

Les centres pilotes ne sont pas livrés à eux-mêmes, puisque nous avons établi progressivement avec eux des relations contractuelles, dont leur hiérarchie est partie prenante. Outre un soutien moral, ces relations leur apportent quelques ressources financières[9] et une sorte d'obligation de résultat, qui se traduit sous de multiples formes : ils reçoivent volontiers des délégations étrangères venues voir à quoi ressemble une "classe *La main à la pâte*" (*cf.* chapitre II) ; ils sont souvent moteurs de la réalisation d'un site Internet local (voir p. 127), associé au site national. Nous faisons connaître le plus largement possible leurs réalisations. Leur rayonnement s'étend progressivement à leur département ou au-delà : cette dissémination, pour peu qu'elle soit localement soutenue par la hiérarchie, engendre à son tour d'autres réalisations, souvent remarquables, dont souvent nous n'avons pas connaissance ! Au détour d'une invitation à donner une conférence, nous avons ainsi découvert des merveilles inattendues dans le petit village de Châteauneuf-les-Bains (Puy-de-Dôme), à Villeneuve-sur-Yonne (Yonne), à Dôle (Jura) et en bien d'autres lieux qui témoignent d'une grande créativité pédagogique et d'une intéressante complicité, établie autour de la science, entre école, scientifiques parfois, parents, associations et édiles locaux.

9. Depuis 1998, la Délégation interministérielle à la ville et au développement urbain (DIV) soutient ainsi financièrement, par notre intermédiaire et en nous témoignant sa confiance, les centres pilotes situés dans des zones urbaines d'éducation prioritaire (ZEP).

Ce sont les cadets de Gascogne...

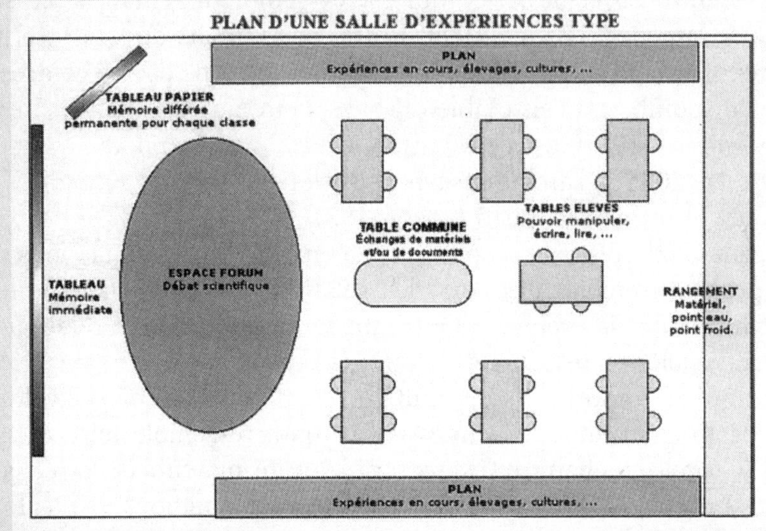

La salle prototype (80 m^2) d'« entraînement à la science » de Bergerac, équipée pour y mettre en œuvre une démarche d'investigation, avec du matériel adapté. Les fonctions de chaque espace sont indiquées. Depuis 1997, cette salle peut accueillir, à raison de 600 heures par an, des classes, des groupes d'enseignants en formation. Elle est complétée d'une *expérimentothèque* (gestion du matériel pour les écoles), d'une *médiathèque* (information des enseignants et des élèves) et d'une salle *informatique*. Grâce à un programme initié par la municipalité, six des neuf écoles de la ville ont installé une salle sur ce modèle, qui est également « exporté » hors de France par *La main à la pâte*.

Réalisation : équipe pédagogique de Bergerac, Jean-Louis Alayrac, Nadine Belin & François Lusignan.

Les centres pilotes ont aidé à élaborer progressivement l'*accompagnement* des maîtres. Celui-ci nous paraît, aujourd'hui, l'un des points les plus critiques pour une généralisation d'un enseignement scientifique rénové, et sans doute pour des actions similaires dans d'autres disciplines. Pour aller à l'essentiel, cet accompagnement veut améliorer l'inconfortable rapport entre les maîtres et la science, que nous avons analysé en détail au chapitre V. La difficulté est naturellement de le concevoir à l'échelle du pays, soit auprès de plus de 300 000 maîtres !

Nous y discernons deux ingrédients majeurs : les ressources nécessaires pour mener une classe selon les *dix principes* d'une part, l'amélioration du rapport à la science d'autre part.

Le *premier principe* impose de partir du *monde réel* et d'*expérimenter* sur lui. Il faut donc que les maîtres disposent de ce simple et peu coûteux matériel expérimental, qui est inhabituel dans les salles de classe traditionnelles, et *surtout* de son mode d'emploi ou guide pédagogique. Nous avons déjà souligné (voir p. 127) combien l'engagement d'industriels et les financements initiaux du ministère avaient permis, entre 2000 et 2003, d'amorcer le mouvement. À la suite de ces produits commerciaux, beaucoup de circonscriptions, parfois même de départements, ont créé des mallettes de matériel à leur façon, en ont organisé la circulation et la maintenance – on peut estimer que 10 % du matériel est à renouveler chaque année. Nous retrouvons là une tendance bien française, qui préfère souvent la créativité locale à l'adoption d'un produit standard, dont pourtant le coût de production à grande échelle serait inférieur.

Quoi qu'il en soit, au moment où nous écrivons ces lignes, la totalité des classes primaires de France est loin de pouvoir encore disposer du matériel nécessaire, et nous espérons que la contagion de l'exemple, l'engagement des municipalités[10] et la créativité des industriels les équiperont, puisque nos informations montrent, en France comme ailleurs, qu'il suffirait de dépenser 1,5 € en matériel, par enfant et par an, pour satisfaire au *premier principe*[11].

10. Les municipalités, sous la pression de l'opinion et des parents, ont dépensé depuis une décennie des sommes considérables pour l'équipement informatique des écoles. L'obsolescence rapide de ces matériels rend cette politique, dont nous ne discutons pas le bien-fondé, bien plus coûteuse que la dépense relative à un matériel, qui permettrait à *toutes* les écoles de France la mise en œuvre du *premier principe*.

11. On ne saurait trop insister sur ce point : dans une enquête récente menée sur trois départements du Sud-Ouest (Ariège, Lot, Tarn), le tiers des 1 275 enseignants interrogés disent ne pas enseigner les sciences par manque de matériel, que celui-ci ne leur soit pas fourni ou qu'ils ne se sentent pas capables de l'élaborer eux-mêmes.
Source : enquête du Groupe académique de Toulouse, avec l'inspecteur d'académie Pierre Viala et le maître-formateur Stéphane Respaud, 2004.

Il est d'ailleurs évident que les perspectives internationales, dessinées au chapitre VIII, tendront à rendre disponibles, dans toutes les écoles du monde, des modules pédagogiques nés de l'activité, conjointe et créative, d'enseignants et d'industriels.

« ... simple et peu coûteux... »
Dessin de Jacques Mérot.

Au chapitre V, nous avons montré comment, dans des rôles complémentaires, les conseillers pédagogiques “classiques” de l'Éducation nationale et les scientifiques (étudiants, ingénieurs ou chercheurs) pouvaient tour à tour épauler les maîtres. Nous n'y revenons ici que pour donner un témoignage, celui de professeurs de l'École des mines de Nantes qui depuis une décennie joue, elle aussi, le jeu de l'accompagnement.

À Nantes, des élèves ingénieurs auprès des écoles

« L'École des mines de Nantes est engagée dans l'accompagnement depuis les débuts de l'opération *La main à la pâte*. Jusqu'en 2004, ce sont environ 500 classes qui ont été accompagnées et près de 400 enseignants qui y ont été accueillis lors de sessions de formation.

C'est simultanément, en 1996, que fut introduite, dans le cursus pédagogique de l'École, une nouvelle méthodologie de formation scientifique à destination des élèves ingénieurs (*L'apprentissage par l'action*), qui au fil des années s'est avérée être, pour l'enseignement supérieur, le pendant de *La main à la pâte*.

Ce partage des compétences liées à la pratique scientifique, et le partenariat qu'il implique, se caractérise par la stabilité des acteurs engagés, tant dans l'Éducation nationale (maîtres-animateurs sciences, conseillers pédagogiques, inspecteurs) qu'à l'École des mines de Nantes où une équipe pérenne transmet d'année en année l'essence de la mission d'accompagnateur. Le travail accompli par les élèves ingénieurs est validé dans leur cursus, ils bénéficient donc largement de leur contact avec l'école primaire.

En reconnaissant le grand bénéfice reçu de cette collaboration, l'École des mines de Nantes milite désormais pour cette fructueuse rencontre de deux mondes qui se fréquentent trop peu : l'école primaire et l'enseignement supérieur, mais aussi d'un côté les pédagogues, de l'autre les scientifiques. Les premiers sont à l'évidence invités à s'initier à la pratique scientifique, et les seconds feraient dorénavant bien de considérer différemment l'enseignement et l'éducation. »

Source : Carl Rauch et Ludovic Klein, Centre de pédagogie en sciences et de ressources en physique expérimentale, École des mines de Nantes.

Ce partenariat a pris différentes formes : conception de mallettes et de protocoles d'expérimentation ; participation à des sessions de "mise en situation" pour des enseignants ; accompagnement par une présence en classe, afin de permettre à un enseignant peu à l'aise de se jeter à l'eau.

Faut-il rappeler ici les multiples outils d'accompagnement, souvent appelés *ressources pour les maîtres* et évoqués au chapitre V, dont nous avons stimulé la conception et la diffusion : site Internet, ouvrages, guides ? Soulignons seulement que, pour chacun d'entre eux, un partenariat étroit avec des scientifiques de niveau élevé nous paraît essentiel, comme une garantie que l'*esprit scientifique*, celui dont Gaston Bachelard analysait la formation[12],

12. G. Bachelard, *La Formation de l'esprit scientique*, Vrin, 1938.

ne serait pas déformé par des intermédiaires. Il y a là place pour beaucoup de créativité.

Regards sur la formation

La focalisation sur les programmes – de science en l'occurrence – traduit évidemment une conception particulière du rôle de l'enseignant : dans une structure fortement hiérarchique (il s'agit ici de l'école primaire), le sommet étudie, analyse, décide, et la base applique. Nous venons de voir que, ces dernières années, les programmes se sont accompagnés d'un réel d'effort d'accompagnement des maîtres, afin de les aider à mieux traduire ces programmes dans leur quotidien de classe.

Au-delà de ces mesures excellentes, le sujet nous paraît mériter une réflexion plus profonde sur l'état de la formation des maîtres, qu'elle soit préalable à leur prise de fonction ou tout au long de leur carrière. Examinons successivement ces deux moments, également importants, puisque : d'une part, entre 10 000 et 15 000 jeunes maîtres[13], nouvellement formés, prennent leur fonction chaque année ; d'autre part, plus de 300 000 maîtres, dont la formation initiale peut remonter à plusieurs décennies, sont en exercice.

S'agissant de science, nous pensons avoir tordu le coup à cette idée reçue, qui prévalait en 1996 (voir p. 101) et enfermait la science dans le ghetto des spécialistes : à savoir que seuls les maîtres ayant reçu une formation significative en science – par exemple, de niveau licence, soit « bac + 3 » –, auraient les aptitudes nécessaires pour l'enseigner à l'école primaire. Au contraire, la polyvalence implique de doter *tous* les maîtres du bagage nécessaire pour exercer correctement celle-ci.

La formation initiale des maîtres s'effectue, pour la très grande majorité d'entre eux, dans les Instituts universitaires de formation des maîtres

13. Ce nombre sera effectivement en croissance dans les années à venir, à cause des nombreux départs à la retraite des générations de l'après-guerre.

(IUFM)[14], qui en 1991 ont succédé aux anciennes Écoles normales d'instituteurs. Acceptant sur dossier leurs étudiants au niveau d'une licence, quelle qu'en soit la spécialité, les IUFM les préparent, en leur sein et en un an, au concours de recrutement de *professeurs des écoles*[15], puis, s'ils sont reçus à celui-ci, leur donnent en deuxième année une formation professionnelle qui est censée leur permettre d'enseigner seuls, l'année suivante. Si les licences scientifiques ne fournissent qu'une faible partie (de 15 à 20 %) des étudiants, près de la moitié d'entre eux possèdent sans doute un baccalauréat scientifique. Ce facteur est encourageant pour l'avenir si toutefois, au lycée, leur exposition à la science ne leur a pas laissé de trop médiocres souvenirs et les a initiés à la démarche d'investigation !

La préparation au métier, reçue en IUFM, est donc essentielle, et l'Académie des sciences a exprimé son désir de contribuer à sa redéfinition. En effet, une réforme des études en leur sein, intervenue en 2002, est allée totalement à contre-courant de la rénovation de l'enseignement de la science à l'école, puisqu'elle a réduit comme peau de chagrin la place de la science dans la formation initiale des professeurs des écoles. Dans les cas extrêmes, certains d'entre eux se retrouveront devant des élèves en n'ayant eu que moins de dix heures de formation complémentaire !

Quelques grands principes nous paraissent devoir guider une nécessaire rénovation : la science et la technique doivent être enseignées dans leur unité profonde, le découpage en disciplines – physique, chimie, sciences de la vie et de la terre, technologie – n'étant guère qu'affaire de commodité ; la démarche d'investigation, par “mise en situation” des étudiants, les prépare au mieux à mettre ensuite en œuvre le questionnement et l'expérimentation ; les liens entre science et langage – mais aussi avec les mathématiques, l'histoire, la géographie, les langues étrangères, le

14. *La Loi d'orientation et de programme pour l'avenir de l'École*, publiée le 24 avril 2005 au *Journal officiel*, rattache désormais les IUFM aux universités, selon des modalités qui devront être mises en place d'ici 2009 (*cf.* www.loi.ecole.gouv.fr/).

15. Des candidats libres peuvent également se présenter au concours, mais la grande majorité des futurs professeurs des écoles publiques est recrutée en première année d'IUFM. Il existe en outre une filière de formation parallèle, destinée à l'enseignement privé sous contrat.

sport – sont autant d'occasions de culture et d'ouverture qui impliquent, pour ceux qui ont la charge de former ces étudiants, un travail d'équipe ; comme nous avons tenté de le mettre en pratique dans *La main à la pâte*, des scientifiques de métier doivent être présents aux côtés des pédagogues ; enfin, les passionnants développements des sciences cognitives, dans leur rapport à l'éducation, évoqués au chapitre IV, pourraient progressivement irriguer la recherche conduite dans les IUFM.

Nous estimons que ces quelques idées de bon sens, inspirées par les réussites de *La main à la pâte* et le concours qu'y ont prêté de nombreuses personnes au sein des IUFM, prépareraient, mieux qu'actuellement, les jeunes maîtres à exercer leur polyvalence vis-à-vis de la science et leur donneraient confiance et enthousiasme pour « *faire science* »[16]. Nous espérons que ces idées simples sauront inspirer, dans la décennie à venir, le cahier des charges qui réglera les objectifs des IUFM et inspirera leur fonctionnement.

Venons-en à la formation dite *permanente, continue,* ou *continuée* des maîtres tout au long de leur carrière, élément clef de l'accompagnement, comme nous l'avons vu plus haut. Un bref état des lieux nous révèle que l'*obligation professionnelle* de formation est assez réduite, puisqu'elle se limite chaque année, toutes disciplines confondues, à trois demi-journées, organisées par l'inspecteur de circonscription au profit de tous les maîtres de celle-ci. Pour avoir participé, sur l'invitation chaleureuse d'inspecteurs, à de multiples rencontres de ce type autour de l'enseignement de la science, nous en apprécions le caractère sympathique, mais aussi les limites dues au temps trop court, à l'impossibilité de "mise en situation" des maîtres et d'un vrai dialogue où s'exprimerait ce qu'ils pensent et savent de la science, à l'aspect trop souvent formel. Même excellentes, ces actions ne peuvent suffire à réhabiliter la science aux yeux des maîtres, ni à leur permettre de la pratiquer dans leur classe s'ils ont les réticences que nous leur connaissons.

16. Il faudrait pouvoir citer ici tous les noms de nos "interlocuteurs permanents" au sein des IUFM, réunis chaque année, avec notre groupe de l'Académie des sciences, et de tous ceux qui organisent avec nous des formations, notamment à l'étranger !

Un professeur d'IUFM accompagne de jeunes maîtres...

« Je me rends fréquemment sur le terrain dans des classes maternelles et élémentaires, pour épauler mes étudiants lors d'activités scientifiques de type *La main à la pâte*. Je peux donc témoigner de l'extraordinaire impact qu'ont ces activités sur les enfants, tous milieux socioculturels confondus [...]. J'ai constaté que la pratique expérimentale avait le pouvoir de révéler chez les élèves, notamment chez ceux en grande difficulté scolaire, des capacités non exploitées jusqu'alors, capacités liées à des formes d'intelligence à la fois concrètes et analytiques, sans doute peu sollicitées par les disciplines dites classiques.

Ainsi, tel élève habituellement en situation d'échec va se montrer capable d'avancer des arguments solides pour anticiper le résultat d'une expérience, conduire celle-ci avec beaucoup d'ingéniosité, faire la synthèse de ses observations, puis parvenir à une conclusion à laquelle aucun de ses pairs n'aura pensé !

J'ai remarqué ensuite que, reprenant confiance en lui, cet enfant-là va manifester le désir de progresser dans d'autres domaines, particulièrement en lecture, ne serait-ce que pour déchiffrer les consignes figurant au tableau. Il voudra également améliorer sa façon d'écrire afin de communiquer à des tiers [...] ses idées et observations. Les efforts qu'il va fournir, portant leurs fruits, vont bientôt lui procurer un sentiment de plaisir véritable et d'estime de soi : « *Tu vois, je ne suis pas aussi nul qu'on le dit* », m'a un jour lancé avec fierté un gamin qui, jusque-là, se retrouvait le plus souvent en situation d'échec [...].

Pour conclure, je dirai que tout cela m'a conduite à une intime conviction : oui, la pratique des sciences expérimentales en classe pourrait bien être une clé fondamentale pour donner à tous les enfants de meilleures chances de réussite, avec d'abord, pour certains d'entre eux, l'assurance d'une vraie réconciliation avec l'école. »

Michèle Cazenave, professeur de sciences physiques, IUFM de Versailles, 2005.

En outre, dans toutes les disciplines et sur de multiples sujets, les recteurs, dans chaque académie et chaque année, organisent un plan académique de formation, dont les grandes priorités sont définies au niveau national. Ce plan propose aux enseignants un menu à la carte offrant de multiples stages, dont la durée va de quelques jours à quelques semaines. Chacun étant libre de s'y porter candidat, il s'agit d'une possibilité *optionnelle* de formation : celle-ci se déroule sur le temps de travail, le maître doit être remplacé devant ses élèves, donc le volant de personnels de remplacement disponible détermine le volume total de l'offre possible. Ainsi, dans l'année scolaire 2002-2003, ce sont 800 000

Des maîtres pratiquent la science...
À gauche : des maîtres d'école maternelle (Auxerre) préparent une séquence sur le vent et l'air, lors d'une formation animée par Claudine Schaub. *À droite* : Un programme très structuré de développement professionnel des maîtres est mis en place au Chili au sein de l'action ECBI (*Educación en Ciencias basado en la Indagación*), qui depuis 2001 transforme l'enseignement scientifique dans des écoles de quartiers défavorisés des banlieues de Santiago.
Source : Rosa Devès et Patricia Lopez.

journées de stage qui ont été proposées, tous sujets confondus, aux maîtres du primaire.

Notons deux caractéristiques de cette conception actuelle de la formation continuée : parce qu'elle est optionnelle et parce qu'elle ne conduit à aucune valorisation de carrière, de nombreux maîtres ne la pratiqueront jamais au cours de celle-ci[17] ; parce que le choix du sujet appartient aux maîtres, une action de grande envergure en faveur de tel ou tel thème demeure fragile. Ainsi, lors de la période 2000-2003 où pourtant un fort accent fut officiellement placé sur l'enseignement de la science (voir p. 32), le taux de choix de stages de science ne dépassa pas, sur l'ensemble de la France, 6 % du total, pour retomber à 2 ou 3 % depuis. À un tel rythme, il faudra *un demi-siècle* pour que tous les maîtres aient participé, une fois dans leur longue carrière, à quelques jours ou quelques semaines d'un stage de science !

17. Au contraire de la *formation continuée*, les maîtres peuvent aussi se présenter à des qualifications, qui leur donnent des compétences nouvelles et valorisées, telle la possibilité de devenir *maître-formateur*, ou d'enseigner dans des classes spécialisées (AIS).

Une organisation rigoureuse et systématique du *développement professionnel* des maîtres, en utilisant ici la désignation souvent utilisée à l'étranger, est à coup sûr la condition d'une transformation à grande échelle du système. Nos partenaires des États-Unis (*National Academy of Sciences, National Science Research Council, Smithsonian Institution*) organisent ainsi, chaque année, un séminaire intitulé « Laser K-8[18] » au sein d'un *Science Education Strategic Planning Institute,* qui analyse en détail les ingrédients d'un plan stratégique de formation, en cinq ans, des maîtres d'un district ou d'une ville.

En France, et davantage encore dans des pays plus démunis, il est certain que le nombre considérable de maîtres en exercice pose un immense problème lorsqu'il s'agit de leur donner une formation complémentaire, indispensable pour qu'ils enseignent mieux la science. L'*autoformation* des maîtres, celle que notre site Internet veut stimuler (voir p. 125), ou la *formation à distance* sont des réponses possibles à cette difficulté. De celle-ci, mentionnons une modalité intéressante : le projet *Sciences en ligne*[19] qui entre 2000 et 2004 a touché une centaine de maîtres.

Au risque d'une possible impopularité, nous pensons que la formation continuée devrait faire partie de l'obligation professionnelle[20] de ce métier, comme des autres. Assurée en dehors du temps requis de présence devant les élèves, elle ne connaîtrait pas les limites qu'impose le volume de personnel de remplacement disponible. Conçue comme partie intégrante du métier, elle allégerait la formation initiale, qui ne se verrait plus obligée de couvrir tout ce dont l'enseignant aura besoin pendant des

18. « K » pour *Kindergarten* (école maternelle), suivi des années (*grades*) 1, 2... jusqu'à la fin de l'école primaire et du collège.

19. Porté par le site Internet départemental de l'Ariège (voir p. 127) et mis en œuvre par Stéphane Respaud, maître-formateur, et Claudette Balpe, professeur d'IUFM.

20. Ce point de vue n'a pas été entièrement retenu par la loi d'orientation et de programme sur l'avenir de l'école de 1995, puisque celle-ci conserve à la formation continue un caractère optionnel. « Article L. 912-1-2. – Lorsqu'elle correspond à un projet personnel concourant à l'amélioration des enseignements et approuvé par le recteur, la formation continue des enseignants s'accomplit en priorité en dehors des obligations de service d'enseignement et peut donner lieu à une indemnisation dans des conditions fixées par décret en Conseil d'État. Article L. 912-1-3. – La formation continue des enseignants est prise en compte dans la gestion de leur carrière. »

décennies de vie professionnelle. Valorisée par des promotions ou un traitement accru, elle inciterait à mise à jour et perfectionnement constants.

Pour avoir travaillé étroitement avec de nombreux maîtres (par exemple lors des *Graines de sciences*, voir p. 116), nous pouvons témoigner ici de leur étonnante disponibilité à continuer d'apprendre, pour peu qu'un contexte intéressant leur soit proposé[21]. De son côté, la communauté scientifique peut s'engager bien davantage dans cette formation en proposant, aux côtés des pédagogues, des thèmes renouvelés et riches d'expérimentations nouvelles pour la classe.

Regards sur l'évaluation

Il serait aisé de se gargariser d'une réussite quantitative en s'appuyant sur le nombre croissant d'écoles qui se sont engagées, depuis le début de l'action, dans un enseignement de science. Pourtant, la question de l'évaluation de la pédagogie d'investigation, qui est le propre de *La main à la pâte*, ne cesse de nous être posée. Cette question est suffisamment importante pour que nous l'abordions ici de front : les changements ne sont pas recherchés pour le plaisir d'en faire, mais pour les résultats que l'on en attend !

La main à la pâte a dix ans. « Hé bien ! dira-t-on, après dix ans, cela doit se voir : quels sont donc, sur les enfants, les résultats ? » La question est pertinente, encore qu'elle appelle des réponses de diverses natures. « Se voir », certes, mais avec quels yeux ? Ceux de l'examinateur ? Ils sont les bienvenus, en matière de contrôle des connaissances – et de distribution des prix –, et nous pouvons d'une part affirmer qu'ils décèleront évidemment plus de savoir scientifique accumulé au total chez 35 %

21. Cet enthousiasme des maîtres à apprendre est celui qui sous-tend le remarquable travail de formation fait, auprès d'eux, dans les centres de culture scientifique (CCSTI), par le Centre national d'études spatiales (*Un ballon pour l'école*) ou l'Agence spatiale européenne (ASE) (www.esa.int/esaED/teachers.html), par des associations comme le Comité de liaison enseignants-astronomes (CLEA, www.ac-nice.fr/clea/), 1-2-3 Sciences (M. Hvass-Faivre d'Arcier), ou de multiples autres.

d'enfants qui font des sciences que chez 3 % (voir p. 15), d'autre part avancer qu'en matière de maîtrise du langage toutes les évaluations, même si trop souvent non encore chiffrées, rendent optimistes. Ceux du sociologue ou du pédopsychiatre ? Nous nous garderons ici de prendre leur place, aucune étude sérieuse et de grande ampleur n'ayant été encore lancée sur ces sujets, ni en France ni à l'étranger. Mais ce point mérite un développement supplémentaire.

« ... distribution des prix... »
Dessin d'Yves Nioré.

Certaines des appréciations humaines, qu'elles touchent à des questions morales, ou intellectuelles, ou comportementales..., se fondent sur des évaluations strictes et généralement chiffrées, pouvant être tenues pour démontrées et formant un vaste domaine des sciences sociales. D'autres en revanche ne peuvent reposer que sur des convictions, indémontrables qu'elles sont. Qui saura prouver, d'irréfutable façon, qu'il convient d'introduire les enfants à l'histoire ? Ou à la poésie ? Ou à la science ? Voire, après tout, que la connaissance vaut mieux que l'ignorance[22] ? Qui, en outre, dira quel est ce "mieux", et où diable est-il défini ? Et qui pourtant pourrait avoir, face à ces questions, l'ombre d'un doute ? Si, heureusement, ce doute est exclu, c'est que s'est forgé, de longue date, non le corpus d'une doctrine démontrée, mais un faisceau de communes et inébranlables convictions. Ici, telles sont les nôtres : en matière de formation d'esprit ou d'ouverture à la citoyenneté et à l'universalisme, une introduction précoce à la science est hautement bénéfique ; et cette affirmation n'est pas démontrable, ni guère vérifiable – fût-ce dix ans après –, pas plus que n'est démontrable l'intérêt de sensibiliser l'enfant à l'art.

Ici ou là, des "preuves" ont été avancées sur l'influence positive de l'investigation scientifique sur l'esprit de l'enfant. Elles sont sympathiques, mais il reste du chemin pour qu'elles soient entièrement convaincantes, tant sont indémêlables les facteurs autres qui influencent l'enfant, à commencer par le charisme éventuel de son maître, les influences multiples qu'il subit... Quand ces facteurs auront été explicitement pris en compte, un contradicteur apparaîtra bien vite qui en relèvera d'autres que l'on a négligés.

Cela étant fortement énoncé, il serait outrecuidant, de notre part, de récuser la discussion, puis l'évaluation de la pédagogie d'investigation et de sa mise en œuvre concrète. Celle-ci, s'agissant de la science et de la technologie, inspire explicitement les programmes de l'école primaire publiés en France en 2002. Elle est également l'un des principes majeurs adoptés en vue d'une rénovation des sciences au collège (*cf.* chapitre IX). De par le monde, à la suite des expérimentations menées aux États-Unis, en France et dans d'autres pays, cette pédagogie reçoit le soutien de l'UNESCO[23], de l'*InterAcademy Panel* (voir

22. Aurait-on établi cette démonstration qu'il faudrait bien rendre compte de douloureux contre-exemples nous rappelant les violences, ou les crimes, de telles nations hautement civilisées ou de tels individus éduqués à la science, comme ces ingénieurs membres des commandos du 11 septembre 2001.

23. Voir par exemple « Science education in danger », *in Education today*, Newsletter of UNESCO Education Sector, 11, oct. 2004.

p. 190) et de l'*InterAcademy Council*[24], et sous diverses dénominations inspire désormais bien des efforts de rénovation de l'enseignement scientifique élémentaire (*cf.* p. 191). Il règne donc un large consensus, qui ne paraît pas se limiter à une mode pédagogique fugace, sur cette façon d'enseigner les sciences. Ce consensus est conforté par de nombreux travaux de recherche sur la façon dont les enfants apprennent. Mais peut-on démontrer que ces pratiques produisent les résultats attendus sur le développement intellectuel de l'enfant, sur ses connaissances et attitudes ?

Si le but est d'évaluer quels sont les résultats durables d'une pédagogie d'investigation, il convient de préciser à l'aune de quels critères ils seront jugés. L'arbitraire de ces critères ne nous échappe pas, l'essentiel étant qu'ils représentent un consensus éducatif, éthique et social. Nous en énoncerions volontiers quatre : a-t-on établi à l'école primaire des fondements adéquats (connaissances et méthodes) pour construire sur ceux-ci un enseignement scientifique et technique de qualité lors des années de collège – de 12 à 16 ans –, qui préparent la diversité des orientations ultérieures ? A-t-on respecté un juste équilibre entre l'esprit d'éveil à la nature et l'indispensable acquisition des connaissances dont la part doit croître à l'approche de l'enseignement secondaire ? A-t-on favorisé le développement harmonieux de la personnalité et de l'intelligence de l'enfant ? A-t-on contribué à l'éducation à la citoyenneté, qui est l'apprentissage du *vivre ensemble* ? Ces quatre objectifs paraissent faire consensus en France, comme dans la plupart des pays. Ils recueillent simultanément l'adhésion de la communauté des chercheurs et des ingénieurs, qui ont à veiller à la qualité de l'avenir scientifique et technologique du pays, celle des parents et éducateurs, celle des citoyens et de leurs représentants locaux ou nationaux[25].

24. Voir *Inventing a Better Future*, InterAcademy Council, Amsterdam, 2004.

25. Même si la Consultation nationale sur l'École, organisée en France en 2003 à la demande du président de la République et sous la responsabilité de Claude Thélot (qui participa avec nous au lancement de *La main à la pâte* en 1996), fait peu apparaître de façon explicite un intérêt pour la science, les grands objectifs que nous rappelons ici y sont partout présents.

Plus difficile est de décider ce que, s'agissant des sciences de la nature, on veut précisément évaluer, et d'en classer l'importance relative. On citera volontiers, pêle-mêle : un ensemble de *connaissances* jugées indispensables ; la construction de *concepts*, au-delà de l'expérience sensible, et de représentations rationnelles des phénomènes ; le développement d'un ensemble d'*attitudes*, telles que motivation, plaisir, intérêt, attention, aptitude au dialogue, intégration dans l'école ou dans le groupe ; celui d'un ensemble d'*aptitudes*, telles que capacité d'expression, raisonnement, habileté manuelle, mémorisation, capacité à faire face à des situations nouvelles ; enfin, objectif qui n'est pas le moindre, la reconnaissance et la mise en valeur de la *diversité* des intelligences.

Nul(le) en math, bon(ne) en dessin ?

Parmi les nombreuses difficultés d'une évaluation rigoureuse, en voici une, fort parlante, détectée par Pascal Huguet.

Demandons à des enfants (de classes de 6e et de 5e) d'observer pendant un temps court (50 secondes) une figure complexe, puis de la reproduire de mémoire. Aux uns, on déclare qu'il s'agit d'un test de capacité en géométrie, aux autres, d'un test en dessin. Le résultat est frappant : la performance des premiers est d'autant moins bonne qu'il s'agit d'élèves en difficulté scolaire, une différence qui disparaît totalement chez les seconds. On le voit, la simple *dénomination* d'une évaluation – ici à consonance soit mathématique, soit artistique – influe fortement sur les résultats des enfants. Preuve, s'il en était besoin, de l'importance des émotions, que nous avons mentionnée au chapitre III.

La même expérience, effectuée cette fois en comparant garçons et filles, donne un résultat tout aussi net : les filles ont un score moins bon lorsque l'épreuve est intitulée *géométrie*, persuadées qu'elles sont, pour beaucoup, d'être « nulles en math ».

Ce sont paradoxalement les filles les plus fortes en maths qui, dans ce contexte de la géométrie, réalisent les performances les plus faibles ! Ici, semble-t-il, c'est la crainte de confirmer la mauvaise réputation de leur groupe d'appartenance qui constitue la source d'interférence négative.

Protocole de Pascal Huguet, *Laboratoire de Psychologie cognitive* de l'université de Provence. Voir aussi J.-M. Monteil et P. Huguet, *Réussir ou échouer à l'école : une question de contexte ?*, Grenoble, PUG, 2002.

Évaluer l'impact d'une pédagogie sur l'enfant ne peut se faire sans prendre en compte les conditions concrètes de celle-ci : il faut donc évaluer la pratique des maîtres auxquels il fut confié, mais aussi celle des inspecteurs, des formateurs de ces maîtres, en fin de compte le fonctionnement du système en son entier. Vaste programme, que nous ne saurions présenter ici, mais qui est évidemment au cœur de l'objectif évoqué par le titre de ce chapitre : « Faire évoluer un système éducatif ». Conscients des limites du propos, nous nous bornons ici à quelques coups d'œil sur l'enfant aux prises avec la science.

Dans les chapitres qui précèdent, nous avons évoqué bon nombre d'évaluations qui, toutes fragmentaires et empiriques qu'elles soient, dessinent déjà un bilan partiel mais positif, mesuré à l'aune des objectifs énoncés : à propos de la naissance de *La main à la pâte* (rapport Sarmant, voir p. 31), à propos de la citoyenneté (p. 54), de l'attention des enfants confrontés au questionnement (p. 39), de leur appétit de science (p. 57) ou de l'image de celle-ci chez eux (p. 78), de leur acquisition d'un langage riche et correct (p. 81). Nous disposons aussi d'un rapport de l'inspecteur général Christian Loarer, daté de 2002, qui mit en évidence la significative augmentation, en quantité comme en qualité, de l'enseignement de la science à l'école primaire.

Il n'existe pas en France, à ce jour, d'évaluation nationale qui, à l'issue immédiate de la scolarité primaire, apprécie les connaissances et aptitudes des élèves en science[26]. La seule évaluation disponible chaque année concerne le français et les mathématiques. Elle est également pratiquée à l'entrée en CE2 dans ces mêmes disciplines. Il est néanmoins possible de comparer, lors de celles-ci et donc dans ces disciplines, les résultats d'élèves ayant été exposés à une démarche d'investigation et ceux d'autres élèves ne l'ayant pas été. Pratiqué dans

26. Le ministère de l'Éducation nationale envisage d'introduire une telle évaluation d'ici quelques années, ce qui serait excellent. Il conviendra néanmoins de demeurer vigilant sur ses modalités, tant l'appréciation des acquisitions que l'on cherche à développer (attitudes, aptitudes, connaissances, etc.) est subtile.

le centre pilote *La main à la pâte* de Loudéac (Côtes-d'Armor), le test est intéressant.

Évaluation bretonne et rôle du cahier d'expériences

Dans la circonscription de Loudéac (Côtes-d'Armor), lors d'une évaluation faite à l'entrée en CE2, 185 élèves de quinze écoles, ayant suivi un enseignement de science avec la démarche *La main à la pâte*, présentent, lors d'une évaluation d'entrée en CE2, des résultats supérieurs – de 3,2 % (en français) à 3,9 % (en mathématiques) –, par rapport à la moyenne de la circonscription (environ 1 000 élèves). Une des caractéristiques de cet enseignement est la présence systématique du *cahier d'expériences* pour les premiers. L'étude mériterait d'être affinée pour vérifier que « toutes choses sont égales par ailleurs » (notamment la qualité des enseignants, toujours difficile à apprécier de façon comparative).

Source : Circonscription de Loudéac, 2004.

Mais, s'agissant de science, nous ne disposons pas encore d'évaluation prouvant que la démarche d'investigation, engagée depuis 1996, a construit, en France, les fondements d'une réussite ultérieure de ces enfants, au collège et au-delà, en sciences, techniques ou dans d'autres disciplines.

Rendons-nous donc en Californie, dans le district scolaire d'El Centro, qui – comme son nom ne l'indique pas – se trouve à la frontière de cet État avec le Mexique : sa population scolaire (6 500 élèves) est largement dominée (à 81 %) par des enfants de l'immigration mexicaine, dont la langue maternelle est l'espagnol et qui connaissent d'importantes difficultés scolaires et sociales. Le responsable (*superintendent*) de ce district, Michael Klentschy (déjà évoqué en p. 14), y a implanté de façon très rigoureuse dans toutes les écoles primaires, depuis 1993, le projet *Valle Imperial Science*, appliquant une pédagogie *Hands-on* – proche de *La main à la pâte* –, avec des enseignants accompagnés par des scientifiques du *California Institute of Technology*. Les premières cohortes d'élèves ainsi formés sont entrées dans le secondaire, puis se sont présentées à la sélection d'entrée des universités publiques de l'État de Californie. Ô surprise ! Leurs scores, dans les disciplines variées et non exclusivement scientifiques qu'ils avaient choisies pour leurs études supérieures, dépassaient d'un facteur quatre le score de populations scolaires similaires qui n'avaient pas bénéficié d'une formation semblable à l'école primaire. Ce remarquable résultat confirme combien durable et profonde est l'empreinte d'une pédagogie de qualité, lorsqu'elle a été appliquée pendant l'*âge d'or de la curiosité*.

Performances californiennes d'un enseignement *Hands-on* Score des élèves hispaniques dans les universités de Californie

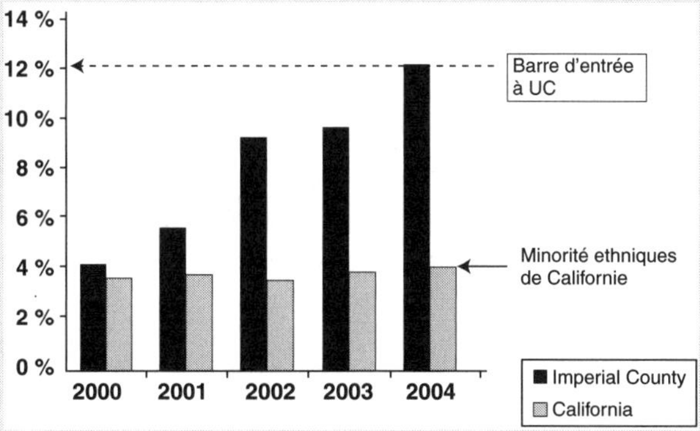

La sélection à l'entrée des universités publiques (UC) de Californie admet 12 % des jeunes Californiens (barre – – –). Parmi eux, les minorités ethniques (majoritairement hispanos) ayant suivi un enseignement secondaire « tout-venant » (barres claires), ne réussissent qu'à 4 %, proportion qui reste constante de 2000 à 2004.

En revanche, pour les élèves d'El Centro (barres foncées, Imperial County), essentiellement hispanos, cette fraction rejoint progressivement la moyenne de l'État, à proportion du nombre d'années d'école primaire où ces élèves, *six à dix ans plus tôt*, ont reçu un enseignement *Hands-on*. Source : *Michael Klentschy*, University of California, Eligibility Rate for Underrepresented Students, 2005

Voir aussi ehrweb.aaas.org/UNESCO/ConferenceRepts.htm.

En Australie, le programme *Primary education*, lancé en 1995, a été évalué en profondeur en 2002 par l'Académie des sciences de ce pays, qui a conclu à un changement significatif et durable de l'intérêt des élèves pour les sciences. En Suède, le programme *Naturvetenskap och Teknik för Alla* (Science et technologie pour tous, NTA), suscité par l'Académie royale des sciences (voir p. 181), s'est livré par interviews individuelles à une évaluation des acquis des élèves[27], dont nous donnons un bref exemple.

En Suède, des élèves de 6e, après une séquence sur le frottement et le mouvement

« J'ai appris :

- des mots difficiles comme la résistance au frottement (garçon) ;
- que de l'énergie est stockée dans un élastique (garçon) ;
- que le frottement existe et que vous ne pouvez vivre sans lui (fille) ;
- que la friction est la résistance contre le glissement, et la résistance de l'air ;
- que de l'énergie était stockée dans le bracelet élastique et que, quand on l'a lâché, l'énergie l'a quitté et a mis la voiture en mouvement (fille). »

Source : Sven-Olof Holmgren, NTA.

À l'évidence, tout cela est fragmentaire, et il est possible de mieux faire. De multiples pistes peuvent être explorées, et nous souhaitons les parcourir avec nos partenaires de tous ces pays déjà engagés, comme avec ceux de l'Europe : pratiquer des tests de connaissances ou de capacités d'initiative, ou de mémorisation ; comparer les performances scolaires, pendant la scolarité primaire et au-delà, de cohortes d'élèves ayant suivi des parcours différents ; analyser les cahiers d'expériences et leur évolution au fil de la scolarité ; affiner des tests cognitifs, tels que la mesure de l'émotion ou de la motivation, etc. Partout se rencontrera la difficulté liée à la multitude de paramètres entrant en jeu, par exemple dans la comparaison

27. *Evaluation of Natural sciences and technology for all*, Hultman, G. *et al.*, 2003.

d'élèves ayant eu des maîtres différents, plus ou moins bien formés, plus ou moins exigeants, etc.

En fin de compte, souvenons-nous de cette anecdote, datant de quelques années, lors d'une grande conférence internationale consacrée à la science au sein de l'école primaire. Un éminent collègue des États-Unis, brillant scientifique, y requiert, avec quelque vigueur, des preuves chiffrées de l'efficacité d'un enseignement d'investigation : bien qu'il soit lui-même totalement acquis à celui-ci, il estime que de telles preuves sont nécessaires pour convaincre les hommes politiques qu'il rencontre. Une autre personnalité, cette fois d'Asie, tout aussi éminente, lui répond alors avec véhémence : « Mais enfin, si vous allez dans une classe de type *La main à la pâte*, et que vous observez les enfants, ne voyez-vous pas qu'ils sont heureux ? Et vous voudriez mettre le bonheur en chiffres et graphiques ! » À en juger par le nombre de ministres et de personnalités diverses qu'une visite de classe, telles celles décrites au chapitre II, a définitivement convaincus sous nos yeux de s'engager ou de soutenir la rénovation, cette réplique comporte sûrement du vrai.

D'indispensables partenaires

Tous les Français s'intéressent à l'éducation dans notre pays, et presque chacun d'entre eux possède son idée, petite ou grande, sur ce que celle-ci devrait être. Éclairée de souvenirs souvent forts et du quotidien vécu au travers des proches, enfants ou petits-enfants, l'école primaire éveille davantage encore cet intérêt, persuadé qu'est chacun de ce que s'y joue bien souvent tout l'avenir de l'enfant. Voici, sans doute, pourquoi il nous fut si aisé de trouver de multiples partenaires, qui acceptaient de s'engager fortement à nos côtés, dès lors que nous proposions d'améliorer les choses. Mentionnons seulement ici, comme exemple fort, le puissant soutien que nous apporte, depuis 1997 et au bénéfice des zones d'éducation prioritaire (ZEP), la *Délégation interministérielle à la ville* (DIV).

Pourtant, il a toujours fallu demeurer attentif à ce que ces partenariats ne visent pas à déposséder l'Éducation nationale de sa responsabilité et de ses prérogatives. Car cette immense machine, par la complexité de son organisation, est aussi d'une grande délicatesse. Trop de demandes l'assiègent qui voudraient investir l'école sans peut-être en respecter la mission.

Pour autant, afin de faire évoluer notre système éducatif, nous avons constaté que l'investissement résolu de multiples partenaires est bienfaisant. Au fil des pages qui précèdent, nous en avons déjà mentionné beaucoup : la communauté scientifique, de multiples associations, des éditeurs et fabricants de matériel... Nous souhaitons ici revenir sur trois d'entre eux, évoqués quelque peu rapidement jusque-là : il s'agit des collectivités locales, des médias et du monde de la recherche.

En France, les municipalités jouent un rôle décisif sur le fonctionnement des écoles, puisqu'elles en financent toutes les dépenses, hormis la plupart de celles de personnel (*cf.* Annexe I). Nous connaissons d'ailleurs le grand intérêt que porte à l'éducation l'Association des maires de France[28]. Or ces collectivités peuvent jouer, pour la rénovation poursuivie, un rôle très important, en allant bien au-delà de ce qui est déjà fait. Équiper les écoles en coûteux matériel informatique est bien, mais il est également excellent, et moins coûteux d'ailleurs, de créer dans chacune une salle de sciences, à l'image de ce qui se fait en Dordogne (voir p. 152). Financer des *intervenants extérieurs* pour suppléer l'incapacité supposée des maîtres d'enseigner la science n'est peut-être pas souhaitable. Mieux vaudrait, dans un partenariat avec l'Éducation nationale et avec les scientifiques de la région, contribuer à mettre en place des formations continuées de qualité. C'est d'ailleurs le schéma que nous avons retenu pour les *villes-pépinières* européennes du projet *Pollen* et qui a été accepté avec enthousiasme par les édiles de celles-ci (voir p. 193).

L'action de *La main à la pâte* a beaucoup bénéficié de la place que lui ont accordée les médias ; on a même parfois prêté à celle-ci les succès

28. L'Association nationale des directeurs de l'éducation des villes (ANDEV) a tenu, à l'automne 2004 au Sénat, un colloque consacré à ces questions.

rencontrés ! Cet intérêt nous paraît, lui aussi, relever du sentiment, plus ou moins diffus, que l'avenir du pays se joue largement dans ses écoles. N'est-il pas remarquable que, pendant près de trois ans et chaque jeudi, la station publique France-Info ait donné la parole à un maître d'école différent pour que celui-ci raconte, en moins de deux minutes, un « cas de science » traité avec ses élèves[29] ! Grâce à cette chronique et au courrier qu'elle stimula, le pays entier a su que des enfants avaient compris la pousse du soja ou construit « un petit train des Côtes-du-Nord ». La télévision, elle aussi, a fait une place à ces portraits d'enfants heureux et de classes joyeuses, dont le présent livre est émaillé. Il nous reste à souhaiter que ces médias conservent cet intérêt, au-delà de leur souci de contribuer à réduire la désaffection pour les études scientifiques, qui les mobilise depuis 2003.

Évoquons enfin la recherche. Tant de situations nouvelles dans les classes ou les écoles, de contextes d'accompagnement inédits pour les maîtres, de conception de ressources originales ne peuvent que mobiliser l'esprit curieux de chercheurs qui font profession d'étudier, de façon rigoureuse, les changements éducatifs, les processus cognitifs, les enjeux sociaux, la place de la science dans les mentalités. Ces chercheurs, nous les rencontrons dans les IUFM – une de leurs places les plus naturelles –, mais aussi dans les universités, à l'étranger comme en France. Nous avons déjà évoqué leur rôle à propos de la didactique (voir p. 67) ou des sciences cognitives (voir p. 60). Mais le développement de *La main à la pâte* peut aussi leur poser des questions originales et intéressantes, à explorer au plus proche du fonctionnement des classes. Claudine Larcher, professeur à l'INRP et notre partenaire de la première heure, a ainsi stimulé pendant trois ans un réseau de chercheurs dans une quinzaine d'IUFM, soit près de la moitié d'entre eux, autour de cinq thèmes[30] : les

29. Parole généreusement suscitée par l'enthousiaste animateur de la chronique « éducation » de France-Info, Emmanuel Davidenkoff, avec lequel Nicolas Poussielgue, puis André Jouannic, tous deux de l'équipe *La main à la pâte*, ont étroitement collaboré.

30. L'ensemble des résultats de ces recherches est consultable à l'adresse : www.inrp.fr/rencontres/je/2002/lamap.htm

conditions d'appropriation, par les maîtres, des ressources qui leur sont proposées ; leur interaction avec des scientifiques ; le cahier d'expériences ; la conception des salles de science ; l'utilisation que font les maîtres de leur dialogue avec scientifiques et formateurs sur Internet.

Le résultat de telles recherches est précieux pour savoir si des intuitions, fortes mais pas nécessairement fondées en raison, sont en définitive conformes à la réalité. Nous souhaitons donc que, dans les années à venir, des travaux nombreux de ce type contribuent à éclairer la voie et à orienter l'action.

Une thèse de doctorat : à São Paulo, de jeunes adultes illettrés aux prises avec la science

La *Main à la pâte* (*Máo na massa*) a été implantée au Brésil à partir de l'année 2000, en particulier dans quatre écoles de l'État de São Paulo. Suite aux bons résultats obtenus en 2001 par les élèves de ces écoles à l'examen de l'État de São Paulo (SARESP), un projet de type *La main à la pâte* a été lancé en 2002 pour des jeunes et des adultes de l'école Vera Cruz.

Après un an, ces jeunes adultes, tous analphabètes, ont fait de grands progrès dans leur capacité à s'exprimer oralement et par écrit. Par exemple, leurs écrits individuels, qui ne subissent jamais d'intervention de la part du professeur, deviennent avec le temps plus organisés et plus proches de ce que devrait être un compte rendu d'expérience ou d'observation.

Pour Sandra Regina Mutarelli Setùbal, responsable du projet, « la science joue un rôle fondamental dans le processus d'acquisition et de lecture de la nature, et ce projet participe à réduire le niveau d'analphabétisme ». À la suite de ces premières et encourageantes observations, cette responsable a proposé, en 2004, d'entreprendre un travail approfondi de recherche, sous la direction d'Anne-Marie Chartier, maître de conférences à l'INRP.

*

On n'aura pas manqué de relever ce que le titre de ce chapitre pouvait avoir d'ambitieux, voire de présomptueux.

Si nous oublions la présomption et ne retenons que l'ambition, il est vrai que notre étroite relation, ces dix dernières années, avec le monde de l'enseignement primaire – depuis les maîtres jusqu'aux ministres – nous a conduits à constater que bien des montagnes pouvaient être remuées, en termes d'évolutions pédagogiques, tant le terrain est fertile et réceptif. Encore convient-il que soient réunies quelques conditions minimales, celles que nous avons relevées au passage : un raisonnable consensus, quant aux buts à atteindre, des acteurs concernés ; une volonté d'œuvrer dans la durée ; la conviction que les métiers de l'enseignement, comme tous les autres, impliquent un effort de formation continuée et des possibilités d'accompagnement ; l'illustration, par l'exemple et la dissémination, du bienfait de certaines pratiques ; la capacité de chacun à comparer ces pratiques avec celles menées ailleurs, et notamment à l'étranger ; enfin, l'existence d'un système d'évaluation qui puisse mesurer, ou au moins repérer, non seulement les connaissances acquises par l'enfant, ce qui est facile, mais aussi ses facultés personnelles d'initiative et d'investigation personnelles, ce qui l'est moins.

Dans le cas particulier de la science, nous avons acquis la conviction que la plupart de ces conditions – à l'exception, que nous espérons provisoire, de la dernière – sont remplies, au moins en partie. La réponse à la première question, qui ouvrait ce chapitre, est donc largement positive et optimiste. Quant à la seconde question, qui affronte rien de moins que l'état de l'éducation dans le monde, disons simplement que nous donnons, dans le chapitre qui suit, quelques éclairages sur des actions par lesquelles nous avons tenté de transposer, hors de nos frontières, certains des ferments de transformation analysés ici.

CHAPITRE VIII

De Bogotá à Shanghai

Robert SCHUMANN[1]

Il est une expérience, fort touchante, que chacun peut faire, à seule condition de se trouver dans une école – en quelque lieu que ce soit – à l'heure de la récréation. Elle consiste à fermer les yeux et à écouter la petite musique uniforme et charmante qui émane de la cour, faite des rires et des jeux, des piaillements et du gazouillis, des chamailleries et des clameurs de l'enfantine assemblée. Puis à prendre alors conscience que rien, dans ce modeste concert, ne permettrait de déceler si l'on se trouve à Valparaiso ou à Bordeaux, dans tel village du Canada ou dans tel d'Ouzbékistan. L'oreille se révèle ici plus fiable que l'œil, lequel souligne et accentue des différences – finalement superficielles – d'apparence physique. Elle nous parle, au contraire, d'une communauté des ardeurs et des aspirations. Sans doute plus tard, à l'adolescence, ces enfants se distingueront-ils plus les uns des autres, par ethnie, par nationalité, par niveau social... Mais là, à cet âge de l'ouverture au monde et d'une relative homogénéité intellectuelle des disciples, il est légitime de confronter les méthodes éducatives des maîtres et de faire bénéficier ceux-ci des idées et si possible des progrès de leurs collègues étrangers.

1. « Hommes et pays lointains », *in Scènes d'enfants*, *op.* 15.

Une problématique mondiale

Très tôt, dans notre cheminement, nous en avons pris conscience : les problèmes qu'en France nous tentions de résoudre avec *La main à la pâte* se posaient également ailleurs ; les enfants montraient partout le même appétit ; et des échanges d'idées ne devaient qu'être positifs. Nous l'avons déjà évoqué, s'agissant des États-Unis (p. 20). Rendant visite, pour d'autres motifs, en Afrique du Sud (YQ, 1996), en Colombie (GC, 1996), au Chili (PL, 1995), nous mesurions bien vite l'intérêt tout neuf porté ici et là, dans les milieux scientifiques et parfois aussi politiques, à l'enseignement des sciences aux enfants. Nous constations telles convergences, telles différences, aussi utiles à nos yeux les unes que les autres. Partout aussi il nous apparaissait combien cet intérêt était politique, au meilleur sens du terme, c'est-à-dire lié directement au développement et à l'avenir de la société. Tout nous poussait à écouter, à regarder, à établir des contacts, à répondre à des appels tout autant qu'à en lancer, à profiter tout autant qu'à faire profiter ; à comparer nos méthodes et nos difficultés à celles des autres, et tout d'abord à toucher du doigt les éléments constants d'un monde enseignant infiniment divers.

Publiée en Norvège et reprise dans une étude récente (2004) menée pour le compte de l'Europe par une éminente personnalité du Portugal[2], une intéressante enquête analyse l'appétence pour la science d'adolescents de 15 ans dans un grand nombre de pays. Si tous ces jeunes convergent sur des opinions telles que : *la science et la technologie sont importantes pour la société*, ou bien : *la science et la technologie sont importantes pour l'avenir des jeunes générations*, leur positionnement sur l'affirmation : *Je veux devenir un scientifique* est étonnamment variable. Une anti-corrélation presque parfaite est observée entre les réponses très positives et le degré élevé de développement du pays ! C'est sans doute cette réalité, *a priori* surprenante et quelque peu préoccupante pour l'Europe, qui nous

2. Il s'agit du Pr José Mariano Gago, qui fut ministre de l'Éducation du Portugal et y est actuellement (fin 2005) ministre de la Recherche. Enquête déjà citée dans la note de la page 119.

a d'abord entraînés vers nombre de pays émergents, où nous avons pu constater que l'universelle "gourmandise" pour la science, analysée au chapitre III, y était plus avide encore que chez nous, pour peu qu'une action y soit entreprise dans les écoles. Ou bien, triste hypothèse, doit-on supposer que l'image de la science dans les pays développés – celle que *nous* en donnons – serait devenue un repoussoir, comme déjà analysé à propos des maîtres (p. 101) ?

Choix professionel et état de développement

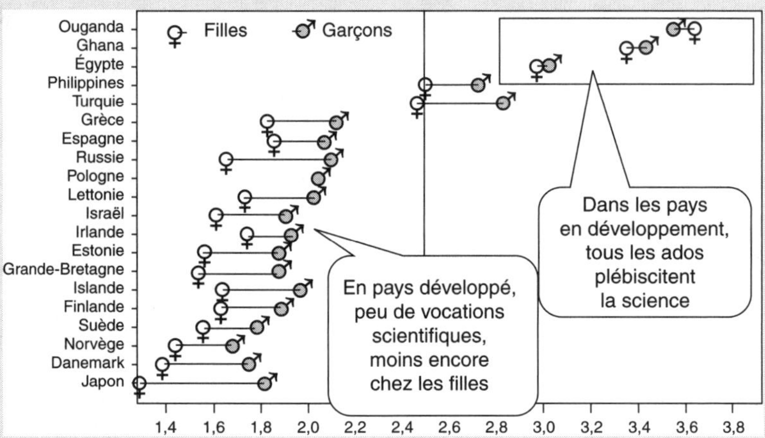

Positionnement d'adolescents de 15 ans par rapport à l'affirmation : *Je veux devenir un scientifique* selon l'état de développement de leur pays. (Échelle horizontale : 4 = accord total, 1 = désaccord total.) Ce diagramme rassemble, pour les mêmes pays, des réponses à une question différente de celle du graphique p. 119.

Enquête ROSE (Relevance of science education), 2004.

Bien souvent, la peur d'enseigner la science...

La déshérence de l'enseignement des sciences et ses causes, que nous avons déjà analysées pour la France, se retrouvent dans des pays aussi dissemblables que le Chili ou la Chine, la France ou le Sénégal, les États-Unis ou la Malaisie. C'est à partir de systèmes éducatifs et de traditions fort contrastés que l'on était arrivé, dans les années 1990, s'agissant de sciences à l'école, à des situations comparables : enseignement devenu étique et pratiqué bien souvent "frontalement", en énoncés donnés *ex cathedra*, à apprendre ici ou là par cœur ; enseignants en moyenne peu formés aux sciences et effrayés, comme déjà dit (voir chapitre V), à l'idée de devoir les enseigner. Dans tous ces pays, en même temps, demeuraient de brillantes exceptions à partir desquelles refaire germer un enseignement de qualité devait être possible[3].

La peur de la science

Nous visitons, en novembre 2003, l'école d'un village pauvre de la région de Guilin, Chine du Sud. Écoutons-en le directeur : « Vous savez, nous dit-il, nous n'enseignons pas de science ici, car c'est devenu bien trop difficile. Regardez ces fusées, ces hommes dans l'espace [le premier cosmonaute chinois venait de se poser le matin même], ces grands accélérateurs, toutes ces énormes machines qu'on voit à la télévision, comment voulez-vous que nos professeurs y comprennent quelque chose ? En plus, la science, c'est beaucoup trop cher pour une école comme la nôtre ! »

Une fenêtre, ouverte sur la campagne, laisse voir, tout contre l'école, un plantureux bouquet de bambous. Nous le lui montrons : « Regardez ces bambous, monsieur le directeur. Vous avez là de quoi enseigner deux mois de science à vos enfants. Vous en coupez une tige, l'encastrez horizontalement et leur faites mesurer la courbure en fonction du poids que l'on suspend à l'autre extrémité : ils apprennent là ce qu'est l'*élasticité* ainsi que, sur un graphe élongation/poids, ce qu'est une *fonction linéaire*. Qu'ils fassent alors de la tige une petite flûte et qu'ils repèrent les sons produits en fonction de la longueur du tube et de la disposition des trous : c'est l'*acoustique*. Percez-la dans la longueur et faites-leur observer comment l'eau coulera dans ce tuyau : c'est l'*hydraulique*. Et puis, bien sûr, faites-leur mesurer la pousse en fonction de l'éclairement, ou de l'humidité, ou de ce que les enfants imagineront : c'est la *botanique*. »

3. Y. Quéré & D. Jasmin, *Planète Science*, Vol. 3, n° 3, UNESCO, 2005.

Le directeur a-t-il modifié ses pratiques ? Nous l'ignorons. Mais sa réaction vis-à-vis de la science était celle de tant et tant de nos contemporains, maîtres d'école ou non. Face à une discipline qui, en effet, dans ses pointes extrêmes est devenue inaccessible à la plupart, ils se figurent qu'elle a globalement "décroché" de notre monde, à l'image d'une montgolfière qui s'élève dans les airs, et que donc, pour eux, « tout est perdu, c'est irrécupérable » ; alors que le mouvement ascendant de la science est bien plutôt la pousse d'un grand chêne dont la cime progresse, loin de nous il est vrai, vers le ciel, ce qui ne l'empêche pas de rester complètement enraciné dans le sol, là, à notre portée.

Cet effacement de la science dans les écoles était, partout, d'autant plus fâcheux qu'il se produisait à un moment où semblait nécessaire une sensibilisation accrue des enfants à des métiers de plus en plus marqués par les techniques, qu'elles soient agronomiques, médicales, mécaniques, informatiques..., à un moment aussi où l'écart entre pays riches et pauvres grandissait, rendant urgente, dans ces derniers, la maîtrise desdites techniques. Ajoutons que le soupçon jeté sur la science et la crainte des fruits empoisonnés qui se mêlent à ses bienfaits risquent de se développer sans frein chez celui qui manque des connaissances élémentaires et d'un sens critique que, justement, elle doit nous inculquer.

... et, pourtant, de stimulantes initiatives

C'est peut-être aux États-Unis que la réaction fut la plus précoce : le lancement du premier Spoutnik (1957) y avait brusquement fait chanceler l'idée que le pays bénéficiait, sur l'Union soviétique, d'une avance irrattrapable. Rapidement, diverses réformes avaient été entreprises dans l'enseignement des sciences, mais la dévolution presque totale de l'éducation faite aux États avait cantonné ces initiatives à l'échelle locale, souvent celle du *county*, sans résultat global bien visible. Il faut attendre les années 1990 pour que la National Academy of Sciences (NAS) prenne l'affaire en mains[4]

4. On lira par exemple : *Every Child a Scientist*, NRS, 1998.

et que quelques grands noms de la science ou de la didactique y impriment leur marque. Ainsi la NAS rédigeait-elle, dans le cadre du National Research Council (NRC), une série de recommandations fermes et détaillées à l'usage des États de l'Union (« *National Standards*[5] ») et créait-elle, dans le cadre du Smithsonian Institute, un ensemble de fascicules et de mallettes de matériel directement utilisables par des professeurs peu formés[6]. Ces exemples nous ont été précieux, et nous continuons à avoir, outre-Atlantique, de très fructueux contacts.

Mille autres initiatives seraient à citer, par exemple celle des trousses de chimie conçues en Afrique du Sud, celle des mallettes de matériel fabriquées à São Carlos au Brésil et circulant dans les écoles, celle de l'enseignement mixte hygiène-science inauguré au Nigeria, celles de la remarquable formation des maîtres organisée par l'Académie mexicaine des sciences, celle de l'implication vigoureuse des municipalités en Suède[7]... mais elles n'étaient malheureusement connues que localement. Au tournant du siècle, de multiples conférences internationales ont répercuté ces initiatives et, au-delà, ont exprimé une préoccupation croissante concernant l'éducation à la science, afin de préparer la jeunesse du XXIe siècle aux rudes enjeux qui l'attendent[8]. Ces rencontres ont aussi permis la mise en perspective des solutions pédagogiques ici ou là mises en œuvre et fait connaître les progrès récents que l'imagerie du cerveau permet quant aux processus cognitifs de l'enfant (*cf.* chapitre V). Ce mouvement prenait d'ailleurs ancrage sur un certain substrat de recherches pédagogiques et, justement, sur bon nombre des expérimentations lancées naguère (*cf.* chapitre I) et récemment.

---

5. *Scientific Research in Education*, NRS, 1995 ; puis *Enquiry*, NRS, 2000.

6. Voir par exemple : *Science for All Children*, NRS, 1997.

7. Ce sont, en 2005, 50 des 285 municipalités de Suède où se pratique un enseignement rénové des sciences, grâce à l'action de l'Académie royale des sciences de ce pays, ce nombre étant en constante augmentation.

8. Entre autres : Strasbourg (1998), Beijing (2000), Monterrey (2001, 2003, 2005), Santiago du Chili (2003), Vatican (2001, 2005), Kuala Lumpur (2002), Rio (2002), Boston (2002), Mexico (2003), Dakar (2003), Lima (2003), Penang (Malaisie, 2004), Bielefeld (2004), Erice (Sicile, 2004 et 2005), Amsterdam (2005), Stockholm (2005), Zlatibor (Serbie, 2005), Corpus Christi (Texas, 2005), Edmonton (2005), Berlin (2005), Kampala (2005).

Des institutrices et des instituteurs d'un quartier pauvre de la ville de Mexico reçoivent, à l'initiative de l'Académie mexicaine des sciences et, chaque samedi matin, une formation, ici sur l'évolution des espèces (2003).

La main à la pâte à l'étranger : un partenariat

Dans plusieurs de ces pays, *La main à la pâte* a trouvé, pour les raisons suivantes, une audience immédiate : elle émanait d'une académie des sciences, affichant ainsi nettement l'implication des scientifiques aux côtés des enseignants du primaire ; elle avait l'appui officiel du ministère, suggérant une généralisation possible à l'ensemble du pays ; elle s'appuyait sur un site Internet (*cf.* chapitre VI) qui en rendait partout accessibles les principes et les documents d'application. Aussi pûmes-nous bientôt établir des contacts, puis signer des accords de coopération, comportant tous des clauses précises de collaboration concrète, avec nombre de partenaires étrangers, ici Académie des sciences, là ministère de l'Éducation, là encore université, voire association.

Outre les liens déjà mentionnés avec nos collègues des États-Unis, il convient de citer une présence explicite – officialisée par de tels accords – de *La main à la pâte* en Afghanistan, en Argentine, au Brésil, au Cambodge, au Chili, en Chine, en Colombie, en Égypte, en Espagne, en Malaisie, au Mexique, au Sénégal, en Slovaquie (ici en partenariat avec le groupe Peugeot PSA), en Suisse romande ; des projets pilotes avec la

La main à la pâte et ses liens dans le monde
En *gris foncé*, les pays avec lesquels nous collaborons, et parmi eux (cercle) ceux avec lesquels nous avons passé un accord formel. En *hachuré*, les pays européens du réseau *Pollen* (voir p. 193).

Belgique, le Cameroun, le Canada-Québec, Haïti, l'Île Maurice, Madagascar, le Maroc, la Serbie, la Tunisie et le Viêt-nam. Plus avant dans ce chapitre, nous reviendrons sur l'Europe et sur les actions prometteuses dans lesquelles nombre de ses pays s'engagent[9].

Dans la plupart des cas, nous avons considéré plus efficace de solliciter l'implication de tel IUFM dans la collaboration avec tel pays afin de démultiplier notre effort et mieux l'ancrer dans des contacts de personne à personne[10]. Chaque fois, nous avons trouvé pour cette tâche des volontaires enthousiastes et, en même temps, bénéficié du soutien actif de notre ambassade dans le pays concerné. Il en résulte actuellement, chaque année, nombre de séjours croisés, d'ateliers de formation, de visites d'écoles... où se nouent souvent de véritables amitiés entre formateurs ou enseignants de pays différents.

9. Parmi eux, citons la Belgique, premier pays où s'est créée une association intitulée *La main à la pâte*, sous l'impulsion de Pasquale Nardone et Patricia Corriéri, avec le concours de Renée Louis, de l'équipe *Lamap*.

10. On citera, entre autres, les liens de l'IUFM de Champagne-Ardennes avec l'Afghanistan, de l'IUFM du Languedoc-Roussillon avec la Chine et de l'IUFM de Poitou-Charente avec la Slovaquie.

Afin de pouvoir répondre à une demande croissante, nous avons organisé en 2004, dans le très beau cadre de la fondation Ettore-Majorana[11], une école de formation spécifique de ces envoyés spéciaux. Le nombre des formateurs ainsi rassemblés – venus des écoles ou des IUFM – et la qualité des échanges montrent le potentiel de générosité du mouvement d'*enseignants sans frontières* qui se dessine ainsi.

La France possède dans le monde un remarquable réseau d'établissements scolaires (primaire et secondaire) gérés par l'Agence de l'enseignement français à l'étranger (AEFE). Bon nombre de ces établissements ont adopté spontanément *La main à la pâte* dans leurs classes primaires, y ont consacré d'importants programmes de formation de leurs maîtres et ont joué un rôle parfois déterminant (par exemple en Colombie ou en Égypte) pour entraîner leur pays d'accueil dans une action de rénovation.

Au-delà d'un simple transfert de documents[12] et de pratiques, au-delà des multiples stages de formation que nous avons pu proposer à des enseignants ou à des formateurs étrangers – soit en France, soit dans leur propre pays –, la plupart des partenariats donnent lieu à un véritable échange, les principes de *La main à la pâte* trouvant ici ou là matière à modulations, adaptations ou améliorations qui, en retour, nous sont toujours profitables[13].

Ainsi le contexte local inspire-t-il des modules sur la redoutable maladie de la dengue (au Cambodge), sur la canne à sucre (au Viêt-nam)... ou sur le serpent boa (au Brésil), manifestant ainsi cette *inculturation* de la science.

11. Créée par le physicien italien Antonino Zichichi, cette fondation, dans le village sicilien d'Erice, face au détroit qui sépare la Sicile de l'Afrique, perpétue le souvenir du grand physicien dont elle porte le nom, en accueillant des milliers de scientifiques du monde entier pour des séjours de travail et de réflexion sur la science, la paix et le développement.

12. Ainsi notre livre initial, *La main à la pâte*, Flammarion 1996, a-t-il été traduit et publié en arabe, chinois, espagnol, portugais, serbe et vietnamien.

13. Pour plus de détails sur les développements internationaux, nous renvoyons à l'opuscule *La main à la pâte dans le monde*, publié fin 2005 (voir la bibliographie en fin de volume).

Des échanges toujours profitables

C'est par exemple de nos amis brésiliens de São Paulo que nous avons appris combien un enseignement de sciences expérimentales peut se révéler efficace quand on lutte contre l'illettrisme des adultes. Ils se sont mis en effet à utiliser avec ceux-ci une démarche *Main à la pâte*, ayant remarqué que le caractère concret, à la fois manuel et rationnel, d'une investigation de nature scientifique les ouvrait plus facilement à un langage correct et même à la lecture (voir p. 174).

C'est aussi le cas s'agissant de la Chine où, après avoir traduit chez eux notre document *Enseigner les sciences à l'école*, destiné aux classes de primaire[14], nos collègues de Nanjing nous ont transmis en retour, pour traduction en français, un document comparable, *Les cinq cas*, écrit par eux pour les classes de maternelle.

Au Brésil, encore, à São Carlos, sont élaborées, sous l'impulsion vigoureuse de Dietrich Schiel, des mallettes de matériel pour les écoles, d'une grande originalité et d'un prix de revient très modeste. Nous souhaitons emprunter là idées et savoir-faire.

Aux États-Unis, au Chili, en Suède... un effort est porté sur l'évaluation, à la fois celle des enfants enseignés et celle du système d'enseignement lui-même. Nous avons tout à gagner de nous en inspirer.

Des élèves égyptiennes utilisent, à l'initiative de *La main à la pâte*, une balance très simple (coût : 1 €) mise au point par Dietrich Schiel à São Carlos, Brésil : bel exemple d'une collaboration triangulaire concrète.

14. Document également traduit en portugais (*Ensinar as ciências na escola*), en catalan (*Proyecto Lamap*), en castillan (*Projecte Lamap*), en serbe (*Pregobanié nauka u schola*), en cours de traduction en farsi (Iran), etc.

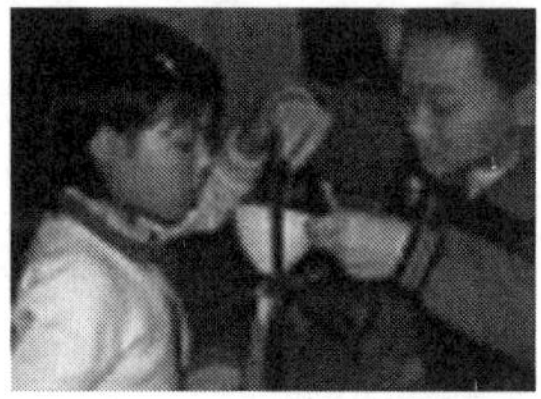

Prenons un instant la Chine pour exemple de ces collaborations.

Notre premier accord formel avec le ministère de l'Éducation de ce pays, mis au point avec Mme Wei Yu, alors vice-ministre de l'Éducation, remonte au mois de novembre 2000. Un premier stage de formation est organisé en France pour des institutrices chinoises, et, aussitôt après, *La main à la pâte* est mise en route, sous le nom de *Learning by doing*[15], à Pékin, Nanjing, Shanghai et Shantou. Nos *Dix Principes* y deviennent, après adaptation, les *Neuf Principes* ! De ce moment, les échanges ne vont plus cesser, donnant lieu à un colloque annuel, alternativement en Chine et en France, à de nombreux échanges de formateurs et d'enseignants, à l'établissement à Nanjing d'un site Internet pour enseignants, miroir du nôtre, à la traduction, en chinois, de plusieurs de nos publications et maintenant, en français, de documents chinois. Des collègues d'IUFM établissent des échanges pédagogiques tandis que l'expérience s'étend à Guilin, à Dalian, à Xian, à Wuhan. En retour, nous bénéficions des expériences chinoises en termes, notamment, des études réalisées là-bas sur le rôle de l'émotivité de l'enfant dans le processus cognitif (*cf.* chapitre III), ou plus simplement d'excellentes séquences expérimentales réalisées dans leurs écoles.

Enfants du monde[16]

Quittons la Chine et rendons-nous en quelques autres lieux où se pratique *La main à la pâte*, par exemple :

En Afghanistan où, participant à la reconstruction du système éducatif dans le cadre d'un Fonds d'aide prioritaire, *La main à la pâte* aide à rénover un enseignement des sciences pratiqué jusque-là sur le mode magistral et livresque. « Cette formation, raconte Élisabeth Plé, professeur d'IUFM, a reçu un accueil très favorable et donné lieu, dans un climat chaleureux et détendu, à des moments d'échanges et de confrontations très intenses. »

15. En chinois *Zuo zhong xue*, littéralement *Faire et apprendre*.

16. Cet encadré ne détaille pas les coopérations en Europe, qui sont évoquées spécifiquement p. 192.

En Argentine, au lycée franco-argentin Jean-Mermoz : « Pourquoi donc choisir un tel engagement » ?, se demande Laura Pacheco, institutrice de maternelle. « Eh bien ! en raison de ma propre curiosité, de mon inconscience peut-être ? Ce qui m'a vraiment encouragée, c'est la réponse des enfants : je les ai vus ravis de découvrir certains phénomènes... » Et au Centre Belgrano où, comme le note Adriana Geradini, « à travers les différentes étapes de la séance de science, les enfants ont pu se mettre à l'écoute des autres (parfois difficile à leur âge !) et accepté des interprétations erronées. Moyennant les critiques, les formulations, les validations et la patience, nous sommes parvenus à travailler la langue, le vocabulaire et les structures sans que les enfants s'en rendent compte ». Nous signons en 2004 un accord avec l'Académie argentine des sciences et participons depuis, à l'initiative du ministère argentin de l'Éducation, à de dynamiques sessions de formation dans les régions les moins développées du pays (Corrientes, Chaco, Tierra del Fuego).

Au Brésil où, sous le nom de *Mao na massa*, une vaste réforme de l'enseignement des sciences dans les écoles a été proposée par l'Académie des sciences, en lien fort avec la nôtre et sous la responsabilité d'Ernst Hamburger, qui concerne actuellement (2005) les onze villes suivantes : São Paulo, São Carlos, Rio de Janeiro, Ribeirão Prêto, Jaraguá do Sul, Vitória, Campina Grande, Salvador, Viçosa, Juiz De Fora et Piracicaba. Des stages croisés sont organisés chaque année en France et au Brésil.

Au Cambodge où, grâce aux efforts de l'Agence universitaire de la francophonie de Phnom Penh, à l'implication de l'École des sciences de Bergerac et au soutien de la Fondation Rodolphe-Mérieux, des centres de ressources ont été créés, du matériel installé (leviers, circuits électriques...), des documents traduits en khmer et des thèmes spécifiques (étude des écosystèmes, qualité de l'eau...) lancés.

Au Cameroun, où Daouda Njoya, chercheur en didactique, regarde les enfants observer et manipuler : « Ils réalisent, remarque-t-il, que le langage scientifique n'est pas lié à une langue particulière. Seule la rigueur de la démarche est essentielle dans la construction des connaissances, ce qui relance le débat sur le choix des langues à introduire dans les programmes d'enseignement au Cameroun. »

En Colombieoù, avec Mauricio Duque, cet enseignement a été introduit au lycée français de Bogotá dès 1998 par l'un de nous (GC, aidé de Clotilde Marin Micewicz) en lien avec l'université Los Andes, le ministère de l'Éducation et le musée des sciences de Bogotá (Maloka) et répandu[17], sous le nom de *Pequeños cientificos,* jusque dans l'Amazonie ; et où bon nombre d'entreprises, après avoir créé la fondation *Empresarios par la educación*, se sont engagées à financer des programmes de formation à destination des professeurs d'écoles.

---

17. Le prix international *Purkwa*, décerné par l'École des mines de Saint-Étienne et déjà évoqué plus haut, a également distingué l'ingénieur colombien Mauricio Duque, animateur des *Pequeños cientificos*.

En Égypte où, à la suite de contacts forts établis par l'un de nous (PL) dans les écoles bilingues français-arabe, les enseignants notent que « les élèves *Main à la pâte* sont beaucoup plus à l'aise à l'oral et à l'écrit que ceux qui n'ont pas suivi cet enseignement ». C'est d'autre part à la Bibliothèque d'Alexandrie (Ismaïl Serageldin), dans son nouvel et magnifique environnement, que commence à être traduit en langue arabe notre site Internet. C'est de là qu'il sera rendu accessible à tout le monde arabophone.

En Iran où le service culturel de l'ambassade de France organise en 2005, à Téhéran et Ispahan, un tout premier stage de formation qui passionne les stagiaires, les représentants du ministère de l'Éducation et conduit les premiers à demander la poursuite de la collaboration.

En Malaisie où la très active Académie des sciences (Dato Lee) soutient, en relation avec la nôtre, un programme de refonte de l'enseignement des sciences et où le Centre de formation du RECSAM organise, à Penang, des stages de formation à destination de l'ensemble des pays de l'ASEAN (Asie du Sud-Est).

Au Maroc, depuis 1998, où, sous l'impulsion de la Division de l'enseignement à distance située au sein du Centre national de rénovation éducative et d'expérimentation, ce sont chaque année cinq districts supplémentaires développant un enseignement rénové : l'impulsion en est soutenue par des enseignants que nous accueillons annuellement en France.

Au Sénégal où, comme l'explique notre partenaire Nicolas Poussielgue : « *La main à la pâte* est présente depuis 1999, avec l'objectif de laisser l'initiative de l'élaboration des hypothèses et des manipulations aux élèves ; et où, après utilisation de matériel français, on commence à élaborer localement des mallettes d'un matériel très simple, peu onéreux, voire de récupération, accompagnées de protocoles pédagogiques. »

En Serbie où, sous l'impulsion du physicien Stevan Jokic et avec le soutien du ministère de l'Éducation (Vera Bojovic), de l'Académie des sciences et du Centre de recherches *Vinca*, une action de rénovation, sous le nom de *PYKA Y TECTY (Ruka u testu)*, a débuté par la traduction en serbe de bon nombre de livres et documents de *La main à la pâte* et continue par toute une série de stages de formation des maîtres.

En Suisse romande où le projet Penser avec les mains (Dusan Sidjansky), s'inspirant à la fois de *La main à la pâte* et des réalisations de *La passerelle* de l'Université de Genève, met l'accent sur le nécessaire complément de formation scientifique à donner aux maîtres, où s'impliquent à la fois des scientifiques et des formateurs.

En Tunisie où Aroussia Lahmar et le Centre de formation d'enseignants de Tunis, se documentant de façon totalement autonome sur *La main à la pâte*, l'implantent dans la formation continue des enseignants puis recherchent notre collaboration.

Au Viêt-nam où les physiciens Dinh Ngoc Lan et Jean Tran Thanh Van soutiennent l'implantation de *La main à la pâte*, traduisent ses livres, organisent en France, avec Alain Chomat (équipe Lamap), des sessions de formation.

Parmi toutes les convergences que ces multiples coopérations nous ont permis de constater, la nécessité de l'accompagnement des maîtres, lorsqu'ils sont incités à mieux enseigner la science, est quasi universelle. Nous avons donc proposé d'offrir l'architecture de notre site Internet à différents pays ou groupes de pays, soit pour qu'ils en utilisent certaines des ressources alors traduites, soit pour qu'ils n'en retiennent que les principes (consultants, dialogues entre maîtres, activités) en leur donnant eux-mêmes un contenu adapté à leur culture. C'est ainsi que nous avons pu transférer le site à la Chine (2001), à la *Bibliotheca Alexandrina* à Alexandrie (2004) au bénéfice de tous les pays arabophones, à l'Amérique latine (2005) avec le double usage de l'espagnol et du portugais, à la Serbie (2005) en direction de l'Europe du Sud-Est.

Enseignants sans frontières

Un site international quadrilingue, permettant le partage de ressources libres de droit entre dix pays engagés dans une rénovation de leur enseignement des sciences, a été mis en place par l'Équipe *La main à la pâte*[18]. Le principe en est simple. Des enseignants et des formateurs mettent en commun une sélection de ressources de qualité, libres de droit, susceptibles d'être modifiées par des utilisateurs du site. Ces derniers disposeront alors d'outils pour adapter une ressource donnée au contexte et à la langue de leur pays. Après validation, ce travail apparaît sur le site aux côtés du document dont il s'inspire. L'utilisateur peut avoir recours à une aide méthodologique pour la production d'activités, solliciter des experts, mais surtout faire appel à la communauté des utilisateurs du site pour finaliser son travail et associer des collègues par le biais d'outils communautaires (*chats*, espace de travail, annonces, agenda...) à l'élaboration de telle ou telle ressource.

David Jasmin, créateur des sites Internet de *La main à la pâte*.

Les actions multilatérales

Mais il existe des façons autres que bilatérales de mener ces actions internationales. Le site Internet Lamap s'est enrichi au cours du temps de

18. www.mapmonde.org dont l'animatrice est Pamela Lucas.

développements en langues étrangères (allemand, anglais, espagnol, italien, portugais). D'autre part, plusieurs rubriques lui ont été ajoutées mettant en action les enfants de plusieurs pays (*cf.* chapitre VI). Enfin, nombre des publications de *La main à la pâte* ont été traduites en anglais, portugais, espagnol, chinois, vietnamien, serbo-croate... leur assurant une diffusion au-delà de la francophonie. Pour toutes ces actions, nous avons bénéficié d'un soutien constant des ministères concernés, Éducation nationale et Affaires étrangères, de l'Agence pour l'enseignement français à l'étranger (AEFE, déjà citée), ainsi que de diverses Fondations[19].

Plus généralement, il existe un consensus fort sur l'intérêt qu'un accompagnement scientifique de qualité (*cf.* chapitre V) soit proposé aux enseignants des écoles, et ce n'est donc pas un hasard si l'*InterAcademy Panel* (IAP), qui est l'association de 92 Académies des sciences de par le monde, coprésidée par l'un de nous (YQ), en a fait un de ses thèmes majeurs de réflexion et d'action (voir encadré suivant)[20]. L'IAP prône en effet, pour les enfants, un enseignement des sciences reposant sur l'investigation et fédère les initiatives des Académies allant en ce sens. Outre une action vigoureuse d'organisation de colloques – dont l'animation a été confiée à l'Académie des sciences du Chili (avec le professeur Jorge Allende) –, l'IAP a créé, avec l'ICSU (*International Council for Science*) et sous notre responsabilité (Marc Jamous), un portail Internet qui présente un panorama des différents modes d'enseignement des sciences de pays à pays. Enfin, lors de son assemblée générale de 2003, l'IAP a émis une déclaration, destinée aux ministres et aux preneurs de décision, qui a été signée par 68 Académies des sciences de par le monde.

---

19. Notamment la Fondation des Treilles pour de nombreux colloques internationaux, la Fondation Blancmesnil et la Fondation Rodolphe-Mérieux pour des actions d'une part de l'École des sciences de Bergerac au Cambodge, d'autre part en Haïti et au Togo, de l'Association DEFI, animée avec générosité par Michel Biays.

20. Les Académies bénéficient, pour soutenir efficacement ce type d'action, de trois caractéristiques essentielles, sur lesquelles nous revenons dans le chapitre IX : indépendance, stabilité et excellence scientifique.

Extrait de la Déclaration de l'IAP (IAP Statement) signée par 68 Académies des sciences

« [...] La science rapproche les enfants des objets et des phénomènes de la nature ; elle leur donne un premier éclairage sur la complexité du monde ; elle leur permet une approche intelligente de l'environnement et les éduque quant aux techniques et aux outils que les sociétés ont mis au point pour améliorer la condition humaine. Au fur et à mesure que les enfants se familiarisent avec l'universalité des lois de la science, ils reconnaissent sa faculté à "créer et cimenter – selon le mot de Sakharov[21] – une forme d'unité pour l'humanité".

[...] Aussi, les Académies des sciences sous-signées, issues du monde entier, regroupées au sein de l'InterAcademy Panel (IAP), recommandent avec conviction, auprès des dirigeants des nations :

1. que soit partout installé, ou développé, ou rénové, un enseignement des sciences destiné aux enfants – filles et garçons – des écoles primaires et des écoles maternelles, de nombreux tests ayant montré sans ambiguïté que les enfants, dès le plus jeune âge, sont capables, au-delà de leur insatiable curiosité, d'une réflexion logique ;

2. que cet enseignement demeure à la fois concret et proche des réalités auxquelles les enfants sont localement confrontés, dans leur environnement naturel et leur culture, rendant facile un échange, à ce sujet, avec leur milieu familial ;

3. qu'il repose en large partie sur l'observation directe (hors informatique ou éléments virtuels), fasse la part belle aux questionnements des élèves, fasse émerger leurs hypothèses au sujet des questions initiales, puis donne lieu lorsque cela est possible à une expérimentation simple dans son principe et rudimentaire dans l'appareillage utilisé, réalisée en petits groupes par les enfants eux-mêmes ;

4. qu'ainsi soit évité, dans la mesure du possible, un enseignement des sciences qui soit distribué verticalement par un enseignant qui énonce des faits à apprendre par cœur, mais qu'il se transforme, pour les enfants, en une acquisition des connaissances qui soit horizontale, c'est-à-dire telle qu'ils abordent la nature, inerte ou vivante, de plain-pied, à l'aide conjointe de leurs sens et de leur intelligence ;

5. que des liens soient établis entre les enseignants, *via* Internet, tout d'abord à l'intérieur de leur propre pays, puis à un niveau international, profitant du caractère universel des lois de la science pour établir un contact direct entre classes de pays différents sur des sujets d'intérêt global (climats, écologie, géographie...) ;

6. que, de ce dernier point de vue, soit partout favorisée la mise en réseau des écoles et que soient soutenus – ainsi que l'IAP et l'ICSU y travaillent conjointement *via* le site-portail

21. A. Sakharov, *in Science et Liberté*, Les Éditions de physique, 1990.

(www.icsu.org/8_teachscience/icsu-iap/) – les efforts en vue de développer des expérimentations partageables aussi bien que des outils pédagogiques (documents, mallettes d'expériences...) à mettre en commun.

Les Académies des sciences sous-signées sont convaincues que, avec le soutien des instances internationales, l'appui des ministères concernés et l'aide directe des scientifiques qu'elles rassemblent, un effort mondial dans ce domaine est à portée de main, et qu'il est potentiellement riche de retombées intellectuelles et sociales majeures.

Décembre 2003, Mexico.

Pour une Europe de l'éducation

Le cas de l'Europe est intéressant à plus d'un titre. Dans leur diversité, les systèmes éducatifs de certains de ses pays sont en moyenne d'assez bonne qualité, et ils pourraient donner matière à de riches concertations et, si possible, à de fructueuses évolutions. Mais, dans l'Union européenne, le *principe de subsidiarité* implique que chaque nation conserve la responsabilité et la maîtrise de son système éducatif, ce qui donne actuellement à l'Union peu de moyens pour faire éclore une unité de vues et une concertation sur les “bonnes pratiques” pédagogiques[22]. De nombreux échanges ont eu cependant lieu, ces dix dernières années, mais ils demeurent quelque peu ponctuels. L'aventure de *L'Europe des découvertes* (*cf.* chapitre VI) constitue, de ce point de vue, une initiative encore isolée.

Le directorat Recherche de la Commission européenne a cependant soutenu modestement, pour la période 2005-2006, notre projet *Science-duc*, ciblant l'école primaire et impliquant quatre autres pays : Estonie, Hongrie, Portugal et Suède, avec une participation de l'Allemagne et de

22. Le projet de traité établissant une Constitution pour l'Europe classe l'éducation dans les « domaines où l'Union peut décider de mener une action d'appui, de coordination ou de complément », en « encourageant la coopération entre États membres et, si nécessaire, en appuyant et en complétant leur action » (Art. III-282).

l'Italie. À l'été 2005, en Sicile[23], les partenaires de *Scienceduc*, rejoints par des participants d'une dizaine d'autres nationalités, mettaient en place le projet dans chacun des pays. De cette diversité géographique et culturelle, on voit combien chacun peut gagner à s'inspirer de l'expérience et des bonnes pratiques des autres. Il est clair que, dans la perspective des recommandations – dites de Lisbonne – relatives au développement d'une Europe de la culture et de la connaissance, de tels rassemblements autour des pratiques pédagogiques d'investigation doivent être soutenues.

Extrait de la déclaration de Lisbonne

« L'Union doit devenir l'économie de la connaissance la plus compétitive et la plus dynamique du monde, capable d'une croissance économique durable accompagnée d'une amélioration quantitative et qualitative de l'emploi, et d'une plus grande cohésion sociale » (Conseil européen, Lisbonne, mars 2000).

Pour réaliser cet objectif ambitieux, les chefs d'État ou de gouvernement ont souligné la nécessité d'assurer « non seulement une transformation radicale de l'économie européenne, mais aussi un programme ambitieux en vue de moderniser les systèmes de sécurité sociale et d'éducation ». En 2002, ils sont allés plus loin encore en précisant que les systèmes européens d'éducation et de formation devaient devenir une référence de qualité au niveau mondial d'ici à 2010.

De telles ambitions appellent une transformation de l'éducation et de la formation dans toute l'Europe. Il appartient à chaque pays de mettre en œuvre les changements nécessaires en fonction de son contexte et de ses traditions propres, en s'appuyant sur la coopération entre États membres au niveau européen.

En 2005, nous avons proposé une nouvelle action, beaucoup plus ambitieuse, qui regroupe, au sein du projet *Pollen*, des partenaires, issus de douze pays de l'Union. Ces partenaires se sont associés pour chacun développer une ville qui devienne exemplaire d'un enseignement élémentaire de la science et pour partager leurs expériences. En proposant ce projet,

23. Voir note de la p. 184.

nous avons indiscutablement été inspirés par un fait souvent cité dans ce livre : c'est la visite d'une classe, d'un centre d'excellence qui emporte la conviction par le spectacle d'enfants heureux d'apprendre, d'enseignants heureux de leurs résultats et par la qualité des contenus scientifiques. Ces villes seront ainsi, comme des grains de *pollen*, des agents de fécondation adaptés aux spécificités de leur pays.

Après un choix qui dut être difficile, sans doute en raison du nombre de projets présentés à la Commission européenne (128) en réponse à son appel d'offres, et de la qualité de certains d'entre eux, le directorat Recherche de la Commission nous a octroyé en 2005 une subvention substantielle, qui devrait permettre un bond en avant dans tous ces pays. Il est intéressant de noter que certains experts, heureusement minoritaires, avaient estimé que la stratégie de *Pollen* reposait sur des « hypothèses naïves sur la façon dont on peut changer l'enseignement primaire ». Ce jugement illustre bien un certain nombre des résistances et difficultés rapportées dans ce livre.

Nous sommes convaincus qu'en trois années ces douze villes d'excellence seront une référence précieuse pour ceux qui veulent amener à son terme, en 2010, la grande transformation de l'enseignement scientifique européen.

L'Europe a su naguère, entraînée par des scientifiques d'ample vision et fédérée autour de quelques grandes idées novatrices, créer des entreprises exemplaires comme le sont le Centre d'études et de recherches nucléaires (CERN), proche de Genève, l'Observatoire européen austral (ESO) ou l'Agence spatiale européenne (ASE). Ces regroupements d'idées, d'hommes et de moyens financiers ont permis, dans les domaines concernés, de bientôt rattraper les retards qu'avait accumulés notre continent sur les États-Unis, la Russie ou le Japon. En témoignent éloquemment les réussites éclatantes du CERN ou le tour de force que représentent les images de la surface de Titan, satellite de Saturne, que nous avons admirées en janvier 2005.

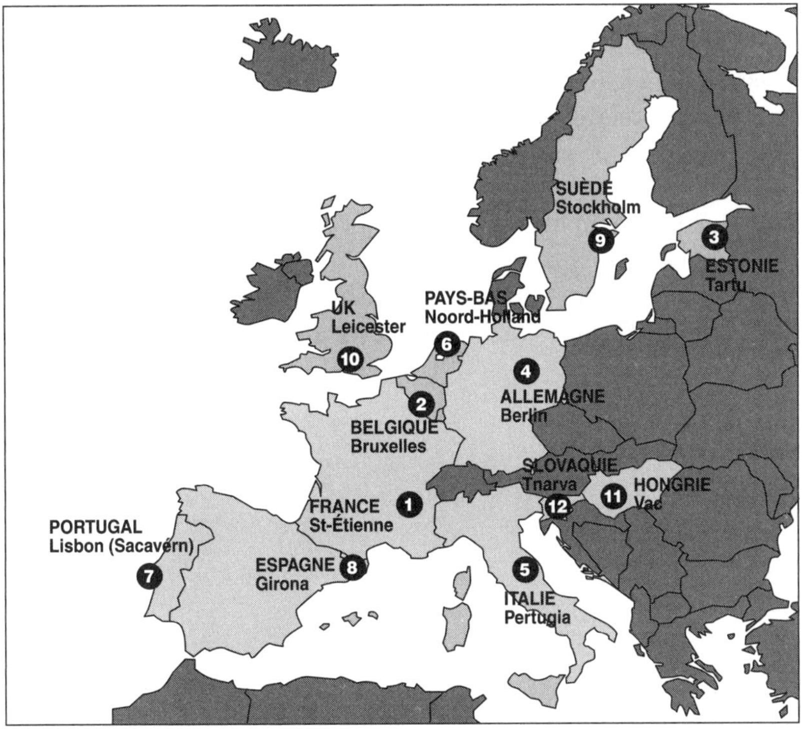

L'Europe de *Pollen* (2005) et ses douze villes.

*

Il est fascinant de constater combien des problèmes, combien des espoirs, combien des freins, combien des réalisations que nous avons décrits dans ce livre, concernant l'enseignement des sciences aux enfants, se retrouvent presque à l'identique tout autour du globe ; et fascinant surtout de retrouver partout de mêmes initiatives, de mêmes dynamismes et de mêmes constats comme celui – inconcevable il y a quelques décennies – d'une implication forte des milieux scientifiques et des Académies des sciences. C'est là, pour *La main à la pâte*, source à la fois de satisfaction lorsque nous aidons des initiatives à accoucher et d'admiration lorsque nous découvrons des idées meilleures que les nôtres.

S'agissant de l'Europe, pourquoi ne pas rêver à une entreprise de grande ambition relative à l'enseignement des sciences ? Cette entreprise pourrait, en moins de deux décennies, hisser l'ensemble du continent à un niveau rivalisant avec les meilleurs, dans un domaine qui conditionne une large partie de son avenir intellectuel et économique. Pour la réussir, espérons que l'Union européenne et en particulier son Parlement sauront imaginer des procédures et une organisation qui utilisent les talents de tous ceux qui, en Europe, veulent s'atteler à cette grande tâche.

CHAPITRE IX

Vers le collège

Au collège, ainsi que dans la société, le fort méprise déjà le faible, sans savoir en quoi consiste la véritable force.
Honoré de BALZAC[1]

Un nombre croissant d'enfants, ayant désormais découvert la science dans des classes peu ou prou inspirées par *La main à la pâte*, deviennent des « grands » et arrivent au collège pour y compléter et achever leur scolarité obligatoire. Vont-ils y retrouver un enseignement de science et de technologie qui s'inscrive dans la continuité de ce qu'ils ont connu ? Quel est, sur leur scolarité, l'impact de ce qu'ils ont reçu ? Seront-ils mieux préparés à l'orientation qui les attend, à la sortie de la classe de 3e ? En définitive, le collège mérite-t-il aussi une rénovation de son enseignement ? Ces questions nous sont si souvent posées qu'il nous est impossible de ne pas les aborder au terme de ce livre.

D'une part, nous avons la conscience aiguë que, pour mille raisons, le collège, même « unique », n'est plus l'école primaire et que *La main à la pâte* ne saurait s'y transposer à l'identique. La méthode d'investigation qu'elle propose n'est pas suffisante pour s'approprier tout le corpus de connaissances scientifiques attendu, par exemple, d'un bachelier. Dans le même temps, beaucoup conviennent qu'il est souhaitable de s'en inspirer si l'on veut améliorer l'actuel collège. Si l'on imagine, pour un thème donné, un curseur définissant la part d'investigation en regard de la part d'acquisition directe du savoir, il serait

1. *In Louis Lambert.*

sans doute bon, par rapport à sa position actuelle, de le déplacer vers plus de questionnement et plus d'expérimentation – au sens large – par les élèves.

Plusieurs circonstances récentes nous ont invités à élargir cette perspective. Depuis l'année 2003, une réflexion approfondie a été menée, à l'initiative du ministère de l'Éducation nationale, sur les programmes de sciences au collège[2] : elle peut conduire à d'intéressantes transformations ; notre collaboration avec Yves Malier et ses confrères de l'Académie des technologies, déjà citée et comprenant sans doute les plus brillants ingénieurs de notre pays, nous a conduits à lier étroitement les réflexions sur la science à d'autres portant sur la technique[3] ; nous avons aussi rencontré, lors de nos multiples échanges internationaux, des préoccupations analogues et parfois des innovations séduisantes, qui méritent une analyse approfondie ; enfin, la volonté est désormais inscrite dans la loi[4] d'introduire une épreuve de sciences au brevet des collèges, désormais obligatoire en fin de classe de 3e pour tous les élèves : les modalités de cet examen vont sans doute peser sur la façon dont la science sera enseignée.

Mais tous ces motifs sont de peu de poids face à quelques réalités lourdes de sens, qui interrogent l'état du collège unique en France et ne peuvent laisser personne indifférent. À l'issue de la scolarité obligatoire, ce sont 50 000 jeunes (soit 7 % de la classe d'âge) qui en 2003 quittent l'école sans aucun diplôme ; cette même année, 41 % des élèves issus du collège passent vers la voie professionnelle (lycée professionnel, lycée agricole ou

2. Cette réflexion a été menée au sein d'un groupe de travail animé par Jean-François Bach, immunologiste qui deviendra l'un des deux secrétaires perpétuels de l'Académie des sciences en janvier 2006, et l'inspecteur général Jean-Pierre Sarmant, déjà souvent évoqué dans ce livre. Leurs conclusions ont été validées par le Conseil supérieur de l'éducation en juillet 2005, à une large majorité, et entreront donc en application à partir de la rentrée 2006. Notons qu'en revanche l'enseignement de la *technologie*, qui n'avait pas été soumis à ce groupe de travail, n'a pas encore fait l'objet d'un semblable consensus.

3. *Avis sur l'enseignement des technologies de l'école primaire au lycée*, Académie des technologies, sept. 2004.

4. La loi d'orientation et de programme pour l'avenir de l'école, déjà citée en pages 157 et 161.

apprentissage) – une orientation qui pour beaucoup est subie plutôt que choisie – et ils seront rejoints un an plus tard, après une 2de générale ou technologique, par 6 % des lycéens « réorientés ». En 2005, plus d'un jeune de moins de 25 ans sur cinq est sans emploi, et les effectifs d'étudiants scientifiques sont en baisse. Sans prétendre détenir un remède miraculeux à ces maux réels, nous estimons qu'une assez profonde adaptation de l'enseignement des sciences et techniques au collège pourrait contribuer à les réduire, poursuivant ainsi l'action de *La main à la pâte* dans le primaire. Un travail de l'Académie des sciences sur ce sujet a été conduit depuis 2004 par un groupe comprenant ses deux secrétaires perpétuels, Nicole Le Douarin et Jean Dercourt, et bien des idées présentées dans ce chapitre en proviennent[5].

Un constat

À l'école primaire, nous avons observé que les enfants, peu conscients de l'existence de disciplines distinctes, parlent tout naturellement de *la science* ; que, dans leur grande majorité, ils aiment cette activité et adoptent vis-à-vis d'elle une attitude positive, souvent enthousiaste, dont leurs récits ou leurs dessins témoignent (voir p. 79) ; que la différence entre *science* et *technologie*, parfois faite par leur maître, leur échappe le plus souvent.

La situation change du tout au tout à l'entrée au collège, non du fait de la qualité des professeurs – le plus souvent très grande –, mais parce que, pour les élèves, et parfois pour ces professeurs, *la science* se mue en *les sciences* (physique, chimie, sciences de la vie, sciences de la Terre, technologie[6]), à

5. Voir en particulier, élaboré par ce groupe et adopté par l'Académie, l'*Avis de l'Académie des sciences sur l'enseignement scientifique et technique dans la scolarité obligatoire* (juillet 2004) à l'adresse www.academie-sciences.fr/actualites/textes.htm.

6. Nous reprenons ici les disciplines telles qu'elles apparaissent dès le début du collège. Mais la ramification de la science ne cesse de se poursuivre : astronomie, biologie végétale ou animale, géophysique, océanographie, météorologie, etc.

quoi s'ajoutent les mathématiques[7] et l'informatique[8], et que des professeurs différents – en principe quatre – les enseignent.

S'agissant des *sciences de la nature*, que l'on peut encore appeler *d'expérimentation et d'observation* – les seules qui nous occuperont ici dans la foulée de *La main à la pâte* –, notre propos n'est pas de remettre en cause une diversification naturelle et nécessaire qui, d'ailleurs, ira en croissant pour l'élève au cours de ses études – collège, lycée et éventuellement au-delà. En revanche, il convient de remédier à une transition trop rude qui déconcerte bien des enfants et peut leur donner brusquement, de la science, l'image d'un manteau d'Arlequin et d'un monde parcellaire, sans unité visible. Ce passage est sans doute, en partie, responsable de la forte corrélation observée entre des résultats médiocres en fin de classe de 6e et une sortie du collège en situation d'échec, en relation d'ailleurs avec l'absence d'un milieu familial porteur qui puisse aider à amortir la brutalité de cette transition.

Par ailleurs, c'est le plus souvent au collège que se crée chez l'enfant, comme souvent chez ses parents, ce *désamour* – à vieille connotation sociologique et auquel contribuent parfois les conseils d'orientation – vis-à-vis des voies technologique et professionnelle[9]. Il aboutit à ce qu'elles soient choisies non par motivation positive, mais par défaut d'être admis dans la voie générale du lycée. Le plus souvent, il se manifeste par un désintérêt envers les *techniques* et par une méconnaissance profonde des *métiers*. La filiation naturelle et continue entre science et techniques d'une part, puis entre techniques et métiers d'autre part devrait pourtant apparaître à l'enfant comme une évidence, mais ce n'est souvent pas le cas. Il

7. Nous n'aborderons pas, dans les brèves réflexions qui suivent, la place des mathématiques. Il est évident qu'un enseignement scientifique et technique doit présenter une forte cohérence entre celles-ci d'une part, les sciences de la nature d'autre part, l'informatique enfin, comme indiqué dans l'Avis cité dans la note précédente.

8. L'informatique n'existe pas comme une discipline identifiée au collège. Mais son omniprésence dans la vie privée comme publique lui donne dans l'enseignement, *de facto*, une place importante, sinon actuellement satisfaisante.

9. En 2003, après la 2de (dite de détermination), un tiers de la classe d'âge se trouve dans les sections générales (L, S, ES) de 1re du lycée, 14 % dans les sections technologiques, 3 % rejoignent les 40,6 % déjà "orientés" dans la voie professionnelle, et 9 % redoublent (données 2003).

faut impérativement inverser cet état d'esprit qui, dans une même spirale vicieuse, ternit l'image des techniques, envoyant dans ces filières des enfants réputés inaptes aux matières générales, et dans les filières générales nombre d'enfants qui n'y sont pas à l'aise et vont à l'échec. En reprenant ici à notre compte une recommandation forte de Jacques Friedel, une refonte majeure des enseignements de la voie technique au lycée, qui dépasse le propos de ce livre, est essentielle pour ce changement de vision.

Enfin, la *pédagogie d'investigation* ne nous semble pas suffisamment présente dans l'enseignement du collège. Le rôle éminent des mathématiques et de l'abstraction comme instrument d'orientation et de sélection, s'il présente d'incontestables avantages de structuration de l'esprit et de rigueur, ne fait pas la part suffisante à d'autres formes d'intelligence que les sciences expérimentales ou les techniques pourraient mieux révéler et développer. Beaucoup d'élèves arrivent au lycée en ayant le sentiment que les sciences ne sont pas *pour eux*, qu'elles sont trop difficiles ou "trop loin de la vie" : on sait combien les adolescents sont sensibles à ce dernier point. La révision, pour 2006, des programmes de sciences au collège, mentionnée plus loin, est un premier pas important, qu'il faudra faire également pour la technologie. Mais, comme dans le primaire, modifier les programmes n'est pas suffisant pour entraîner un vrai changement dans les classes. Nous pensons qu'il faut aller plus loin.

Nous savons que des divergences d'opinion existent quant à la définition même de la technologie aujourd'hui considérée, et enseignée, comme une discipline à part entière dans le collège. Celle-ci, pour certains, devrait inclure la totalité des activités humaines de *production*. Donnons ici la définition, à peine plus restrictive, adoptée par l'Académie des technologies, dans son *Avis* de 2004, déjà cité : « *Technologie : ensemble des connaissances et pratiques mises en œuvre pour offrir à des usagers des produits ou des services.* »

Nous pensons qu'une définition qui couvrirait les *produits fabriqués*, qu'ils soient palpables comme des objets ou immatériels comme un logiciel, serait plus conforme à la nature de l'activité technique et à son lien avec les sciences. Certains des thèmes actuellement en discussion pour le programme de cette matière dans les classes de 5e et 4e – par exemple, architecture et cadre de vie, ou transmission de l'information – nous paraissent bien relever de cette définition. L'articulation possible de chacun d'entre eux avec un contenu de classe de sciences paraît évidente et nécessaire. De telles évolutions amélioreraient l'actuel enseignement de technologie, souvent jugé comme peu satisfaisant.

Points de repère

Que savons-nous des adolescents français formés dans nos collèges, par comparaison à ceux d'autres pays ? Il existe une enquête internationale réputée, faite sous l'égide de l'Organisation de coopération et de développement économique (OCDE) qui regroupe trente pays, tous appartenant au monde dit développé. C'est l'enquête PISA (*Program for International Students Assessment,* c'est-à-dire « Programme pour l'évaluation internationale des élèves »). Cette enquête, faite tous les trois ans depuis l'année 2000, concerne une quarantaine de pays (elle en touchera 58 en 2006). Elle soumet 5 000 à 10 000 jeunes de 15 ans, quelle que soit leur classe de scolarisation, à une série homogène de tests. Ceux-ci concernent les aptitudes dans leur langue pour la vie courante (*literacy*), dans les mathématiques et dans les sciences. Bien que ces trois domaines soient testés tous les trois ans, l'accent fut mis en 2000 sur le premier, en 2003 sur le deuxième[10] et le sera sur le troisième en 2006. La compétence scientifique (*scientific literacy*) ainsi évaluée est entendue dans le sens suivant : « *capacité à utiliser la connaissance scientifique, d'identifier les questions et de tirer des conclusions reposant sur des constats d'évidence, afin de comprendre le monde de la*

10. Outre les mathématiques, l'enquête PISA 2003 s'est intéressée à la « capacité à résoudre un problème », ainsi définie : « *Capacité d'un individu à utiliser des processus cognitifs pour confronter et résoudre des situations transdisciplinaires, pour lesquelles le chemin qui mène à la solution n'est pas évident et où les connaissances qui pourraient être requises [dans ce but] n'appartiennent pas exclusivement à un domaine unique des mathématiques, de la science ou de la lecture.* » Notre lecteur conviendra aisément que posséder cette capacité est essentiel pour faire son chemin dans la vie !

nature et d'être mieux capable de prendre des décisions concernant celui-ci, ainsi que les changements qu'il subit du fait de l'activité humaine ». Nous ne pouvons évidemment qu'applaudir des deux mains à cette formulation, qui définit bien l'un des objectifs majeurs de l'enseignement scientifique !

Comparaison des résultats « sciences » (hors mathématiques) des enquêtes PISA 2000 et 2003

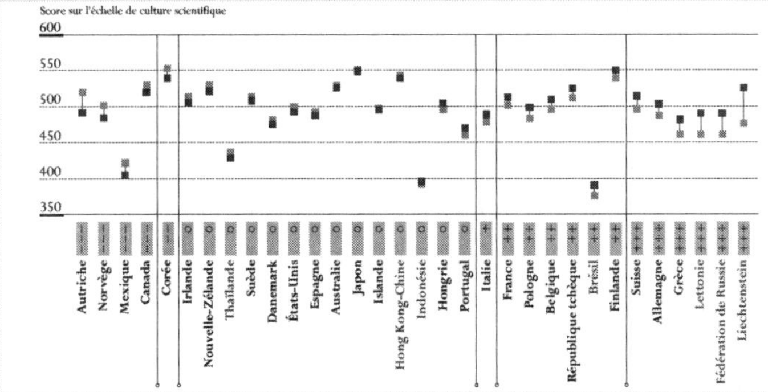

L'*échelle de culture scientifique* mesure les scores moyens des adolescents de 15 ans du pays concerné. Les signes (+ ou –) indiquent la progression positive ou négative entre les deux enquêtes. La France se situe dans l'exacte moyenne, avec une légère progression sur cette période. Les quatre pays (Brésil, Indonésie, Mexique, Thaïlande) aux résultats les plus faibles sont également nos partenaires dans une collaboration pour une rénovation de leur enseignement scientifique (voir chapitre VIII). Le score de l'Allemagne en 2000 a produit une extraordinaire prise de conscience dans ce pays, et conduit à une volonté de redressement dont on voit ici les premiers effets.

Source : *Apprendre aujourd'hui, réussir demain*. Premiers résultats de PISA 2003, p. 317, à l'adresse www.pisa.oecd.org.

Quels que soient les soins apportés à la méthodologie de l'enquête, il est bien sûr possible d'émettre des réserves sur la validité des comparaisons faites, voire de déclarer que le malade ne l'est pas mais que le thermomètre est cassé ! Les questions choisies sont-elles perçues par tous les adolescents de la même manière ? La diversité des programmes scolaires entre pays ne biaise-t-elle pas les résultats ? Admettons toutefois que cette enquête, si bien menée et si riche d'informations, nous apporte d'intéressants éléments de comparaison et que ses conclusions qualitatives sont précieuses, surtout quand elles sont confirmées par nos propres observations. S'agissant des jeunes Français, ces conclusions soulignent en particulier leur bonne aptitude à résoudre un problème lorsqu'il est proche d'un exemple déjà traité, mais leur moins bonne performance lorsqu'il s'agit d'adapter leurs connaissances à des situations nouvelles : or il s'agit bien là d'un but majeur de l'enseignement scientifique.

La place de la France dans cette enquête n'est pas excellente[11], se situant pratiquement à la moyenne, sans que ce résultat ait entraîné une prise de conscience dans le public. Le score de l'Allemagne n'est que légèrement inférieur. Pourtant, l'impact social et politique de ces résultats a été considérable chez notre voisin et il a entraîné une véritable volonté de réforme, comme nous le constatons chez nos interlocuteurs allemands au sein du projet européen *Pollen* (voir p. 193).

La préoccupation de construire, pendant les années de collège (appelé *junior high school* dans le monde anglo-saxon), un enseignement scientifique rénové et pour tous a suscité, déjà, de nombreuses initiatives de par le monde. Ainsi, en Israël, sciences et technologie sont réunies et traitées de façon étroitement intégrées, à la suite du « rapport Harrari » (1992) qui en critiquait la disjonction[12]. À Aurora (Illinois) près de Chicago, autour du célèbre Fermi Lab[13], le physicien Leon Lederman, cité au lever de rideau de ce livre, met en place, pour des élèves fortement motivés par les sciences, un

11. Par comparaison, soulignons le score en mathématiques de la France : il est meilleur qu'en sciences, mais notre pays n'atteint encore, en 2003, que la seizième place.

12. *Tomorrow 1998*, rapport présenté par H. Harrari, Ministry of education, culture and sport, 1994. Voir la mise en œuvre de ce rapport dans *Curriculum for Science and Technology studies*, Ministry of education, Jerusalem, 2000.

13. Centre de recherche qui est le pendant, aux États-Unis, du CERN européen et qui collabore désormais avec ce dernier dans la réalisation en Europe de l'accélérateur Large Hadron Collider (LHC).

lycée (*Illinois Mathematics and Science Academy*) – dont le recrutement est assez fortement sélectif –, où l'enseignement scientifique est entièrement restructuré autour du questionnement et de la résolution de problèmes, liés aux grandes interrogations des adolescents (La vie sur la Terre, Explorer notre planète, L'univers et son commencement, L'énergie des systèmes vivants...). À East Hampton (New Jersey, États-Unis), une école secondaire privée, *Ross School*, totalement innovante, construit son cursus autour de l'histoire culturelle de l'humanité (Occident, Chine et Japon, Inde, Afrique...), en s'inspirant fortement des travaux du psychologue Howard Gardner, portant sur la multiplicité des intelligences (voir p. 62, 74) : les sciences sont alors intégrées dans ce parcours. En Argentine en 2005, l'*Academia nacional de ciencias exactas, fisicas y naturales*, présidée par Alejandro Arvia, engage avec conviction le ministère de l'Éducation à restructurer l'enseignement autour de *En búsqueda de un lenguaje común*[14], en rassemblant les différentes disciplines scientifiques. En Italie, la *media scuola* (nos 6e et 5e) est, depuis 2002, rapprochée de l'enseignement primaire. Au Royaume-Uni, l'initiative "21st Century Science"[15] a construit pour 2006 un programme fort intéressant de rénovation, restituant l'unité de la science enseignée. Aucune de ces innovations n'est évidemment transposable à l'identique en France, mais de chacune nous pouvons beaucoup apprendre.

Quelques pistes d'action

Contribuer à une représentation globale et cohérente du monde à la fin du collège, tel est l'objectif qu'assignent dans leur rapport (voir p. 198) Jean-François Bach et Jean-Pierre Sarmant à l'enseignement scientifique – mathématiques incluses. Nous adhérons sans réserve à cette formulation. Ils y proposent de s'appuyer bien davantage sur la

14. *À la recherche d'une langue commune*, Mana Hilda Sáenz y Raúl, L. Carnan (Éd.), Academia nacional de ciencias fisicas y naturales, 2004.

15. Voir le site www.21stcenturyscience.org, où le cœur du programme comme les "ideas-about-science", transversales aux disciplines sont présentés.

mise en œuvre d'une démarche d'investigation en prolongeant ainsi l'esprit de *La main à la pâte* ; d'introduire des *thèmes de convergence* entre disciplines pour conduire les professeurs à multiplier les regards croisés sur un même thème[16] ; d'alléger les programmes en distinguant clairement l'essentiel de l'accessoire, laissant par là même de la souplesse aux professeurs ; enfin de renforcer les liens entre science et langage – le français, mais aussi d'autres langues.

Ces auteurs soulignent évidemment, dans leur rapport cité : « Toutes les disciplines contribuent à la compréhension du monde. En particulier, l'objectif affiché correspond également à celui de l'enseignement de l'histoire et de la géographie. Les approches en sont toutefois différentes et complémentaires. Il ne peut y avoir de représentation globale et cohérente du monde que si l'on replace l'élève dans l'humanité riche de six milliards d'hommes qui le peuplent, l'exploitent, le transforment, l'aménagent, l'organisent. »

Doit-on et peut-on aller plus loin ? Nous le pensons, et l'argumentons brièvement ici, tout en étant conscients qu'un travail considérable est nécessaire pour ce faire. Nous sommes en particulier attentifs tout d'abord aux recherches et expérimentations, menées ici ou là, par des professeurs de nos collèges, soucieux d'améliorations, ensuite aux expériences faites ailleurs dans le monde, qui souvent s'inscrivent, elles aussi, dans la filiation d'une rénovation de l'école primaire. Nous savons également que le *socle commun* de la scolarité obligatoire, inscrit désormais dans la loi de 2005, comprend « une culture humaniste et scientifique permettant le libre exercice de la citoyenneté » (Art. 9) et que, pour être atteint, cet objectif requiert un vrai changement de la pédagogie.

Afin d'adoucir la transition avec l'école primaire et passer de *la science* aux *sciences et techniques*, l'Avis de l'Académie des sciences de 2004 (voir p. 199) propose la création, dans les classes de 6e et 5e, d'un cours unifié

16. Le rapport propose quelques *thèmes de convergence* possibles, tels que *Météorologie et climatologie, Environnement et développement durable, Énergie*... Ces thèmes prolongeraient heureusement la démarche de *technologie* citée plus haut.

Un extrait du Rapport *Bach-Sarmant* (2004)

« À l'issue de ses études au collège, l'élève doit s'être construit une première représentation globale et cohérente du monde dans lequel il vit. Il doit pouvoir apporter des éléments de réponse simples mais cohérents aux questions : "Comment est constitué le monde dans lequel je vis ?", "Quelle y est ma place en tant qu'individu ?", "Quelles y sont mes responsabilités ?" Toutes les disciplines concourent à l'élaboration de cette représentation, tant par les contenus d'enseignement que par les méthodes mises en œuvre. Les *sciences expérimentales*, la géographie et la *technologie* apportent une représentation globale de la nature et du monde construit par et pour l'homme. Les *mathématiques*, qui se nourrissent, entre autres*, des problèmes posés par la recherche d'une meilleure compréhension du monde, fournissent les outils généraux qui permettent d'exprimer de nombreux éléments de cette connaissance. »

* « En effet, l'une des caractéristiques de l'homme, à travers les mathématiques, réside dans la capacité à explorer des concepts théoriques, à chercher à les connaître pour eux-mêmes et à développer des connaissances à l'écart du monde sensible [...] pour souvent, ensuite, s'apercevoir de leur "étonnante applicabilité" dans le monde sensible. »

Rapport disponible à l'adresse : www.eduscol.education.fr/D0082/rapport_bach.pdf

de science et technique, développant une pédagogie d'investigation fondée sur l'observation et l'expérimentation. Soit, à terme, un seul professeur assurerait cet enseignement ; soit les trois enseignants directement concernés (physique-chimie, sciences de la vie et de la Terre, technologie) se coordonneraient étroitement pour l'organiser ; ou encore une combinaison, dans le temps, des deux formules serait possible. La constitution de groupes d'élèves, très difficile dans la configuration actuelle mais propice à la démarche d'investigation, sera facilitée à l'intérieur du volume horaire globalisé des trois disciplines concernées[17]. Le professeur de mathématique ne saurait, à l'évidence, être tenu à l'écart de cette construction tripartite.

Nous connaissons les difficultés de principe, de formation et d'organisation qu'une telle proposition peut rencontrer, mais nous avons appris combien le corps enseignant est prêt à des innovations justifiées, bien

17. Le futur, utilisé dans ce qui suit, a bien sûr valeur non de législation, mais d'aspiration.

préparées et soigneusement accompagnées, même lorsqu'elles bousculent en profondeur ! Nous pensons, en particulier, que, si de telles propositions étaient mises en œuvre, il faudrait revoir la formation initiale des professeurs et les concours qui les sélectionnent, afin de donner aux futurs enseignants, selon leur orientation, une vision moins spécialisée des sciences ou des techniques.

Dans les classes de 4e et de 3e, la poursuite des matières traditionnelles actuelles, par leurs professeurs spécialisés, s'impose, visant à l'approfondissement des connaissances. Cependant, un recours accru à l'observation, à l'expérimentation, aux liens avec les autres disciplines du curriculum, grâce aux *thèmes de convergence* déjà évoqués, est fortement désirable. On s'attachera, en particulier, à établir de fréquentes références – fussent-elles, le plus souvent, allusives – à l'histoire des sciences, dans leur contexte intellectuel et social, ainsi qu'aux questions éthiques que posent sciences et techniques. On insistera, à l'aide d'exemples concrets, sur la fertilisation croisée de ces deux disciplines. Chaque fois que possible, on soulignera l'extraordinaire connivence qui lie le monde des mathématiques (nombres, fonctions élémentaires, géométrie, repères, statistiques..) et celui des sciences de la nature, la physique en particulier.

L'informatique ne peut être ignorée : son enseignement au collège ne doit pas être celui de « la science informatique », qui est affaire de spécialistes. La création et la mise en œuvre du *Brevet informatique & Internet* dès l'année 2000 a représenté un premier pas significatif et excellent. Au-delà, souhaitons que les élèves soient conduits à utiliser, pratiquement dans toutes les matières, les outils informatiques aussi bien que les outils plus traditionnels. À côté des papiers et stylos, ils tiendront des cahiers électroniques, remettront des *e-devoirs* illustrés d'*e-images*, consulteront des *e-bases* de données, pour une partie de leur temps.

Sans entrer ici dans une discussion sur l'opportunité du maintien d'un collège "unique", discussion pour l'instant tranchée par l'actuelle loi, il nous paraît que les enseignements de mathématiques et de sciences de la nature, par leur universalité et par la diversité des intelligences qu'ils développent, pourraient à terme former au collège un tronc commun entre, d'une part, un pôle *humanités*, d'autre part, un pôle *techniques*, l'un et l'autre développant fortement sa spécificité dans des options. Néanmoins, cette proposition n'a de sens que si le pôle *techniques* possède attractivité et prestige, ce qui requiert une profonde transformation des voies professionnelles et technologiques du lycée et donc, sans doute, de l'actuelle classe de seconde de détermination.

Mettre à l'épreuve et accompagner

En nous inscrivant dans la même logique que celle des débuts de *La main à la pâte* en 1996, nous proposons donc de mettre à l'épreuve, à l'échelle de quelques dizaines de collèges, les propositions faites ci-dessus, en nous appuyant sur des enseignants et des établissements volontaires. Sans doute certains d'entre eux pourraient-ils se trouver proches de centres pilotes, ou de circonscriptions dont les enfants auraient déjà bénéficié, pendant leur scolarité primaire, d'un enseignement rénové. La liaison entre école et collège, lors de ce passage difficile pour beaucoup d'enfants, est déjà l'objet de bien des attentions : deux mondes se découvrent avec intérêt, malgré des formations et des méthodes d'enseignement bien différentes. En outre, nous avons eu l'occasion de mesurer, chez nombre de professeurs de collège, un réel intérêt pour engager une convergence entre disciplines scientifiques et technologiques, et pour se rapprocher de la démarche d'investigation – que d'aucuns à coup sûr pratiquent déjà. Ainsi, en deux ou trois ans, les leçons de cette mise à l'épreuve nous diront si la voie proposée est bonne : il sera bien temps alors de songer à une généralisation.

Le contexte d'un accompagnement d'une telle expérimentation est, à l'évidence, bien différent de celui que nous avons connu avec les maîtres de l'école primaire. La spécialisation scientifique (ou technique) des professeurs de collège est nécessaire et avérée, leurs études dans cette spécialité ont été longues et de qualité, ils conservent parfois des contacts avec la communauté scientifique par leurs lectures, des stages ou les excellents matériaux de *formation continuée* qu'offrent, outre le ministère, les associations professionnelles, les universités ou certains des établissements de recherche[18]. Ce contexte ne dispensera pas de concevoir, en appui à l'expérimentation proposée et à son caractère innovant, des accompagnements *spécifiques* : nous en voulons pour seule preuve le fait suivant, qui nous semble éclairant.

Au chapitre VI, nous avons présenté le site Internet de *La main à la pâte*, qui est une des pièces maîtresses de l'accompagnement. Une analyse détaillée de l'origine des quelques millions de connexions annuelles montre que près d'un quart d'entre elles viennent de professeurs de collège, y enseignant les sciences ! Le fait que ce site, conçu spécifiquement pour le primaire, soit en peu d'années devenu une ressource où vient butiner le secondaire montre qu'il y a là une forte demande à laquelle il faudrait répondre mieux. Que cet accompagnement spécifique passe par Internet, par de nouvelles actions de formation ou par d'autres modalités à inventer, il devra dans tous les cas impliquer étroitement la communauté scientifique. L'initiative d'Hubert Curien[19], alors ministre de la Recherche, qui – certes dans un autre contexte – créa la *Fête de la science* dès 1991 nous donne un magnifique exemple de la disponibilité des scientifiques.

Évoquons ici une modalité très spécifique de cette implication. Longtemps, les grands organismes de recherche, qu'ils soient nationaux ou internationaux, se sont surtout préoccupés de *communication* : valoriser leurs résultats et découvertes, les faire connaître aux médias et au public, diffuser de belles images, tout cela renforçait la légitimité de leur action, de leurs chercheurs et de leur financement. Plus récemment, à cette politique de communication, essentielle, s'est ajouté le souci de mener une politique également tournée vers l'*éducation* : concevoir, à partir des découvertes ou du gisement de connaissances et de techniques présents dans l'organisme,

18. Citons ici l'excellent travail, plutôt ciblé vers le lycée, de *Diffusion des savoirs*, créé et animé à l'ENS-Ulm, par notre partenaire Jean-Paul Dubacq, auquel s'associent les autres ENS ; ou encore l'*Univers à portée de la main*, de l'astrophysicien et académicien Pierre Encrenaz.

19. Disparu en 2005, Hubert Curien nous a toujours apporté un soutien sans faille, ayant perçu très vite les capacités de réconciliation, entre la science et le public, que *La main à la pâte* pouvait créer.

des ressources nouvelles pour les enseignants – images, films, guides pédagogiques, matériel... ; organiser des stages où les découvreurs seraient présents. Aux États-Unis, la NASA a même rendu obligatoire de consacrer un pourcentage fixé, et non négligeable, de chaque programme spatial à de telles actions, qualifiées de *outreach*. Un bel exemple en est donné par la réalisation du *Space Telescope Institute* à Baltimore, qui consacre plusieurs dizaines de personnes à la valorisation pédagogique des splendides résultats du télescope Hubble, depuis son lancement en 1990. À l'Agence spatiale européenne, une impulsion similaire a été donnée par Roger-Maurice Bonnet, lors de sa direction scientifique, et, par exemple, l'exploitation pédagogique des images satellitaires de la Terre y est fortement soutenue. On imagine aisément, si ces initiatives se multipliaient, la richesse des liens et des contenus qui pourraient ainsi s'épanouir.

Dans l'aventure de l'école primaire, l'engagement de l'Académie des sciences a permis de dépasser les ruptures que risquaient d'imposer les changements ministériels successifs[20]. S'agissant du collège, il peut sans doute en être de même. Cette Académie, dont on critique parfois l'âge des membres ou la légendaire prudence, possède néanmoins trois atouts majeurs. Elle tient jalousement à son *indépendance* vis-à-vis du pouvoir politique – ou de tout pouvoir ; nul ne lui conteste une *autorité morale* fondée sur la qualité de ses membres et sur le fait que, le plus souvent, ceux-ci ne soient pas – ou plus – pris dans des rôles d'autorité ; sa *permanence* enfin lui assure la possibilité d'agir dans la longue durée, qui justement est celle de tout changement réel dans le système éducatif. Entièrement libre vis-à-vis du ministère mais désireuse d'une collaboration avec lui, elle peut, au fil des années et avec ténacité, contribuer au changement. Une convention-cadre, signée en avril 2005 entre son

20. Entre 1995 et l'été 2005, *La main à la pâte* en a connu six à l'Éducation nationale, sous deux majorités différentes : François Bayrou, Claude Allègre, Jack Lang, Luc Ferry, François Fillon, Gilles de Robien. Auprès de la très grande majorité d'entre eux, nous avons rencontré écoute, soutien et volonté d'agir.

président Édouard Brézin et le ministre François Fillon, au nom du ministère, a concrétisé cette volonté commune.

*

Le collège est plus complexe que l'école primaire, mais l'enjeu de sa transformation, s'agissant des sciences, des techniques et, en conséquence, de l'avenir des adolescents qui y étudient, est sans doute plus grand encore. Nous avons tenté de soumettre ici quelques pistes à la réflexion de nos lecteurs. Si l'ambition de construire une Europe de la connaissance pour l'année 2010 est prise au sérieux, cette transformation s'imposera. Nous souhaitons que notre pays, déjà moteur dans celle de l'école primaire, soit à nouveau un ferment de dynamisme et d'innovation.

Trois académiciens aux prises avec une expérience difficile,
aussi ancienne que l'humanité ! Peut-être parviendront-ils à allumer ce feu,
grâce à l'enthousiasme des adolescent(e)s...
Dessin de Jacques Mérot.

Épilogue

Notre lecteur, au long de sa rencontre avec elle, s'est-il aperçu que *La main à la pâte* l'avait en fait mené au cœur de la science elle-même ? Cette dernière, en effet, dans sa pratique journalière comme dans ses envolées les plus audacieuses, ne procède pas très différemment de ce qui est proposé à l'enfant, très modestement, au cours de ses leçons de science.

La science débute par les questions qui, de temps immémoriaux, taraudent l'homme confronté à la nature, et aussi par la nécessité de les exprimer clairement. Elle s'égare, ou plutôt se fige, momentanément dans les bribes de réponses qu'il élabore et qui, hardies – folles parfois – et donc fragiles, constituent ses hypothèses. Elle reprend son élan lorsque, dans son désir de les tester, il élabore un raisonnement, procède à une observation ou réalise une expérimentation. Elle marque le pas lorsque, de la sorte, l'idée est rejetée, mais fait une enjambée décisive vers l'avant lorsqu'elle s'avère, devenant alors certitude. Certitude provisoire certes, mais déjà pierre, parmi d'autres, du grand édifice.

Ne retrouvons-nous pas ici, toutes proportions gardées, les ingrédients d'une leçon *Main à la pâte*, le questionnement étonné de l'enfant, ses naïves hypothèses, son argumentation encore maladroite, son élaboration d'une miette de la vérité du monde et la mise en forme, sur son cahier d'expériences, d'un petit compte rendu où son langage se libère, parce que porté par une conviction, et s'affine, parce que porté par une logique ? Et n'y retrouvons-nous pas aussi une ambition proche parente, celle de contribuer à construire, pour chaque enfant, le grand édifice d'une pensée éveillée et rigoureuse, d'un besoin d'imaginer mais aussi de vérifier, d'une liberté qui sait se déployer mais aussi trouver ses limites dans l'argument auquel elle se confronte ?

C'est bien grâce à cette parenté que tant de scientifiques se sentent à l'aise dans cette aventure ; qu'ils sont prêts à s'y investir ; et aussi que bien des maîtres s'y découvrent une vocation : ils avancent là sur des chemins nouveaux, adaptant leur marche au gré des idées qui se font jour, au gré aussi du pas des enfants, au gré enfin des évidences qui apparaissent, des pistes qui se perdent et de celles qui débouchent. Ils accompagnent les enfants plus qu'ils ne les dirigent, les guident plus qu'ils ne les encadrent, jouant ces rôles magnifiques d'accoucheurs d'idées et d'éveilleurs de sens.

Notre action, on l'aura compris tout au long de ce livre, a été moins guidée par l'esprit du « il n'est pas pensable que les enfants ne sachent pas... » que par une volonté de réconcilier les diverses composantes du savoir, et du faire, en une vision unifiée. Il s'agit là pour eux d'une première étape vers un accès à la culture, accès dont la maîtrise du langage nous semble demeurer la pièce maîtresse. En liaison avec elle, la science – mathématiques incluses – apparaît comme une province, et des plus belles, de cette culture. Elle doit, de ce fait, aider les enfants à mieux penser, à mieux s'exprimer, à mieux vivre et à voir plus loin.

Prise ainsi, elle doit les accompagner, enfants puis adolescents, tout au long de leur scolarité : c'est dire que bien des questions soulevées ici, avec ou sans encore de réponses, les concernent bien au-delà de l'école primaire. C'est dire aussi qu'elles trouvent un écho hors de nos frontières. Par l'universalité de son contenu, la science nous conduit tout naturellement à de grands rassemblements, ceux des hommes, certes, mais plus encore ceux des inquiétudes, ceux des ferveurs, ceux des réalisations, ceux des idées et ceux des idéaux.

Pour autant, nous n'avons pas la naïveté de penser qu'une société qui serait plus à l'aise avec la science, mieux éduquée à la comprendre, en devienne *ipso facto* plus morale et surtout plus juste. L'esprit scientifique

– qui ne le voit ? – n'est jamais qu'une des multiples facettes de la condition humaine, de ses enjeux et de ses périls.

La main à la pâte a dix ans : elle est elle-même encore dans l'enfance. Réussir son pari prendra encore bien des années d'efforts constants, mais il mérite cette constance. Il est en effet celui d'aider l'enfant à pénétrer avec une lucidité accrue dans un monde plein de complexités ; dans un monde soumis à tant d'affirmations pseudo- ou para-scientifiques, à tant d'impostures de tous ordres qu'il convient de savoir déceler et si possible contrer ; mais un monde, aussi, qui s'offre à être visité avec une curiosité toujours juvénile, à être scruté, déchiffré, parfois compris ; un monde à admirer et à aimer.

L'école primaire en France

La scolarité du premier degré à l'*école primaire comprend :*

• l'école maternelle, non obligatoire, comprenant au maximum 4 niveaux de classe : toute petite section (TPS), petite section (PS), moyenne section (MS) et grande section (GS) ;

• l'école élémentaire, obligatoire, à partir du cours préparatoire ou CP (6 ans).

La scolarité obligatoire s'étend de 6 à 16 ans, et s'achève normalement après quatre années de collège. Un certain nombre des règles de fonctionnement de l'école publique s'appliquent également aux écoles privées sous contrat d'association avec l'État.

L'organisation pédagogique de l'école primaire est fondée sur 3 cycles, qui distinguent différentes périodes d'apprentissage (voir schéma ci-dessous) :

• Le cycle des *apprentissages premiers* (ou cycle 1) se déroule à l'école maternelle ;

• le cycle des *apprentissages fondamentaux* (ou cycle 2) commence à la grande section de l'école maternelle et se poursuit pendant les deux premières années de l'école élémentaire ;

• le cycle des *approfondissements* (ou cycle 3) correspond aux trois dernières années de l'école élémentaire et débouche sur le collège.

				Scolarité obligatoire								
École primaire									Collège			
École maternelle				École élémentaire								
TPS	PS	MS	GS	CP	CE1	CE2	CM1	CM2	6^e	5^e	4^e	3^e
Cycle 1 Apprentissages premiers			**Cycle 2 Apprentissages fondamentaux**			**Cycle 3 Approfondissements**			**Cycle Adaptation**	**Cycle central**		**Cycle Orientation**

Le maître unique polyvalent

Dans le premier degré, les élèves reçoivent un enseignement dispensé par un maître unique, responsable de sa classe et de tous les enseignements.

Cependant, il peut exister (surtout dans les grandes villes) des enseignants spécialisés en musique, éducation physique ou arts plastiques. Enfin, certains enseignements, comme celui des sciences et de la technologie, peuvent se faire dans le cadre d'échanges de services entre enseignants.

L'organisation du système éducatif

L'école primaire publique relève d'une double gestion :

• l'*État* recrute, forme, nomme et évalue les enseignants : instituteurs et/ou professeurs des écoles (PE) ;

• les *communes* assurent la construction des bâtiments, leur entretien, leur fonctionnement, ainsi que les équipements matériels.

Chaque école est dirigée par un enseignant, responsable de la sécurité des élèves, de leur répartition dans les classes et de leur scolarité. Le directeur et les professeurs d'une école constituent l'équipe pédagogique de celle-ci. À l'école maternelle, un personnel municipal assiste les enseignants : les *agents territoriaux spécialisés* des écoles maternelles (ATSEM).

Le premier degré du système éducatif est structuré comme suit : les écoles sont regroupées en circonscriptions, les circonscriptions en départements et les départements en académies. À chaque niveau correspondent respectivement les inspecteurs de l'Éducation nationale (IEN) et leurs collaborateurs, les Conseillers pédagogiques de circonscription (CPC) ; puis les inspecteurs d'académie (IA) ; enfin les Recteurs d'académie.

Quelques repères pour l'année 2003-2004[1]

• Nombre d'écoles et d'élèves

Durant l'année scolaire 2003-2004, il y avait en France (y compris les DOM) 57 187 écoles publiques ou privées, les écoles privées représentant 10 % de l'ensemble des écoles ; 98,9 % d'entre elles étant sous contrat avec l'État. Ces écoles ont accueilli 6 551 974 élèves, dont 13,5 % dans le privé.

Près de 40 % des élèves du primaire (maternelle et élémentaire) sont accueillis dans les écoles maternelles.

Nombre de classes maternelles : 72 060 ; élémentaires (CLIS et écoles spéciales[2] incluses) : 209 108.

Nombre de circonscriptions : environ 1 500.

• Nombre d'enseignants

Durant cette même année, il y avait 318 381 enseignants dans les écoles publiques et 46 000 dans les écoles privées sous contrat.

La formation[3]

La formation initiale des professeurs des écoles (nom donné aux instituteurs depuis la création des IUFM en 1991) est principalement assurée par les Instituts universitaires de formation des maîtres (IUFM) et dure deux années. Il existe un IUFM par académie, chacun étant constitué de centres, en général un par département (les anciennes Écoles normales d'instituteurs) et désormais dépendant d'une université. Depuis la création des IUFM et pour y être admis, les futurs enseignants doivent posséder au moins une licence universitaire (« bac + 3 »). La première année, ils préparent le concours de professeurs des écoles, auquel peuvent aussi se présenter des candidats libres. S'ils sont reçus, ils deviennent professeurs stagiaires et suivent la seconde année d'IUFM, à l'issue de laquelle ils sont, en général, titularisés. En moyenne, 12 000 nouveaux professeurs des éco-

1. Tous les chiffres qui suivent sont issus de *Repères & références statistiques sur les enseignements, la formation et la recherche*. Ministère de l'Éducation nationale 2004.

2. L'enseignement relevant de l'adaptation et de l'intégration scolaire concerne les enfants en difficulté physique ou mentale. Il comprend des *classes d'intégration scolaire* (CLIS) et des *Écoles spéciales*.

3. Comme développé au chapitre VII, la loi d'orientation et de programme pour l'avenir de l'École, adoptée en avril 2005, modifie quelque peu le dispositif antérieur.

les sont recrutés chaque année. La loi prévoit qu'un *cahier des charges national* définit les objectifs des IUFM.

La formation continue des enseignants est diversifiée :

• *animations pédagogiques* sous la responsabilité de l'IEN : 12 heures par an, obligatoires, sur des thèmes liés à la politique éducative et aux priorités de la circonscription ;

• *stages* de formation continue, de durée variable (1 à 4 semaines), optionnels, inscrits au plan départemental-académique de formation (PDF/PAF), arrêté conjointement par l'inspecteur d'académie, le recteur et l'IUFM ;

• *stages* nationaux, séminaires et universités d'été, optionnels, inscrits au programme national de pilotage (PNP) établi par la Direction de l'enseignement scolaire du ministère.

L'éducation pour tous

L'éducation est un droit fondamental de l'être humain et constitue une des clés du développement économique et social.

Or, en ce début de millénaire, le rapport de l'UNESCO[1] recense encore 875 millions d'analphabètes dans le monde. Neuf pays – le Bangladesh, le Brésil, la Chine, l'Égypte, l'Inde, l'Indonésie, le Mexique, le Nigeria et le Pakistan – abritent 70 % des analphabètes du monde. En Asie du Sud et en Afrique subsaharienne, moins de trois élèves sur quatre atteignent la cinquième année d'études. Les filles sont les premières concernées, et il existe une corrélation significative entre le taux d'analphabétisation des femmes et la mortalité maternelle, périnatale et infantile. La pandémie de VIH-SIDA menace d'aggraver encore la situation puisque, dans les pays d'Afrique les plus touchés, on estime que jusqu'à 10 % des enseignants pourraient périr de l'infection au cours des cinq prochaines années.

Dès 1990, la Déclaration universelle sur *l'Éducation pour tous* faite à Jomtien (Thaïlande) avait mis l'accent sur le droit de chaque citoyen à une éducation de base et décrit les moyens d'y parvenir.

Déclaration de Jomtien (Article 1)[2]

« Toute personne – enfant, jeune et adulte – devra pouvoir bénéficier d'opportunités de s'instruire, pour répondre à ses besoins éducatifs de base. Ces besoins comprennent à la fois les outils essentiels d'apprentissage (lire, écrire, compter, s'exprimer oralement, résoudre des problèmes) et les notions de base (connais-

1. Voir le site Internet : www.unesco.org/education/efa, d'où sont extraites ces lignes.

2. « Commission intergouvernementale pour la Conférence mondiale sur l'éducation pour tous », *Déclaration mondiale sur l'éducation pour tous*, New York, UNICEF, 1990.

sances, compétences, valeurs et attitudes) indispensables à l'homme pour survivre, développer ses pleines capacités, vivre et travailler avec dignité, participer pleinement au développement, améliorer sa qualité de vie, prendre des décisions raisonnées et continuer à apprendre. »

En avril 2000, cet engagement a été renouvelé par plus de 1 100 délégués venus de 164 pays au Forum mondial sur l'Éducation (Dakar, Sénégal) qui, dans un document ambitieux et concret, définit *Les six objectifs de l'Éducation pour tous,* à savoir :

1. développer la protection et l'éducation de la petite enfance ;
2. apporter un enseignement primaire obligatoire et gratuit de qualité pour tous d'ici à 2015 ;
3. promouvoir l'acquisition des compétences de la vie courante pour les adolescents et les jeunes ;
4. améliorer de 50 % les niveaux d'alphabétisation des adultes d'ici à 2015 ;
5. instaurer l'égalité entre les sexes dans les enseignements primaire et secondaire d'ici à 2015 ;
6. améliorer la qualité de l'éducation.

Une volonté politique solide peut faire de *l'éducation pour tous* une réalité. Ainsi, de nombreux pays – non seulement dans les régions les plus riches, mais aussi en Amérique latine, aux Caraïbes, en Asie orientale et même en Afrique – tendent aujourd'hui, pour la première fois, vers l'éducation primaire de masse. Certains pays, tels le Brésil, la Chine, le Mexique, le Sri Lanka et la Tunisie, ont ouvert la voie dans ce domaine.

Cependant, il est clair que, pour atteindre cet objectif, les efforts mis en œuvre par les organisations des Nations unies dans les pays en crise et/ou gravement atteints par la pandémie de VIH-SIDA doivent être poursuivis et renforcés. De même, les actions concertées ciblées vers l'éducation des filles et des femmes doivent être développées, notamment dans le domaine de l'éducation pour la santé.

Financièrement, l'éducation pour tous est à notre portée : étendre l'éducation primaire à tous les enfants du monde d'ici à 2015 suppose des dépenses supplémentaires de l'ordre de 8 à 15 milliards de dollars US par an – soit moins de 2 % du montant estimé des dépenses militaires dans le monde.

L'éducation primaire universelle demeurera un rêve lointain, à moins d'un effort majeur pour accélérer les tendances actuelles. En 2000, les écoles primaires des pays en développement auraient dû accueillir environ 156 millions d'enfants de plus qu'en 1997, soit une augmentation de 27 %.

• L'Afrique subsaharienne devra accueillir 88 millions d'élèves supplémentaires. L'Angola, le Lesotho, le Liberia, le Niger, la République centrafricaine, la république démocratique du Congo et la Somalie devront fournir plus d'efforts que par le passé.

• L'Asie du Sud devra scolariser quelque 40 millions d'enfants supplémentaires – une progression d'un tiers –, ce qui nécessite un effort au moins comparable à celui des années 1990.

• Les États arabes devront doubler leur effort précédent pour accueillir 23 millions d'enfants supplémentaires, soit une augmentation de 72 %.

Coups d'œil sur la scolarité primaire dans le monde

Les indications du tableau ci-dessous, toutes partielles qu'elles soient, donnent des éléments pour quelques pays, en montrant les traits communs et les différences entre : *âges des enfants* dans l'enseignement élémentaire, hors école maternelle (col. 2) ; âges de l'*obligation scolaire* (col. 3) ; source nationale (N) ou locale (L) des *programmes* de l'école élémentaire (col. 4) ; *polyvalence* (P) ou spécialisation (S) des maîtres de l'école élémentaire.

	Enseign[t] élémentaire	Obligation scolaire	Programmes (éc. élém.)	Maîtres (éc. élém.)	Nb. élèves/ classe
Belgique	6-12	6-18	L	P	
Brésil	7-14	7-17	L	P (11), S	35
Cambodge	6-12	6-15	N	P	60
Cameroun	5-14	5/6-14	N	P	60
Canada (Québec)	6-12	6-11	L	P	
Chili	6-14	6-18	N	P (11), S	40
Chine	6-12	6-16	N et L	P et S	> 30
Colombie	6-10	6-14	N et L	P	40
Espagne	6-12	6-15			
Italie	6-11				
Maroc	6-11	6-15	N	P	
Mexique	6-12	5-15	N	P	30-40
Portugal	6-15				
Roumanie	6-11				
Royaume-Uni	5-12	5-16	L	P	
Sénégal	7-12	6-12	N	P	70-100
Serbie-Monténegro	6-10	6-15	L	P	
Slovaquie	6-10				
Suède	7-16		L	P	
Suisse	6-13	6-16	L	P	
Viêt-nam	6-14				

Sources. Les données, encore fragmentaires, de ce tableau sont extraites de deux sites Internet : celui de l'ICSU (www.icsu.org/8 teachscience/icsu-iap/accueilpays.php4?lang=fr) évoqué en p. 190 ; celui de l'UNESCO (www.ibe.unesco.org/international/Databanks/Dossiers/mainfram.htm). Elles recouvrent bien des pays avec lesquels *La main à la pâte* collabore.

Bibliographie

Ouvrages généraux sur l'enseignement de la science

ANDRIÈS B., BEIGBEDER I. (coord.), *La culture scientifique et technique pour les professeurs des écoles*, CNDP-Hachette, 1994

ASTOLFI J.-P., PETERFALVI B., VERIN A., *Comment les enfants apprennent les sciences ?*, Retz, 1998

BACHELARD G., *La formation de l'esprit scientifique : contribution à une psychanalyse de la connaissance objective*, Vrin, 1938

BARRÉ M. (présentation par), *Avec les élèves de Célestin Freinet, Extrait de journaux scolaires de sa classe (1926-1940)*, INRP, 1996

BATTRO A., *Un demi-cerveau suffit*, (trad. de l'anglais), Odile Jacob, 2004

BENTOLILA A., *Le propre de l'homme : parler, lire, écrire*, Plon, 2000

BENTOLILA A. (sous la direction de), *Profession Parents*, Nathan, 2000

BLANCHARD G. (coord.), *Les sciences : innover, coopérer, enseigner*, Scéren, CRDP de Bourgogne, 2003

CAUSSE-MERGUI I., *À chaque enfant ses talents*, Le Pommier & Fayard, 2000

COQUIDÉ-CANTOR M., GIORDAN A., *L'enseignement scientifique à l'école maternelle*, Z'éditions, Delagrave, CDDP des Alpes-Maritimes, 1997

DA SILVA V., *Savoirs quotidiens et savoirs scientifiques*, Economica, 2004

DELORS J. (coord.), *L'éducation, un trésor est caché dedans*, Odile Jacob, 1996

ELSENBROICH D., *Découvrir le monde à sept ans. Quelle éducation pour le XXI*e *siècle*, (trad. de l'allemand), Actes Sud/Solin, 2003

GARDNER H., *Les Formes de l'intelligence*, Odile Jacob, 1983

GIORDAN A., DE VECCHI G., *L'enseignement scientifique : comment faire pour que « ça marche » ?*, Z'éditions, 1re édition 1988 et Delagrave, nouvelle édition augmentée, 2002

GERMINET R., *L'Apprentissage de l'incertain*, Odile Jacob, 1997

GOPNIK A., MELTZOFF A., KUHL P., *Comment pensent les bébés ?* (trad. de l'anglais), Le Pommier, 2005

JOUTARD P., THÉLOT C. *Réussir l'école,* Seuil, 1999
KAHANE J.-P. (coord.), *L'Enseignement des mathématiques,* Odile Jacob, 2002
KAHN P., *De l'enseignement des sciences à l'école primaire,* Hatier, 1999
LÉNA M., *Honneur aux maîtres,* Criterion, 1991
ORANGE C., PLÉ E., *Les sciences de 2 à 10 ans. L'entrée dans la culture scientifique,* Aster 2000, n° 31
PIAGET J. *La représentation du monde chez l'enfant,* PUF, coll. « Bibliothèque de philosophie contemporaine », 1999
QUÉRÉ Y., *La Science institutrice*, Odile Jacob, 2002
RAICHVARG D., *Sciences pour tous,* Gallimard, 2005
SPITZER M., *Learning* (trad. de l'allemand), Elsevier, à paraître, 2005
THOUIN M., *Enseigner les sciences et la technologie à l'école primaire,* Multimondes, Québec, Canada, 2004
VYGOTSKI L. S., *Pensée et Langage,* Éditions sociales, 1985
VIENNOT L., *Raisonner en physique. La part du sens commun,* De Boeck, 1996
WOZNY D. (coord.), *Quand les sciences parlent arabe*, Musée d'art islamique, Le Caire, 2003

*

Les Français et leur école. Le miroir du débat, Dunod, 2004
Pour la réussite de tous les élèves. Rapport de la Commission du débat national sur l'école, présenté par C. Thélot, La Documentation française, 2004
Leçons de Marie Curie, préface de Y. Quéré, EDP sciences, 2003

*

Science for All Children, National Science Research Council, National Academy Press, Washington D. C., 1997
Science Education Standards, National Research Council, National Academy Press, 1995
Mind, Brain and Education, (Battro, A., Fisher, K., Léna, P. édit.), Actes de colloque (2003) à l'Académie pontificale des sciences, Cambridge University Press, sous presse.
History of Science and Technology in Education and Training in Europe, Debru, C. Ed., European Communities, 1999
Scientific Research in Education, NRS, National Academy Press, Washington D. C., 2003
Tobias, Sheila, *They are not dumb, they are different,* Research Corporation, 1990

Ouvrages mentionnés dans ce livre, produits par *La main à la pâte* ou en collaboration directe, et/ou ayant bénéficié de la marque *La main à la pâte*

CHARPAK G. (présentateur), *La main à la pâte. Les sciences à l'école primaire,* Flammarion, 1996

FARGES H., DI FOLCO E., HARTMANN M., JASMIN D., *Mesurer la Terre est un jeu d'enfant. Sur les pas d'Eratosthène* , Le Pommier, 2002

HARLEN W., *Enseigner les sciences, comment faire ?* (trad. de l'anglais), Le Pommier, 2001

JASMIN D. (coord.), *L'Europe des découvertes,* Le Pommier, 2004

JASMIN D., MERLE H., MUNIER V., *Marco Polo ou la route du savoir,* à paraître, Hatier, 2006

WILGENBUS D., CESARINI P., BENSE D., *Vivre avec le Soleil,* Hatier, 2005

Graines de sciences, vol. 1 (1999) à 7 (2005), Le Pommier

À propos de La main à la pâte. Les sciences et l'école primaire, Colloque Bibliothèque nationale de France, INRP, 1999

Enseigner les sciences à l'école. Accompagnement des programmes-Cycles 1, 2 et 3. Ministère de l'éducation nationale (DESCO) & Académie des sciences (*La main à la pâte*), CNDP, Paris, 2002

Découvrir le monde à l'école maternelle. Le vivant, la matière, les objets. Ministère de l'éducation nationale (DESCO), Académie des sciences (*La main à la pâte*) & Académie des technologies, CNDP, Paris, 2005

L'eau dans la vie quotidienne, cédérom, Odile Jacob Multimédia, 1998

Que deviennent les déchets, cédérom, Odile Jacob Multimédia, 2000

Outils multimédia sur les dix principes

La main à la pâte, une illustration des principes, CRDP de Lyon, 2000

Enseigner les sciences à l'école primaire, Odile Jacob Multimédia, 1999

La liste complète des ouvrages, cédéroms, mallettes ayant obtenu le label *La main à la pâte* est consultable sur le site www.inrp.fr/lamap ou www.lamap.fr

Liste des sigles

AEFE : Agence de l'enseignement français à l'étranger
AGIEM : Association générale des institutrices et instituteurs des écoles et classes maternelles publiques
AMCSTI : Association des musées et centres de culture scientifique et technique et industrielle
ANDEV : Association nationale des directeurs de l'éducation des villes
ASE : Agence spatiale européenne
ASEAN : Association of South East Asian Nations
ATSEM : Agents territoriaux spécialisés des écoles maternelles
CDDP : Centre départemental de documentation pédagogique
CE1 : cours élémentaire première année
CE2 : cours élémentaire deuxième année
CEA : Commissariat à l'énergie atomique
CERN : Centre européen de recherches nucléaires
CERI : Centre pour l'innovation et la recherche dans l'enseignement
CLIS : Classe d'intégration scolaire
CM1 : Cours moyen première année
CM2 : Cours moyen deuxième année
CNDP : Centre national de documentation pédagogique, aujourd'hui SCEREN
CNES : Centre national d'études spatiales
CNRS : Centre national de la recherche scientifique
CP : Cours préparatoire
CPC : Conseillers pédagogiques de circonscription
DESCO : Direction de l'enseignement scolaire
DIV : Délégation interministérielle à la ville
ECBI : Educación en Ciencias basado en la Indagación
ENS : École normale supérieure
ENSAM : École nationale supérieure des Arts et Métiers
ESEM : Éducation à la santé des enfants du monde
ESO : Observatoire européen austral
ESPCI : École supérieure de physique et chimie
GS : Grande section de l'école maternelle
IA : Inspecteur d'académie

IAP : InterAcademy Panel
ICSU : International Council for Science
IEN : Inspecteur de l'Éducation nationale
INRP : Institut national de recherche pédagogique
INSA : Institut national de sciences appliquées
INSERM : Institut national de la santé et de la recherche médicale
IREM : Institut de recherche sur l'enseignement des mathématiques
IRMf : Imagerie fonctionnelle par résonance magnétique
IUFM : Institut universitaire de formation des maîtres
Lamap : La main à la pâte
MS : Moyenne section de l'école maternelle
US-NAS : National Academy of Sciences
NRC : National Research Council
NSF : National Science Foundation
OCDE : Organisation de coopération et de développement économique
OMS : Organisation mondiale de la santé
PDF/PAF : Plan départemental-académique de formation
PE : Professeur des écoles
PISA : Program for International Students Assessment,
PNP : Programme national de pilotage
PRESTE : Plan de rénovation de l'enseignement des sciences et de la technologie à l'école primaire
PS : Petite section
QI : Quotient intellectuel
RECSAM : Regional Centre for Education in Science and Mathematics (Penang, Malaisie, pour le Sud-Est asiatique)
TPS : Toute petite section
WHEP : Women health education program
ZEP : Zone d'éducation prioritaire

Index des noms cités

Ajchenbaum-Boffety, Béatrice : 36
Alain : 80
Alayrac, Jean-Louis : 152
Alberts, Bruce : 14
Allègre, Claude : 26, 30, 32, 211
Allende, Jorge : 190
Ampère, André-Marie : 68, 95
Andriès, Bernard : 16
Arago, François : 113
Archimède : 95, 138
Arvia, Alejandro : 205
Ascham, Roger : 98

Bach, Jean-François : 19, 198, 205, 207
Bachelard, Gaston : 36, 60, 67, 109, 155
Bachy, Catherine : 21
Balpe, Claudette : 161
Balzac, Honoré de : 197
Bartolone, C. : 26
Baruk, Stella : 96
Basdevant, Jean-Louis : 131
Bayrou, François : 13, 16, 211
Becquelin, Michel : 16
Beigbeder, Isabeau : 16
Belin, Nadine : 152
Bénéficc, Jean-Luc : 27
Bennis, Laila : 101
Bense, Dominique : 51
Bentolila, Alain : 13, 92
Bergson, Henri : 60, 100
Biays, Michel : 190
Bohr, Niels : 64, 95
Boisdon, Thérèse : 20, 63
Bojovic, Vera : 188
Bonnet, Roger-Maurice : 211
Borloo, Jean-Louis : 26
Botrel, Jean-François : 17, 24
Bouchard, Jean-Marie : 116
Bouysse, Viviane : 83, 87
Brézin, Édouard : 212
Broch, Henri : 6, 103
Bruer, John : 62-63

Cabibbo, Nicola : 111
Cabrita : 37
Capron, André : 52
Cardo, Pierre : 16-17
Catala, Isabelle : 25, 116, 124
Cavada, Jean-Marie : 13
Cazenave, Michèle : 159
Césarini, Pierre : 51
Charpak, Georges : 5-6, 13, 16, 21, 27, 30, 103, 177, 187
Charrier, Robert : 20
Chartier, Anne-Marie : 174
Chartier, Claire : 103
Chartres, Bernard de : 75
Cherenkov : 95

Chomat, Alain : 188
Colinart, Pierre : 115
Comenius : 63
Condorcet : 60
Corriéri, Patricia : 183
Croissandeau, J.-M. : 13
Curie, Marie : 38, 78
Curien, Hubert : 210
Czerwinski, Natacha : 103

Damasio, Antonio : 68
Darcos, Xavier : 16, 26
Darvenne, Delphine : 73
Davidenkoff, Emmanuel : 173
Dehaene, Stéphane : 66
Dehaene-Lambertz, Ghyslaine : 61
Delacôte, Goéry : 26
Delclaux, Monique : 54, 148
Dercourt, Jean : 33, 199
Descamps-Latscha, Béatrice : 6, 51
Descartes, René : 68, 107
Devès, Rosa : 160
Digne, Marie : 24
Dubacq, Jean-Paul : 32, 210
Dugourd, F. : 16
Duhamel, Marcel : 19
Dumurgier, Élisabeth : 52
Duque, Mauricio : 14, 187

Einstein, Albert : 105, 113, 138
Encrenaz, Pierre : 210
Eratosthène : 96, 136-137
Ernct, Sophie : 26
Escalier, Marie : 20

Faraday, Michael : 113
Farges, Huguette : 137
Farouki, Nicole : 6
Fauvel, Guillaume : 52
Ferry, Jules : 36
Ferry, Luc : 211
Fillon, François : 26, 211-212
Folco, Emmanuel di : 137
Förster, Hendrik : 59
Fraisse, Emmanuel : 24
François, Paul : 27
Freinet, Célestin : 15, 36, 132
Frémineur, Sylvie : 90
Fresnel, Augustin : 95
Friedel, Jacques : 19, 31, 87, 201

Gago, J.-M. : 119, 177
Galilée : 18, 109
Gardner, Howard : 62, 74, 205
Garwin, Richard : 6
Gaudemar, Jean-Paul de : 33
Gauss, Carl Friedrich : 95
Geradini, Adriana : 187
Germain, Paul : 19
Germinet, Robert : 17
Goethe : 57
Gopnik, Alison : 63
Gravier, Sylvain : 97
Gros, François : 19, 51
Gruner Schlumberger, Anne : 21
Guenée, B : 19
Guizot, François : 36
Guyon, Étienne : 32

Hamburger, Ernst : 187
Hamburger, Jean : 19
Hamy, Josiane : 17
Harlen, Wynne : 67
Harrari, Haim : 204
Hawes, Hugh : 52
Hébrard, Jean : 15
Hibon-Hartmann, Mireille : 20, 44-45, 137

Holmgren, Sven-Olof : 170
Hosson, Cécile de : 110
Host, Victor : 15
Huguet, Pascal : 166
Hulin, Nicole : 57
Hultman, G. : 170
Hussenet, André : 22, 24
Huyghens, Christiaan : 140
Hvass-Faivre d'Arcier, Marima : 162

Ibn Battouta : 139
Imbert, J. : 19

Jacob, Odile : 25
Jacquard, Albert : 21, 62
Jamous, Marc : 116, 190
Janin, Yves : 20-21, 112
Jasmin, David : 25, 32, 116, 124, 137-140, 142, 179, 189
Jeanneney, Jean-Noël : 142
Jeulin, Séverine : 27
Jokic, Stevan : 188
Jouannic, André : 173
Journé, Venance : 6
Joutard, Philippe : 34
Julia, Marc : 23

Kahane, Jean-Pierre : 98
Kahn, Pierre : 36
Klein, Étienne : 13
Klein, Ludovic : 155
Klentschy, Michael : 14, 168-169
Kletz, Philippe : 50
Koizumi, Hideaki : 66
Kuhl, Patricia K. : 63

Laborde, J. : 13
Lacouture, Jean : 76
Lafosse-Marin, Marie-Odile : 79
Lahmar, Aroussia : 188
Lamartine, Alphonse de : 143
Landowski, Marcel : 19
Lang, Jack : 26, 31, 211
Laporte, Chritian : 50
Larcher, Claudine : 17, 173
Larcher, Éric : 124
Latreille, Henri : 21, 112
Lavergne, Catherine : 41
Lavoisier, Antoine de : 133
Le Douarin, Nicole : 33, 199
Lebiez, Vincent : 115
Leclant, Jean : 19
Lederman, Leon : 6, 13-14, 16, 204
Lee, Dato : 188
Lehmann, Jean-Claude : 34
Léna, Pierre : 5-6, 13, 16, 21, 24, 177, 188
Liska, Françoise : 79
Loarer, Christian : 167
Lopez, Patricia : 160
Louis, Renée : 94, 131, 183
Lucas, Pamela : 189
Lusignan, François : 152
Lyotard, Nicolas : 97

Malier, Yves : 198
Marco Polo : 139
Marin Micewicz, Clotilde : 187
Mary, Gérard : 31
Mastropieri, Margo A. : 73
Matricon, Jean : 131
Maxwell, James Clerk : 95
Meirieu, Philippe : 24, 72
Mélenchon, Jean-Luc : 26
Meltzoff, Andrew N. : 63
Menon, Govind Kumar : 111
Merle, Hélène : 139
Mérot, Jacques : 6, 56, 154, 212
Midol, Renée : 21

Millikan, Robert Andrews : 95
Monteil, J.-M. : 166
Montmollin, Daniel de : 21
Moores, Audrey : 27
Munier, Valérie : 139
Mutarelli, Setùbal Sandra Regina : 174

Nardone, Pasquale : 132, 183
Neumann, John von : 63
Newton, Isaac : 75
Ngoc Lan, Dinh : 188
Nioré, Yves : 163
Njoya, Daouda : 187

Omnès, Roland : 6
Ouvrard, V. : 13

Pacheco, Laura : 187
Paindavoine, J. : 38
Pauli, Wolfgang : 64
Payan, Charles : 97
Peccoud, Dominique : 19
Perrin-Naffakh, Anne-Marie : 24
Piaget, Jean : 15, 36, 60, 63, 67
Piétryk, Gilbert : 148
Pine, Jerry : 14
Planard, Philippe : 114
Plé, Élisabeth : 77, 186
Pol, Didier : 51
Polin, R. : 19
Pomeau, Yves : 38
Postel-Vinay, Anne : 21
Poussielgue, Nicolas : 173, 188
Proust, Marcel : 37

Quéré, Yves : 5-6, 16, 21, 24, 34, 86, 102, 121, 177, 179, 190
Quesnier, F. : 13

Racine, Jean : 110
Rauch, Carl : 155
Raulin-Cerceau, F. : 6
Reboul, Jocelyne : 148
Renoux, Yves : 23
Respaud, Stéphane : 153, 161
Ricœur, Paul : 13
Robert, Claudine : 98
Robien, Gilles de : 211
Rolando, Jean-Michel : 111, 128
Romilly, Jacqueline de : 19
Rousseau, Jean-Charles : 6, 36
Rousseau, Jean-Jacques : 60
Royal, Ségolène : 26-27
Ruget, Gabriel : 32

Sáenz, Hilda : 205
Safra, Martine : 147
Saint-Georges, Monique : 32
Sakharov, Andrei : 191
Saltiel, Édith : 5, 22, 32, 57, 68
Salviat, Béatrice : 51, 116
Sarmant, Jean-Pierre : 6, 30-31, 33-34, 167, 198, 205, 207
Schacter, Daniel : 65
Schatzman : 54
Schaub, Claudine : 160
Schiel, Dietrich : 185
Schneider, J. : 6
Schumann, Maurice : 19
Schumann, Robert : 176
Schwartz, Bertrand : 16-17
Schwartz, Laurent : 17, 19
Scruggs, T. E. : 73
Serageldin, Ismaïl : 188
Serres, Michel : 6, 124
Shakespeare, William : 123
Shanahan, Martin : 131
Sidjansky, Dusan : 188

Singer, Wolf : 61
Socrate : 110
Spitzer, Manfred : 28

Thalès : 96
Thélot, Claude : 165
Tillon, Germaine : 76
Tissandier, Gaston : 133
Tran Thanh Van, Jean : 188
Tricoire, S. : 16

Valle, Marie-Hélène : 97
Vergne, François : 23
Viala, Pierre : 153
Villermaux, E. : 38
Vincent, Jean-Didier : 68
Vygtoski, Lev : 60, 67

Wallon, Henri : 60
Wei, Yu : 69-70, 186
Wilgenbus, David : 51, 116, 140
Worth, Karen : 14, 25-26

Yang, Huanming : 6
Young, B. : 52

Zao, Zingyi : 108
Zhang, He : 139
Zichichi, Antonino : 184

Index des matières et des lieux

Académie des sciences : 6-7, 10-11, 14, 19, 23-26, 31, 33-36, 52, 62, 113, 145, 157-158, 170, 182, 187-188, 190-192, 195, 198-199, 206, 211
Académie des technologies : 34, 198, 201
Accompagnement scientifique : 27, 48, 114-115, 190
Afghanistan : 11, 182-183, 186
Afrique : 184, 205, 220-222
Afrique du Sud : 177, 181
AGIEM : 63
Analphabétisme : 92, 142, 174
ANDEV : 172
Apprentissage : 28-29, 55, 62-63, 65, 67-69, 71, 73-75, 80, 87, 92, 122, 137, 141, 155, 165, 199, 216, 220
Argentine : 45, 139, 182, 187, 205
Ariège : 153
Association des maires de France : 172
Astrologie : 103
Australie : 170
Autoformation : 12, 25, 124, 161
Auxerre : 160

Belgique : 139, 183, 223
Bergerac : 91, 149-150, 152, 187
Bibliotheca Alexandrina : 136, 189
Blois : 149-150
Bogotá : 10, 14, 176, 187
Brésil : 139-140, 174, 181-182, 184-185, 187, 203, 220-221, 223

Cahier d'expériences : 17, 29, 40-41, 48-49, 75, 84-85, 87-89, 111, 115, 128, 149, 168, 170, 174, 213
Californie : 10, 14, 168-169
Caltech : 14
Cambodge : 182, 184, 187, 223
Cameroun : 183, 187, 223
Canada-Québec : 139-140, 183, 223
CCSTI : 162
Centre(s) de ressources : 149, 187
Centre(s) pilotes : 141, 145, 148-152, 168, 209
CERN : 24, 124, 194, 204
Cerveau : 62, 66-68
Champagne-Ardenne : 183
Chanteloup-les-Vignes : 17, 93
Chicago : 9, 13, 16-17, 20, 30, 204
Chili : 140, 160, 177, 179, 182, 185, 190, 223
Chine : 11, 64, 69-70, 76, 105, 108, 139, 179, 182-183, 185-186, 189, 205, 220-221, 223
Citoyenneté : 52, 54-55, 72, 164-165, 167, 206
Collège : 12, 16, 45, 58, 106, 120, 123, 126, 131, 136, 161, 164-165, 168, 197-202, 204-212, 216

Colombie : 10-11, 139-140, 177, 182, 184, 187, 223
Consultant : 23, 129-131, 135, 189
Consultation nationale : 165
Corée du Sud : 16
Curiosité : 8, 13, 15-16, 56, 67, 72, 78-79, 98, 104, 106, 109, 122, 169, 187, 191, 215

DEFI (Association) : 190
Défis : 123, 135, 139-140, 142
DESCO : 34, 144, 147
Didactique : 20, 29, 67, 173, 181, 187
Directorat Recherche (Commission européenne) : 192-194
DIV : 24, 151, 171
Dix Principes : 28-29, 34, 47-48, 75, 105, 125, 149, 153, 186

Ébulliscience : 112
École coopérative : 132
École des mines de Nantes : 17, 154
École des mines de Saint-Étienne : 195
École normale supérieure : 7, 32, 121
École polytechnique : 24, 27, 32, 54, 115, 121, 131
Éditeur (Jeulin) : 127
Éditeur (Pierron) : 127
Égypte : 137, 139, 182, 184, 188, 220
Émotions : 61-62, 68-72, 74, 166, 170
Erice : 181, 184
Ésotérisme : 103
Espagne : 139-140, 182, 223
Estonie : 192
États-Unis : 11, 14, 20, 25, 62-63, 73, 102, 124, 127, 161, 164, 171, 177, 179-180, 182, 185, 194, 204-205, 211
Éthique : 70, 208
Europe : 12, 36, 119, 138, 142, 151, 170, 177, 183, 186, 189, 192-196, 204, 212
Europe des découvertes : 76, 138-139, 192
Évaluation : 16, 59, 80-81, 86, 120, 145, 162-164, 166-168, 170, 175, 185, 202

Femmes : 118-121
Fondation Altran : 134
Fondation Blancmesnil : 190
Fondation des Treilles : 21, 26, 28, 116
Fondation Ettore-Majorana : 184
Fondation Rodolphe Mérieux : 187
Formation à distance : 141-142, 161
Formation continue : 145, 158, 161, 188, 219
France-Info : 173

Géographie : 15, 80, 94, 117, 137, 139, 157, 191, 206-207
Graines de sciences : 28, 116, 162

Haïti : 183
Handicap : 72-74, 79, 147
Hands-on : 13, 168-169
Haute-Savoie : 128
Histoire : 11, 13, 15, 19, 22, 35-36, 57, 76-77, 80, 82, 84-85, 94, 104, 113, 117, 137-139, 142, 157, 164, 205-206, 208
Hongrie : 192

IAP : 52, 190-191
ICSU : 190-191, 223
IEN : 100, 144, 146, 217, 219
Illettrisme : 15, 80, 92, 147, 174, 185
Inde : 111, 205, 220
Informatique : 208
INRP : 17, 22, 24, 132, 173-174
INSA : 21, 32
Insights : 25

Inspection générale : 144, 147
Institut de France : 19, 26-27
Instituteurs : 7, 9-11, 13-14, 16, 19-20, 22, 24-25, 28, 33, 63, 101, 113, 132, 146, 157, 182, 217-218
Internet : *voir* Site Internet
Iran : 185, 188
IREM : 97
Israël : 204
IUFM : 16, 29-30, 36, 48, 93, 101, 104, 111, 114, 122, 140, 145, 148-150, 157-159, 173, 183-184, 186, 218-219

Japon : 194, 205

Langage : 18, 53, 60, 64-66, 73, 75, 80, 82-83, 85-87, 98-99, 102, 129, 157, 163, 167, 185, 187, 206, 213-214
Languedoc-Roussillon : 183
Leçon(s) de choses : 16, 32, 36, 57, 66
Lecture : 22, 87, 92, 135, 143, 159, 174, 185, 202, 209
Lexique : 60, 81, 83, 85, 87
Liste de diffusion : 126, 130, 132, 135
Literacy : 202
Loi d'orientation : 157, 161, 198, 218
Loire-Atlantique : 17, 23
Loudéac : 149, 168

Mâcon : 81, 149-150
Madagascar : 183
Maître-formateur : 153, 160-161
Malaisie : 11, 179, 181-182, 188
Mallettes : 11, 23, 127, 149, 153, 155, 181, 185, 188, 192
Maroc : 139-140, 183, 188, 223
Marque *La main à la pâte* : 23
Maternelle (école) : 43, 63
Mathématiques/math : 10, 13, 16-18, 60, 66, 81, 84-85, 94-99, 102-103, 117, 157, 166-168, 200-205, 207-208, 214
Mauritanie : 137
Médiateur : 140
Mémoire : 31, 38-39, 62, 65, 73, 75, 166
Métiers : 32, 48, 114, 120-121, 140-141, 157-158, 161, 175, 180, 200
Mexique/Mexico : 168, 181-182, 203, 220-221, 223
Ministère de l'Éducation nationale : 9, 16, 24, 26, 33-34, 127, 144-145, 167, 198, 218
Mise en situation : 110-112, 155, 157-158
Modèle(s) : 63-64, 84, 95, 98, 118, 150, 152
Modérateur : 130, 132, 135
Motivation : 57-58, 62, 66, 69, 71, 80, 137, 166, 170, 200
Municipalités : 7, 144-145, 152-153, 172, 181
Musée scolaire : 32

Nanjing : 70
NAS : 14, 180-181
National standards : 14, 181
Nigeria : 181, 220

Observatoire de la lecture : 87
OCDE : 62, 71, 202

Pamiers : 149-150
Partenaires : 6-7, 10-12, 29, 70, 104, 110, 112, 114, 117, 136-137, 145, 150, 161, 170-173, 182, 188, 193, 203
Période sensible : 65
Perpignan : 97, 149-150
Petits Débrouillards : 35
Peugeot (PSA) : 182
PISA : 202-203

Plan académique de formation : 159
Poitiers : 19, 149-150
Poitou-Charentes : 183
Pollen : 172, 183, 193-195, 204
Polyvalence : 80, 93-94, 99, 104, 146, 156, 158, 223
Portugal : 177, 192, 223
PRESTE : 32-33
Prix *La main à la pâte* : 26, 50
Professeur des écoles : 15, 35, 115-116, 118, 131, 157
Programmes scolaires : 33
Projets coopératifs : 123, 135-136
Purkwa : 14, 187

Quotient intellectuel : 62

Rapport Bach-Sarmant : 207
Représentation(s) : 67, 73, 76-78, 84, 129, 166, 205-207
ROSE : 119, 178

Salle(s) de sciences : 172, 174
Santé : 49-52, 58, 144, 147, 221
São Carlos : 181
São Paulo : 174
Scienceduc : 192-193
Sciences cognitives : 60-62, 75, 158, 173
Seine-Saint-Denis : 26-27, 81, 88
Sénégal : 11, 37, 124, 179, 182, 188, 221, 223
Serbie : 140, 181, 183, 188-189, 223
Site Internet : 11, 25, 29, 34, 123-124, 126-127, 132, 134, 147-151, 155, 161, 182, 186, 188-189, 210, 220, 223
Site *Lamap* : 48, 124-125
Socio-constructivisme : 30
Stage : 24, 54-55, 73, 115, 140, 159-160, 184, 186-188, 209, 211, 219
Statistique(s) : 98, 208, 218
Suède : 170, 181, 185, 192, 223
Suisse : 138, 182, 188, 223
Syntaxe : 60, 75, 81, 85, 88, 91

Thèmes de convergence : 206, 208
Troyes : 149-150
Tunisie : 183, 188, 221

UNESCO : 51, 120, 164, 179, 220, 223
Uruguay : 139

Vaulx-en-Velin : 10, 17, 20, 24-25, 54, 112, 149-150
Viêt-nam : 183-184, 188, 223
Ville(s) pépinière(s) : 151
Violence : 13, 17, 20, 27, 66, 71, 146, 164

ZEP : 24, 151, 171

Table des matières

Remerciements 7
Prologue 9

CHAPITRE I
Enseigner les sciences, quelle histoire!
Une science en déshérence 14
Naissance de *La main à la pâte* 20
Le mammouth s'ébranle 28

CHAPITRE II
Une classe *Main à la pâte*
Apprendre, comprendre 37
Une leçon *Main à la pâte* 38
En cours moyen : la ficelle et le poids 41
En école maternelle : « Ça a tourné » 43
Au collège : le coco de Paimpol 45
Les Dix Principes en action 47
Une nécessaire flexibilité 48
Une éducation à la santé 50
Une éducation à la citoyenneté 52

CHAPITRE III
L'enfant, un gourmand de science
Un constat universel 57
Sciences cognitives et éducation 60

Quelques réponses pourtant 63
Diversité des enfants 72
Images de la pratique scientifique 78

CHAPITRE IV

Science, langage, polyvalence

Science, lexique et syntaxe 81
Science et langage 85
Le cahier d'expériences 87
Illettrisme et refus de l'école 92
La polyvalence des maîtres 93
Dialogue avec les mathématiques 95

CHAPITRE V

Les maîtres et la science

Entre fascination et crainte 100
Une promenade de science 105
Je ne sais pas 106
Le premier pas qui coûte 109
Aborder autrement la science 110
Des scientifiques auprès des maîtres 113
L'aventure des *Graines de sciences* 116
Les femmes et la science 118

CHAPITRE VI

Le village planétaire

Internet, un outil exceptionnel 124
Des ressources multiples 126
Un dialogue entre deux mondes 129
Le rêve de Célestin Freinet 132
Projets coopératifs et défis 135
Médiateur, un métier 140

CHAPITRE VII

Faire évoluer un système éducatif

L'adhésion des maîtres 146
Regards sur la formation 156
Regards sur l'évaluation 162
D'indispensables partenaires 171

CHAPITRE VIII

De Bogotá à Shanghai

Une problématique mondiale 177
Bien souvent, la peur d'enseigner la science… 179
… et, pourtant, de stimulantes initiatives 180
La main à la pâte à l'étranger : un partenariat 182
Les actions multilatérales 189
Pour une Europe de l'éducation 192

CHAPITRE IX

Vers le collège

Un constat 199
Points de repère 202
Quelques pistes d'action 205
Mettre à l'épreuve et accompagner 209

Épilogue 213

Annexe I : L'école primaire en France 216

Annexe II : L'éducation pour tous 220

Liste des sigles 227

Index des noms cités 229

Index des matières et des lieux 234

Cet ouvrage a été transcodé et mis en pages
chez Nord Compo (Villeneuve-d'Ascq)
N° d'impression : 100339
N° d'édition : 7381-1684-X
Dépôt légal : octobre 2005
Imprimé en France